Claus-Georg Petri · Honda Gold Wing

Claus-Georg Petri

HONDA
Gold Wing

Motorbuch Verlag Stuttgart

Schutzumschlaggestaltung: Johann Walentek unter Verwendung eines Dias aus dem Archiv des Autors

Dieses Buch widme ich meinen Eltern, die 1950 immer auf ihrer schon damals veralteten Triumph die Kochstraße in Leipzig mit blauen Ölschwaden eingenebelt haben.

ISBN 3-613-01638-9

2. Auflage 1996

Ein Unternehmen der Paul Pietsch Verlage GmbH + Co.

Satz: Fotosatz Schönthaler GmbH, 71538 Ludwigsburg.
Druck: studiodruck, 72622 NT-Raidwangen.
Bindung: Karl Dieringer, 70839 Gerlingen.
Printed in Germany.

Inhaltsverzeichnis

Vorwort

Spötter-Dämmerung

Sie zu lieben oder sie zu belächeln, so reagiert die Welt auf die Gold Wing. Den Spöttern geht meist erst spät ein Licht auf.

Noch nie war die Honda Gold Wing ein normales Motorrad. Schon immer hat diese Maschine mehr Blicke auf sich gezogen als die meisten anderen Bikes. Das brachte einen schier unvermeidlichen Effekt mit sich: Seit die Motorrad-Szene sie erblickte, hat Hondas Goldene Schwinge die Phantasie derer beflügelt, die sich über sie lustig machen – die Spötter.

Und wenn es um die Gold Wing geht, scheint sich jeder für einen Kenner zu halten, dementsprechend reichhaltig ist das Repertoire, mit dem das Honda-Flaggschiff bedacht wird: Auto auf zwei Rädern, Badewanne, Bolide, Bomber, Büffel, Dickschiff, Geschoß, Geschwür, Kiosk, Koloß, Monstrum, Musikdampfer, Plastikeimer, Polstergruppe, Riesenbrokken, Riesenrad, Sänfte, Superschwergewicht, Suppenschüssel, Tupper-Topf, Traumschiff, Urmonster, Wohnzimmer – die Phantasie der vermeintlichen Kenner scheint keine Grenzen zu kennen. Aber wehe, sie trauen sich, mit der Gold Wing ein Stück zu fahren. Dann dämmert es selbst ihnen, den größten Spöttern: »Handlich«, raunen sie ungläubig, »nie gedacht«, oder »kaum zu glauben«.

Natürlich sind die Spötteleien in der Gold Wing-Szene bekannt, doch da sich der Ignorant dadurch selbst disqualifiziert, pflegt der Kenner meist achselzuckend darüber hinweg zu gehen. Sollten solche Worte allerdings aus den eigenen Reihen stammen, hat die Toleranz schnell ein Ende. Ein Gold Wing-Fahrer, der sich des Spötter-Wortschatzes bedient, sollte schon ganz sicher sein, daß sein Gegenüber solcherlei Respektlosigkeit als Ironie versteht. Andernfalls kann er sich schnell großen Ärger einhandeln. Es gibt Sensibelchen unter den Freunden dieser rollenden Ikone.

Freilich bedenken auch die Liebhaber ihre Gold Wing mit Namen, die nicht unbedingt der Bezeichnung eines herkömmlichen Motorrads entsprechen. »Mein Mädchen«, gurren manche zärtlich, »beste Freundin«, oder schlicht, dann aber nicht selten mit einem unüberhörbaren Beben in der Stimme, »meine Wing«. Es soll sogar Herzbuben geben, die ihrem zweirädrigen Schätzchen einen Eigennamen gegeben haben.

Kein Zweifel, die Honda Gold Wing ist ein Phänomen – doch warum nur? An den Fahrleistungen kann es kaum liegen, da gibt es schnellere Bikes, andere sind handlicher, wieder andere teurer – vielleicht liegt es an der Mischung, die Betrachter wie Besitzer gleichermaßen in ihren Bann zieht.

Um der Sache auf den Grund zu gehen und das Geheimnis zu lüften, entstand dieses Buch. Logisch, daß bei einem solchen Werk nicht nur dröge Fakten eine Rolle spielen dürfen. Natürlich spielt in den folgenden Kapiteln die Technik der Gold Wing eine wichtige Rolle, ihre Geschichte, ihre Stärken und Schwächen. Doch der Gold Wing-Mythos läßt sich nicht so leicht in Buchstaben gießen, auch nicht nach dem Besuch im Honda-Werk in Marysville, Ohio. Sehr viel hilfreicher ist da das tiefe Eintauchen in die Gold Wing-Szene. Denn wie bei kaum einer anderen Marke, Harley Davidson vielleicht einmal ausgenommen, hat sich rund um die Honda ein aktives Clubleben entwikkelt. Die Szene in ihren schillernden Facetten zu zeigen, mit Typen über ihre Passion zu plaudern, bei Treffen dabeizusein – auch deswegen wurde dieses Buch geschrieben. Und spätestens nach der Lektüre der beiden Reisegeschichten wird sich auch beim größten

Spötter die banale Erkenntnis durchsetzen, daß die Gold Wing zu Recht eine Sonderstellung in der Zweiradszene einnimmt, daß dieses Dickschiff eben hat, was andere Motorräder nicht haben: Charakter, Flair und Ausstrahlung. Ernüchtern mag, bei aller Sympathie für Hondas Goldene Schwinge, lediglich der Schluß: Auch eine Gold Wing ist und bleibt letztendlich ein Motorrad.

Der Weg bis zu dem fertigen Buch war lang und steinig, auch für einen absoluten Gold Wing-Fan wie mich. Danken möchte ich allen, die mich während meiner vielen Schritte begleitet haben. Etwa jenen Kennern aus der Gold Wing-Szene, die mir in unzähligen Gesprächen ungeahnte Informationen vermittelten – ein kostbares Geschenk, dem sich dieses Buch hoffentlich würdig erweist. Besonders dankbar jedoch bin ich für die Hilfe und Unterstützung von

Bernhard Appelhoff, der mir immer wieder auf die Füße getreten hat und mich ermahnte, endlich mit dem Schreiben anzufangen, zur Strafe aber auch alle Manuskripte lesen mußte;

Gene Brady, der mit seinen Ratschlägen und Kontakten den Weg über den Atlantik erheblich verkürzte;

Mark und Julie Foster, die mich auch aus ihrer amerikanischen Sicht ermutigten, dieses Buch zu schreiben;

Werner Kiefer, der mir half, meine Gold Wing aus Amerika zu holen und es mir vielfach leicht machte, die Recherche in die Tat umzusetzen;

Hardy Mutschler, der immer wieder für ein gutes Foto und eine Bildidee zu haben war;

Wolf-Dieter Petri, mein Bruder, der mir in meist nächtlichen Telefonaten geduldig erklärte, wie ich den Schreibcomputer tunen konnte;

Judith Scheer, die mich auf tausenden von Meilen als Sozia begleitete, und

Urs Tobler, der mir sein Archiv und damit die fest verschlossene Tür zu einer mir bis dato unbekannten Gold Wing-Welt öffnete.

Claus-Georg Petri
Sommer 1994

Vorgeschichte

Entwicklungs-Hilfe

Von der Idee bis zur ersten serienreifen Gold Wing vergingen Jahre. Viele Gründe waren mitentscheidend, sie zu bauen.

Die Gerüchte wollten nicht verstummen. Honda, so tuschelten Insider der Motorradszene schon Mitte der sechziger Jahre, werde in absehbarer Zeit eine schwere Maschine mit Kardan-Antrieb auf den Markt bringen. Die Ingenieure seien auf der Suche nach einer Lösung, um ein ganz anderes Motorrad als bisher üblich auf die Räder zu stellen.

Treffend beschrieb die Motoradzeitschrift PS die Spannung in der Branche: »Anfangs der 60er Jahre war das große Motorrad mit viel Hubraum, aber mit geringer Hubraumleistung und infolgedessen mit großer Zuverlässigkeit in aller Munde. Man suchte das narrensichere Fahrzeug, dessen Aufbau möglichst einfach, dessen Werkstattbetreuung vollkommen unkompliziert, dessen Ersatzteilbelieferung und -bevorratung ebenso ohne Probleme wäre. Die Leistung sollte so bemessen sein, daß der Solofahrer zu seinem Spaß käme, und der Gespannfahrer auch kein Mauerblümchen im Verkehr wäre. Man sprach von 50 bis 60 PS, wenig Umdrehungen, keiner hohen Verdichtung, hohem Drehmoment, vier Gängen.«

Kurz: Schon damals wünschte sich der Motorradfahrer die noch heute für Vergleiche gern herangezogene eierlegende Wollmilchsau.

Tatsächlich soll Honda seit etwa 1965 versucht haben, diesem Wunsch weitgehend nachzukommen. Und dabei sollen die japanischen Ingenieure auch mit dem Kardan experimentiert haben.

Diese Behauptung jedenfalls hielt sich hartnäckig. Vorschub, die Lösung sei zum Greifen nahe, leistete unter anderem ein Artikel in der Fachzeitschrift *Motorrad*, der im Jahr 1973 erschien. Darin wurde der Eigenbau eines schwäbischen Tüftlers vorgestellt.

In einen Moto Guzzi-Rahmen hatte der Motorrad-Bastler Franz Meier aus Affalterbach den Motor einer Honda CB 750 Four implantiert. Den Kardan hatte er mit einem Trick passend gemacht: Die Kegelräder des Antriebs und die Umlenkung am Getriebe entnahm er einem Auto der Marke DAF.

Das dazugehörige Foto in der Zeitschrift zeigte die Maschine – mit japanischem Kennzeichen. Der launige Kommentar dazu wies in eine eindeutige Richtung: »Hier waren, liebe Freunde, wir müssen es gestehen, die Lausbuben am Werk. Das japanische Nummernschild machten die ›Brüder vom Motorrad‹ an die Maschine, als sie den Dampfer gesichtet hatten. Mit dem üblen Hintergedanken, daß das mal einer von den Honda-Größen zu sehen kriegen würde (so als Wink mit dem Zaunspfahl).«

Japan aber war weit weg. Immerhin jedoch bewies diese Eigenbau-Honda, daß die Kette auch leistungsstarker Motorräder durch den Kardan ersetzt werden konnte. Und das in einer Zeit, in der die Motorräder begannen, vor lauter Leistung aus allen Nähten zu platzen: Während die Köpfe der Motorrad-Entwickler in Japan rauchten, ließen die halbstarken Jungen in Deutschland die Reifen ordentlich qualmen. Maschinen gab es schließlich genug.

Honda selbst hatte 1969 mit der CB 750 Four einen Meilenstein in der Motorradgeschichte gesetzt. Doch die Konkurrenz hatte nicht geschlafen: Kawasaki zog mit der legendären Z1 900 die jungen Käufer geradezu magnetisch an, während BMW mit der R 90-Serie die eher traditionellen, möglicherweise etwas biederen Fahrer bediente. Suzuki plazierte den Wasserbüffel 750 GT auf dem Markt, und Ducati sorgte mit den SS-Motoren für Furore.

Benelli trat mit dem sechszylindrigen Monster namens Sei an, und Moto Guzzi hob die 850er und 1000er Modelle aus der Taufe.
Je schwerer desto besser, wußten die jungen Motorradfans. Deren Eltern schüttelten eher verständnislos den Kopf: »Diese Maschinen kann doch niemand halten«, sagten sie besorgt. So urteilten damals auch jene Jugendlichen, die noch keinen Motorradführerschein besaßen. Sie drückten allerdings weniger ihre Sorge als vielmehr unverhohlene Bewunderung damit aus. Einmal mit einer solchen Maschine mitgenommen werden, davon träumten sie mit glänzenden Augen.
Die Motorradwelt rotierte etwas schneller als gewöhnlich, und das machte sich auch im fernen Land der aufgehenden Sonne bemerkbar. Schließlich drohte Honda ins Hintertreffen zu geraten. Natürlich erkannten die Entwicklungs-Ingenieure das Gebot der Stunde. Allen voran grübelte Soichiro Irimajiri über die Zukunft auf zwei Rädern, jener geniale Kopf, der später die erfolgreiche Güllepumpe CX 500 V-Zweizylinder sowie die gigantische CBX 1000 mit ihrem Sechszylinder-Reihenmotor ausheckte.
Im Herbst 1972 jedoch hatte Irimajiri andere Pläne. Ein sportlicher Super-Tourer mußte her, der die Konkurrenz, nicht aber die Kundschaft das Fürchten lehrte. Irimajiris zweckoptimistisches Motto: »Wir glauben an die Zukunft.« Was er sich vorgenommen hatte, erschien abenteuerlich. Seinen staunenden Mitarbeitern präsentierte der weltbekannte Motorrad-Ingenieur einen Prototypen mit der schlichten Bezeichnung AOK.
Schlicht war jedoch nicht, was sich dahinter verbarg: Die Maschine besaß bereits einen längsliegenden Sechszylinder-Boxerotor mit einem Hubraum von 1470 cm³ und wog 220 Kilogramm. Das Triebwerk entfaltete seine Leistung von rund 80 PS bei einer Drehzahl von 6700/min und katapultierte das Motorrad auf eine Höchstgeschwindigkeit von 220 km/h. Dieser Motor soll übrigens ursprünglich als Stromgenerator entworfen worden sein. Der

***Aller Anfang ist schwer:* Der von Honda-Ingenieur Soichiro Irimajiri im Herbst 1972 entwickelte Prototyp namens AOK wog 220 Kilogramm. Der Sechszylinder-Boxermotor hatte einen Hubraum von 1470 cm³ und errreichte seine Leistung von 80 PS bei 6700/min. Das Motorrad war ein zu früher Griff nach den Sternen.**

Radstand des Prototyps AOK maß 1480 Millimeter, und die Reifen hatten eine Größe von 3,25 x 19 vorn sowie 4,00 x 18 hinten. Der Rahmen stammte aus der Honda CB 750 Four, und der Antrieb – eine Kardanwelle – aus dem Hause BMW. Indiz dafür, daß Honda durchaus nach Bayern schielte: BMW hatte schließlich schon hinreichend Erfahrung mit dem für japanische Verhältnisse alternativen Antrieb gesammelt.

Die versuchte Irimajiri, auf das Modell AOK zu übertragen. Allerdings ohne Erfolg: Von diesem Prototyp existierte nur ein Modell, und dabei sollte es auch bleiben. Die Maschine ging mit dem vorgestellten Konzept nie in Serie. Der AOK-Prototyp war einfach zu groß und seiner Zeit zu weit voraus. Irimajiri hatte etwas zu früh nach den Sternen gegriffen. Seine Arbeit jedoch hatte sehr viele neue Erkenntnisse hervorgebracht, die in ein anderes, zukünftiges Motorrad einfließen sollten, quasi als Entwicklungs-Hilfe.

Die Zeit war reif für eine neue Honda. Und sie sollte kommen. Allerdings nicht so bald, wie zunächst vorgesehen. Einer Präsentation des neuen Modells im Frühjahr 1974 machte die Ölkrise einen Strich durch die Rechnung. Durch die Sparmaßnahmen verhielten sich die bisher kauffreudigen amerikanischen Kunden plötzlich eher zögernd. Das hatte zur Folge, daß die vorsichtigen japanischen Marktstrategen ihre eigentlich speziell für den US-Markt konzipierte Maschine zunächst zurückhielten, um sie dann gleich auch in Europa anzubieten.

Die Premiere fand auf der Internationalen Fahrrad- und Motorrad-Ausstellung (IFMA) in Köln im Herbst 1974 statt. Die Welt war platt: Hier stand sie, die neue Honda Gold Wing. Sie war größer, länger, schwerer und stärker als alles bisher Dagewesene. Und sie strafte alle Spekulationen Lügen: Das Motorrad war nicht, wie von Irimajiri noch 1972 konzipiert, mit einem Sechszylinder-, wohl aber mit einem Vierzylinder-Boxermotor bestückt. Vor allem jedoch besaß diese Großserienmaschine endlich, worauf die Branche so lange gewartet hatte: einen Kardan aus japanischer Produktion.

Ausblicke: Mit der GL 1000 erreichte Honda eine neue Dimension. Die Gold Wing wurde den Ansprüchen ihrer Fahrer in den meisten Fällen gerecht. Weltweit hat sie eine riesige Fangemeinde.

Honda GL 1000 Gold Wing

Sünden-Bock

Für Honda galt sie als neuer Hoffnungsträger. Am Ende ihrer Laufbahn war die GL 1000 jedoch zum Sünden-Bock abgestempelt.

Mit der Gold Wing stieß Honda in eine neue Dimension vor. Vom ersten Tag an spaltete die als sportlicher Super-Tourer vorgestellte Maschine die Motorradszene in zwei Lager. Auf der Internationalen Fahrrad- und Motorrad-Ausstellung 1974 in Köln fand sie Befürworter wie Spötter: Gold Wing lieben oder Gold Wing belächeln, dazwischen schien kein Platz für eine differenzierte Beurteilung.

Nicht einmal Honda selbst wußte das Motorrad so recht einzuordnen, und philosophierte ein wenig verwaschen: »Der Mensch hat Grenzen, aber er ist grenzenlos in seinen Wünschen. Die Honda GL 1000 Gold Wing wurde für diesen Menschen gebaut.«

Ein Wunder, daß sich davon tatsächlich ein Motorradfahrer als Kunde angesprochen fühlte. Das mochte freilich auf andere Gründe als das von Honda orakelte Marketingmotto zurückzuführen sein. Es lag wohl eher an der Maschine selbst, die unzählige Fans in ihren Bann zog.

Unbestritten ist selbst von den größten Gegnern des Motorrads, daß die Gold Wing mit ihrem technischen Konzept neue Akzente setzte. Immerhin war sie die erste japanische

Gute Figur: Mit der GL 1000 ließ sich Honda zum ersten Mal auf der IFMA 1974 in Köln sehen. Die Gold Wing präsentierte sich als erste japanische Großserienmaschine mit Kardan.

Großserienmaschine mit Kardan-Antrieb. Natürlich hatte sie aber viel mehr zu bieten als den puren Ersatz für die gute alte Kette. Vor allem der ohc-Motor (over head camshaft, obenliegende Nockenwelle) galt in der Zweiradszene geradezu als technisches Meisterwerk. Obwohl in seinem Motor mehr Einzelteile als bis dato üblich verbaut wurden, darauf legte Honda Wert, sollte der Bolide wartungsarm und reparaturfreundlich sein. Damit setzten die Honda-Ingenieure einen Maßstab, der in der Zweiradszene durchaus nicht als Standard galt: Schrauben gehörte zu diesen Zeiten noch zum Alltag des Motorradfahrers. Mit den schwarzen Fingernägeln sollte für Gold Wing-Fahrer nun endgültig Schluß sein.
Den Hauptgrund dafür liefert das ausgeklügelte Motorenkonzept der GL 1000. Es ist wert, eingehend betrachtet zu werden. Der Vierzylinder-Boxermotor tritt mit 999,45 cm^3 Hubraum an. Dieses Volumen errechnet sich aus der Multiplikation von Bohrung mal Hub von 72 x 61,4 Millimetern pro Zylinder. Der Boxer liefert eine Leistung von 82 PS bei 7500/min, und sein maximales Drehmoment von 80 Nm erreicht er bei 6500/min – für die Motorradwelt bis dahin unerreicht und kaum vorstellbar. Der Motor der GL 1000 wiegt 106 Kilogramm. Die Kurbelwelle liegt, wie bei Boxern üblich, längs, dreht sich also quer zur Fahrtrichtung. Die rotierenden Massen haben auf die Honda Gold Wing eine stabilisierende Wirkung und verbessern gleichzeitig ihre Handlichkeit: Anders als bei einem quer zur Fahrtrichtung eingebauten Reihenvierzylinder muß der Gold Wing-Fahrer keine Kreiselkräfte der Kurbelwelle überwinden, wenn er sich in die Kurve legt.
Um ein Kippen um die Längsachse, hervorgerufen durch das lästige Rückdrehmoment beim Gaswechsel, gänzlich auszuschalten, verhindert ein zusätzlicher Trick dieses Übel, das charakteristisch für Boxermotoren anderer Motorradhersteller ist: Die Schwungmasse ist geteilt und bewegt sich gegenläufig. Der Massenausgleich funktioniert so: Das

Glanz und Gloria: Die Gold Wing galt als neuer Maßstab in der zweirädrigen Welt. Ihr Herz war ein Vierzylinder-Boxermotor. Honda betrat mit der GL 1000 unkonventionelle Wege.

Werbeträger: Honda Deutschland warb für die Gold Wing mit Prospekten der biederen Sorte. In Amerika sollte das Blatt eher den smarten Biker ansprechen.

Schwungrad sitzt wie üblich auf der Kurbelwelle. Auf einer separaten Welle drehen sich Anlasserfreilauf und Lichtmaschinenrotor entgegengesetzt zur Lichtmaschine. Zusammen bilden sie die zweite, 4,2 Kilogramm schwere Schwungmasse. Die unterschiedlichen Frequenzen beider Systeme gleicht eine Übersetzung im Verhältnis 1,138:1 aus. Gummidämpfer, ähnlich Hinterradmitnehmern bei Kettenantrieben, schlucken weitere Schwingungen. Das Zahnrad, das die Lichtmaschine antreibt, trägt zur Laufruhe des Motors bei, weil es geteilt ist und dank der so erzeugten Spannung das Spiel der Zähne ausgleicht.

Das Motorgehäuse besteht aus Leichtmetall und ist in der Achse der Kurbelwelle senkrecht in zwei Hälften geteilt. Die rechte beherbergt den kompletten Kurbeltrieb, also Kurbelwelle, Pleuel samt Kolben, Primärkette, Schwungrad sowie die Antriebszahnräder für Getriebe-, Haupt- und Lichtmaschinenwelle. Die Kurbelwelle ist aus einem Teil geschmiedet. Das Schwungrad, die Antriebszahnräder für das Getriebe sowie die Haupt- und Lichtmaschinen-Antriebsräder sind darauf aufgeschrumpft. Die Kurbelwelle läuft in drei Gleitlagern, deren Schalen jeweils zur Hälfte in das rechte Motorgehäuse eingepaßt sind. Die andere Hälfte sitzt in aufgeschraubten Deckeln. Das hintere Führungslager der Kurbelwelle ist ein Kugellager und findet wie die drei Lager der Getriebe-Hauptwelle in beiden Gehäusehälften Halt.

Die Pleuel sind im Fuß geteilt, und ihr Schaft zeigt das normale Doppel-T-Profil. Die Kolbenbolzen werden mit 20 kp/cm³ in ihren Sitz in den Pleuelaugen gepreßt. Dieser hohe Druck soll der Sicherheit dienen und Geräusche mindern. Die Kolbenböden halten für die diagonal angeordneten Ventile zwei gleichgroße, herzförmige Aussparungen bereit. Und weil die Bolzenbohrungen genau mittig im Kolben sitzen, können diese beliebig eingebaut werden. Unter den zwei Kompressionsringen befinden sich neuartige Ölabstreifer. Sie bestehen aus zwei Stahlringen, die ein gewellter Abstands- und Spannungshalter in der richtigen Stellung fixiert.

Der Primärantrieb ist mit 41:24 Zähnen im Verhältnis von 1,708:1 übersetzt. Eine Endlos-Zahnkette überträgt die Kraft auf die Getriebe-Hauptwelle. Darauf stellt eine Achtscheiben-Ölbad-Kupplung den Kraftschluß her. Gegen den Druck von sechs Schraubenfedern trennt sie den Motor vom Getriebe. Die Zahnradpaare für die fünf Gänge laufen in einem klauengeschalteten Zweiwellengetriebe. Es findet samt Schaltung unterhalb der Kurbelwelle Platz.

Die Sekundärübertragung hat 33:40 Zähne, was einer Übersetzung von 0,825:1 entspricht. Sie befindet sich außerhalb des eigentlichen Getriebeabschnitts und verbindet die Getriebeausgangswelle mit der Kardanwelle. Diese ist zweigeteilt, und ein Torsionsdämpfer in Form eines federbelasteten Nockens mildert die Kraftspitzen beim Lastwechsel.
Als geradezu sensationell für die Motorradtechnik galt seinerzeit der Antrieb der Nockenwellen. Die bei der GL 1000 angewandte Technik war bis dato nur Automotoren vorbehalten, und kam auch dort nicht überall zum Einsatz. Zwei Zahnriemen treiben die Nockenwellen an. Sie führen unter zwei Deckeln vorbei, die an der Stirnseite des Motors schwingungsarm in Gummi lagern. Die Zahnriemen laufen auf der doppelten Riemenscheibe der Kurbelwelle über dauergeschmierte, und damit wartungsfreie Spannrollen weiter über die Nockenwellenräder.
Die Nockenwellen sind jeweils dreifach in jenem Bock gelagert, in dem auch die Kipphebelwellen ihren Halt finden. Die Nockenwellen steuern via Kipphebel die 45 Grad gespreizten, hängenden und diagonal angeordneten Ventile. Die Sitze der 38 Millimeter Einlaß- und 32 Millimeter Auslaßventile im nahezu halbkugelförmigen Brennraum sollen selbst Kraftstoff ohne den Pralldämpfer Blei vertragen: Sie bestehen aus einem besonders hitzefesten Material. Außerdem akzeptiert der Motor Benzin mit niedrigsten Oktanwerten.
Seinen Weg in die Brennräume der Zylinder findet der Kraftstoff durch eine ganze Batterie von Vergasern. Die vier Keihin-Unterdruckvergaser haben eine Bohrung von 32 Millimetern und sitzen oben auf dem Motor. Dort bilden sie mit der zentralen Ansaugkammer eine auf Gummimuffen gelagerte Einheit. Die Drosselklappen werden über zwei Bowdenzüge, Umlenkhebel und Gestänge reguliert. Das Gemisch verbrennt, wenn die Kontaktzündung für Funken in der Zündfolge 1 – 3 – 2 – 4 an den Kerzen sorgt.
Im Motorblock zirkulieren 3,2 Liter Öl SAE 10W-40. Mit mindestens 3,5 bar fördert eine Eaton-Pumpe das durch ein Feinsieb grob gereinigte Öl aus der Wanne zunächst durch ein Überdruckventil mit maximal 5,5 bar. Danach findet der Schmierstoff seinen Weg durch den Hauptstromfilter, durch den Haupt-Ölkanal hin zu den drei Abzweigungen, die zur

Hervorragend: Der längseingebaute Boxer läßt seine vier Zylinder seitlich herausschauen. Die Frontansicht zeigt die Deckel, unter denen die Zahnriemen laufen und die Nockenwelle antreiben.

Japanische Ingenieurskunst: Der flüssigkeitsgekühlte Boxer weist eine kompakte Bauart auf und bringt 106 Kilogramm auf die Waage. Großes Drehmoment charakterisiert das Triebwerk.

Unkonventionell: Das Getriebe samt Schaltung sitzt unter der Kurbelwelle. Honda verlagert mit diesem Kunstgriff den Schwerpunkt des Motorrads nach unten, was die Handlichkeit verbessert.

Massenausgleich: Durch gegenläufig rotierende Massen vermeidet Honda an der Gold Wing das bei anderen Boxern als lästig empfundene Rückdrehmoment beim Gaswechsel.

Das Herz eines Boxers: Der Motorblock ist in zwei Hälften geteilt. In der rechten ist zusätzlich zum Kurbeltrieb das Getriebe samt Schaltung untergebracht.

Offengelegt: Die Ventile im Zylinderkopf treibt ein Zahnriemen an. Eine für damalige Verhältnisse geradezu sensationelle Lösung, die selbst im Automobilbau nicht überall eingesetzt wurde.

Herzblatt: Die herzförmigen Aussparungen im Kolbenboden machen den Ventilen Platz. Die Form der Vertiefungen ermöglichen, daß die Kolben beliebig eingebaut werden können.

Kurbelwelle sowie zu den Hauptlagern führen. Von dort führen schräge Bohrungen zu den Pleuellagern. Über Bohrungen und Schmiernuten in den Hauptlagerschalen wird die Kurbelwelle von dem Druckumlauf-Schmiersy stem versorgt. Das Drucköl gelangt in die Pleuellager und von da als Spritzöl an die Zylinderwände. Allerdings weisen nur die linken Pleuel kalibrierte Bohrungen auf. Die rechten brauchen deshalb keine, weil die rechten Zylinder durch die Drehrichtung der Kurbelwelle mit ausreichend viel Öl geschmiert werden. Darum stoppen ungebohrte Lagerschalen den Ölaustritt an den rechten Pleueln.

Das abtropfende Öl schmiert das untenliegende Getriebe. Eine Fangrinne leitet einen Teil davon durch die hohlgebohrten Wellen zu den Gleitstellen der Schaltklauen und zu den Lagern der Zahnräder. Der andere Teil des Öls versorgt die Kupplung, die wegen ihrer tiefen Lage auf der Getriebe-Hauptwelle einen Ölstand unter dem Ölsumpfpegel braucht. Um diesen niedrigeren Ölstand zu gewährleisten, läuft die Kupplung in einer abgetrennten Kammer, die von einer zweiten Eaton-Pumpe in Richtung Ölsumpf gelenzt wird. Beide Pumpen sitzen auf einer Welle, die eine Duplexkette von der Nabe des Kupplungskorbs aus antreibt. Abzweigungen aus dem Hauptkanal führen das Öl zur Primär-Zahnkette und in den Zylinderkopf mit seinem Ventiltrieb. Rückläufe zur Wanne schließen den Ölkreislauf.

Einen weiteren Kreislauf bildet die Wasserkühlung. Sie arbeitet als thermostatgeregeltes, geschlossenes System. Kurz bevor der Siedepunkt erreicht ist, schaltet sich automatisch ein Elektrolüfter zu. Der Ausgleichsbehälter befindet sich oberhalb des Motors unter der rechten Klappe der Tankattrappe.

Der Kühlkreislauf beginnt bei der Wasserpumpe, die unten am Motorblock sitzt. Das Wasser-Frostschutzgemisch im Verhältnis 1:1 fließt durch eine Verzweigung im Stirndeckel zu den Zylindern und dann durch Löcher in den Zylinderkopfdichtungen in die Kühlkanäle des Zylinderkopfes. Externe Leitungen führen die Kühlflüssigkeit weiter zum Thermostat. Je nach dessen temperaturabhängiger Stellung gelangt es von dort entweder zum Kühler, oder eine Kurzschlußleitung führt es zurück zur Wasserpumpe.

Die Fachzeitschrift *Motorrad* beurteilte die Wasserkühlung unter dem Gesichtspunkt der

Lärmdämmung: »Als erster Viertakter erhielt der 1000er Gold Wing-Motor einen Wasserschutzmantel. Nicht wohl, um einen von zu hoher Wärme gefährdeten Motor standfest zu bekommen, sondern vielmehr, um störende mechanische Geräusche zu dämpfen.« Schnell war in der Motorradszene der Begriff des »Wasserboxers« geprägt. Zusätzlicher Nebeneffekt: Honda griff, natürlich ohne es zu wissen, der Diskussion um Lärm, hervorgerufen durch Motorräder, eine beträchtliche Zeit vor. Laut ist out – und das schon mit der Gold Wing anno 1974.
Tatsächlich macht diese Kühlung den Motor standfest und dämpft zugleich dessen mechanische Geräusche. Zusammen mit der großvolumigen Auspuffanlage ist die Wirkung perfekt: Im Stand gibt die GL 1000 nur 76 dB(A) von sich, und während der Fahrt sind gerade einmal 79 dB(A) zu hören. Und das bloß von der Außenwelt, der Fahrer vernimmt unterm Helm nur Windgeräusche. Die Motorradzeitschrift *PS* charakterisierte den Klang des Motors so: »Er ist ungewöhnlich leise. Er scheint im Leerlauf nicht lauter als ein Pkw-Motor unter der Haube.« Und damit wählte *PS* exakt jenen unseligen Vergleich, der die Gold Wing über alle Zeiten begleiten sollte: ein Motorrad wie ein Auto. Der flüsternde Motor brachte auch handfeste Vorteile mit sich, so fand das Fachblatt heraus: »Jeder Gesetzeshüter hält einen für noch langsamer als man wirklich ist; denn auch diese kombinieren Geschwindigkeit mit Geräusch.«
Doch nicht nur das akustische Auftreten der GL 1000 Gold Wing war außergewöhnlich. Besonders über ihr Fahrverhalten wurde viel geschrieben und diskutiert. Honda war es gelungen, ein Motorrad zu bauen, das trotz seines Gewichts von 295 Kilogramm inklusive aller Flüssigkeiten und Werkzeug sensationell handlich zu bewegen war. Hauptgründe hierfür sind die längsstabilisierenden Kräfte, die durch die Lage der Lichtmaschine auftreten, sowie der tiefe Schwerpunkt der Maschine.
Außer dem Motor liegen nämlich noch andere Bestandteile des Motorrads möglichst tief – und damit an bislang eher ungewöhnlichen Stellen. So befindet sich das Getriebe unter der Kurbelwelle, und der 19,3 Liter fassende Benzintank sitzt im Rahmendreieck unterhalb der Sitzbank – und nicht, wie üblich, zwischen den Beinen des Fahrers.

Zahnpraxis: Das Getriebe sitzt mit der kompletten Fünfgang-Klauenschaltung im unteren Teil des Motors. Das Überestzungsverhältnis des Primärantriebs beträgt 1,708:1.

Trotz dieser revolutionären Lage des Tanks konnte sich Honda nicht dazu durchringen, auf einen Tank im Sinne der Optik ganz zu verzichten. Anscheinend aus Angst vor der eigenen Courage verneigten sich die Designer schließlich doch vor dem Konventionellen: Es entstand eine Tankattrappe. Sie allerdings ist pfiffig durchdacht. Die Attrappe ist dreifach geteilt. Unter der federbelasteten mittleren Klappe, in die serienmäßig eine Tankuhr eingebaut ist, verbirgt sich der Tankeinfüllstutzen sowie ein Handschuh- und Werkzeugfach. Darunter wiederum versteckt sich der ausblasbare Luftfilter. Die beiden Seiten der Attrappe können abgeklappt werden. Rechts befindet sich der schon genannte Ausgleichsbehälter des Kühlsystems und ein Not-Kickstarter – das letzte Zugeständnis an solche Biker, die ihrer Muskelkraft mehr vertrauen als der Technik aus Japan. Hinter der linken Klappe sitzt das zentrale Elektrik-Tableau. In vorbildlicher Über-

sichtlichkeit beherbergt es Blinkerrelais, Regler und den Sicherungskasten.
Weniger als über Motor und Optik der 2330 Millimeter langen Maschine wurde anfänglich über ihr Fahrwerk diskutiert: Während ihrer ersten Tage auf der IFMA 1974 in Köln war die GL 1000 wegen ihres Fahrwerks schließlich noch nicht ins Gerede gekommen. Außerdem machte es zunächst einen eher normalen Eindruck.
Das Gerippe der GL 1000 bildet ein konventioneller Doppelschleifenrahmen aus rundem Stahlrohr. Der linke Unterzug ist geschraubt. öl dämpft die Teleskopgabel. Der Standrohr-Durchmesser beträgt 37 Millimeter, der Federweg 120 Millimeter. Die Hinterradschwinge bewegt sich in Wälzlagern. Die hydraulisch gedämpften Federbeine sind fünffach verstellbar und haben einen Federweg von 87 Millimetern. Der Radstand mißt 1540 Millimeter, der Lenkkopfwinkel 62 Grad bei einem Nachlauf von 120 Millimetern.
Im Gegensatz zum Rahmen beschritt Honda bei der Wahl der Reifengröße Neuland. Vorn rollt ein Reifen in der Größe 3.50 H 19, während hinten erstmals in einem Motorrad ein Reifen der Größe 4.50 H 17 läuft. Darüber wunderte sich die Zeitschrift *PS*: »Die Abmessungen des Hinterreifens sind ungewöhnlich, von europäischen Herstellern gibt es eine solche Decke noch nicht.«
Die Doppelscheibenbremse mit je einem Einkolbensattel vorn hat einen Durchmesser von 232 Millimetern. Hinten – und auch das war ein Novum in der Motorradbranche – verzögert eine serienmäßig eingebaute Bremsscheibe mit 250 Millimetern Durchmesser.
Tatsächlich bekam die GL 1000, als sie im Sommer 1975 ausgeliefert wurde, zunächst nur gute Noten. Seidenweich laufe ihr Motor, habe einen Durchzug wie kein anderes Motorrad und sei obendrein komfortabel, wie ein Luxusdampfer eben nur sein könne.
Die Zeitschrift *Motorrad* feierte sie als »Ereignis auf dem Motorradmarkt«. Kein Wunder, überzeugte das Motorrad vor allem durch seine Laufruhe und Handlichkeit: »Die Gänge rasten butterweich ein«, schrieb das Magazin euphorisch in einem ersten Test, »auf das berühmte ›Klack‹ wartet man bei der exakt justierten Kupplung vergeblich.« *PS* machte in diesem Punkt andere Erfahrungen: »Kupplung – sehr leichtgängig – erster Gang nach vorn runtertreten – klack. Aha, also auch nicht ohne Geräusch wie bei anderen Getrieben an Boxermotoren.«
Unstreitig indes das Urteil zum Thema Handlichkeit. *Motorrad*: »Wir sind angenehm überrascht, auch darüber, wie leicht und bequem wir selbst im dicken Großstadtgewühl auf Anhieb mit diesem großen Motorrad klarkommen. Außerhalb der City, auf der Ausfall- und beginnenden Schnellstraße, zunächst einmal außer sanftem, völlig unproblematischem, leisem Dahingleiten nur der immer verkrampftere Blick auf den Tachometer. Denn andauernd ertappt sich der Fahrer (da außer dem Fahrtwind kein Geräusch auszumachen ist) dabei, daß er unwillkürlich versucht, den spielend Geschwindigkeit entwickelnden Motor über dem Limit zu fahren, das unsere Gesetze heute noch zulassen. Die Kraftentfaltung ist – für Leute, die noch Einzylinder größeren Volumens, dicke Twins und große Vierzylinder gefahren haben – alles andere als gewohnt. Dieses Triebwerk hat – erster Eindruck – keinen ›Biß‹, aber dieser Motor hat, wenn man die Nadel des Tachometers auf der Autobahn mit frappierender Geschwindigkeit auch noch jenseits von 160 km/h sich den 200 km/h nähern

Gut getrennt: Eine Achtscheiben-Ölbadkupplung stellt den Kraftschluß her. Gegen den Druck von sechs Schraubenfedern trennt sie den Motor vom Getriebe.

sieht, ungeheuer viel Dampf.« Einen anderen Aspekt zog PS während einer Testfahrt zur Bewertung heran: »Mir scheint interessanter, was sich aus 70 bis 80 km/h heraus abspielt: Das ist das Tempo, aus dem heraus auf der Bundesstraße Lastzüge überholt werden: da schießt man förmlich nach vorn – und hat den Laster schon vergessen, bevor dessen Fahrer die Überholabsicht erkennt: Das nenne ich aktive Verkehrs-Sicherung – und das ist zugleich Reise-Komfort.«
Trotz des hohen Liedes des Lobes wurde schon in jenen ersten Tests moniert, daß das Fahrwerk der »keineswegs untermotorisierten« Maschine wohl eher für die amerikanischen Highways und ihr Tempolimit von maximal 105 km/h konzipiert wäre. Die Anforderungen, so *Motorrad*, seien in Deutschland nun einmal anders: »In langgezogenen Autobahnkurven, bei hinreichendem Mut des Fahrers und 210 Einheiten auf dem Tacho, können Situationen auftreten, die das Wort ›Sicherheit‹ Lügen strafen.« Die GL 1000 im Zaum zu halten, erfordere ein gewisses Geschick: »Über eine anfänglich leichte Nickerei der Hinterhand überträgt sich die Unruhe jäh auf das gesamte Fahrwerk. Wie eine Naturgewalt versuchen die sechs Zentner der Fliehkraft entsprechend nach außen zu drücken. Wer beim Wiedereinfangen der Maschine nur eine Autobahnspur benötigt, hat raumsparend und glücklich gearbeitet.« Wenn auch nicht ganz so dramatisch, so bewertete ebenso *PS* das Fahrwerk der GL 1000 eher kritisch: »Dann wieder Tourentempo zwischen 140 und 160 km/h und der alte Test, die Längsrille im flachen Winkel anfahren – die Gold Wing versetzt in der Spur.«
Harsche Kritik übten die Motorrad-Tester schließlich am gesamten Fahrverhalten der GL 1000 Gold Wing: »Außerdem ermöglicht die niedrige Position der Fußrasten keine große Schräglage ohne allzu nervenaufreibendes Geschramme. Abschließend kann gesagt werden, daß trotz aller gezielten Anstrengungen für den Europa-Markt dem notwendigen Kompromiß zwischen Federhärte, Federweg und Effektivität der Dämpfung zu starke Konzessionen zur Komfortseite hin gemacht wurden. Die Sensibilität des Fahrwerks für die Tourenkonzeption dieser Maschine in Ehren – aber die proklamierte Sicherheit bei den losgelassenen 82 Pferden kaum.« *PS* warf die Gold Wing wegen ihrer schlechten Dämpfung sogar mit anderen Serienmaschinen in einen Topf: »Die Hinterradfederung ist in der ersten Federweghälfte weich, haut dann aber hart zu – also auch hier der typische japanische Charakter.«
So weit, so schlecht. Daß die Fahrwerksschwächen aber keinesfalls den positiven Gesamteindruck des Motorrads schmälerten, bewies das Fazit des *Motorrad*-Tests: Die Honda Gold Wing »bietet für ihren Preis soviel Mechanik, Knowhow und technische Perfektion wie kein anderes Motorrad – bis jetzt.« Und dann folgte auch hier der schon von *PS* gewählte Vergleich: »Mit einem bisher nur im Automobilbau betriebenen Aufwand an Fertigungstechnik und Gesamtkonzeption ist ein Fahrzeug entstanden, das sich vom Ahn – dem Fahrrad – so weit entfernt hat wie nur irgend möglich.« Immerhin schafften es die Tester noch, die Gold Wing trotz der Anspielung auf das Auto korrekterweise den zweirädrigen Fahrzeugen zuzuordnen.
PS kam zu dem Fazit, die Gold Wing sei »ein

Attrappe: Die Tankdeckel sind abklappbar. Links sitzt das zentrale Elektrik-Tableau, rechts befinden sich Ausgleichsbehälter des Kühlsystems sowie der Not-Kickstarter, in der Mitte die Tankuhr.

aufwendiges, ja – zu aufwendiges – Motorrad«. Besonders das Warnsignal, das den Blinker akustisch unterstützte, regte die Fabulierungkünste der Redaktion an: »Wenn Sie mich fragen: überflüssiger Gag, der nur Geld kostet und eine Fehlerquelle in der Elektrik sein kann. Wenn einer so doof ist, daß er seinen Blinker beim Fahren vergißt, soll er vom Motorrad runterbleiben. Aber solche Fisematenten sollen Gags in Ländern sein, wo es wahrscheinlich nur Verkehrs-Trottel gibt.«

Trotz solcher Frotzeleien ging die Rechnung des Honda-Ingenieurs Soichiro Irimajiri, der die Gold Wing als Motorrad gegen die Konkurrenz konstruiert hatte, auf. *PS*: »Eine neue Variante des alten Themas – aber zugleich ein neuer Maßstab für das Thema – eine Kriegserklärung an die vorhandenen Reise-Maschinen von BMW, Moto Guzzi, allenfalls noch Laverda, Ducati und Kawasaki. Sie besticht durch die vielen ›intelligenten Kleinigkeiten‹, durch die sanfte, aber unwiderstehliche Gewalt – ganz besonders aber durch die technische Perfektion und das absolut vorbildliche Finish der Fertigung. Kurz, man bekommt etwas für sein Geld – und darum zweifle ich nicht, daß auch dieser neue Meilenstein von Honda ein Meilenstein im Motorradbau sein wird.«

Auch die Prognose von *Motorrad*, die am Ende des Tests stand, wirkte eher sachlich und war so falsch nicht: »Mit diesem Wurf hat Honda einen Weg beschritten, der eine neue Zeit einleitet. Motorradfahren des guten alten Stils scheint, wenn die mit der Gold Wing eingeleitete Entwicklung anhält, der Vergangenheit anzugehören.«

Scheinbar verstand Honda den Wink und entwickelte weiter, freilich ohne den guten alten Stil des Motorradfahrens – was immer das auch sein mag – außer acht zu lassen. Schließlich zeigt der weitere Werdegang der Motorradszene, daß sich stets die Vielfalt durchsetzte. Daran konnte und wollte auch Honda mit einer Gold Wing nichts ändern.

Im Gegenteil: Auch bei der Produktion der GL 1000 standen Modifizierungen an. Die auf der IFMA 1974 stolz präsentierte GL 1000 gehörte der Serie K0 an, wie Honda die erste Produktionslinie nannte. Gegenüber der folgenden Serie konnte der Kenner sie daran erkennen, daß sie keine Schutzbügel am Gasgestänge aufwies. Außerdem war sie in den

Gestrippt: Selbst nach großer Laufleistung weist die Gold Wing kaum Materialmängel auf. In Kennerkreisen gilt sie, gute Wartung vorausgesetzt, als Motorrad mit sprichwörtlicher Zuverlässigkeit.

Farben rot, grün und gelb zu bekommen.
Schon 1976, also ein Jahr nachdem die KO erstmalig ausgeliefert worden war, brachte Honda die K1-Serie der GL 1000. Technisch wies sie kaum Neuheiten auf. Mehr Wert legten die Honda-Entwickler auf das Äußere der Gold Wing. An der K1 änderten sie die Zierlinien leicht, und es gab das Motorrad in rot und grün. Sie besaß den Chrombügel zum Schutz des Gasgestänges. Das neue Schlußlicht entsprach dem neuen Honda-Design, es war dasselbe wie bei allen anderen Modellen dieser Marke.
Zaghaft in Richtung Luxusliner bewegte sich Honda erstmals mit dem Sondermodell Limited der Serie K1, das ebenfalls 1976 aufgelegt wurde. Die GL 1000 Ltd wurde in der vornehmen Farbe maroon ausgeliefert. Außerdem waren Nummernschildhalter, die Luftleitbleche am Kühler, die Motoraufhängung sowie verschiedene Schrauben verchromt. Felgen und Speichen wurden gold-eloxiert, auf dem Seitendeckel prangte das spezielle Ltd-Emblem, und die Instrumente zeigten ihren Untergrund in gediegenem Dunkel. Lobenswert indes war der verbesserte Werkzeugsatz der GL 1000 Ltd. Nach Deutschland gelangten von diesem Schmuckstück ungefähr 500 Stück – guterhaltene Exemplare, möglichst im Originalzustand, haben heutzutage Seltenheitswert. Und einen entsprechend hohen materiellen Wert.
Wiederum ein Jahr später, 1977, mußte die Gold Wing ein weiteres Facelift über sich ergehen lassen, das aber auch nur eine optische Retusche darstellte. Die K2 war nun in rot, blau und schwarz zu haben, und die Farbe der Instrumente wurden dem jeweiligen Ton angepaßt. Auch die Abdeckung des Auspuffkrümmers blitzte neuerdings vor Chrom, und die Sitzbank der K2 bot den zwei Passagieren leicht gestuft ihren Platz an. Einzige technische Änderung: Die Schraube des Zahnriemenspanners wurde verbessert.
Bei all diesen Veränderungen handelte es sich um reine Kosmetik. Diese Schlußfolgerung dokumentieren verschiedene Testberichte, die während der ersten drei Jahre des Gold Wing-Daseins erschienen. Zwar schnitt die GL 1000 K2 in einem *Motorrad*-Vergleichstest mit der Konkurrenz, dem ersten serienmäßig verkleideten Motorrad der Welt, der BMW R 100 RS,

der unbändigen Kawasaki Z 1000 sowie dem italienischen Boliden Laverda 1000-3C, in einigen Kriterien durchaus respektabel ab. Allerdings traten in der praktischen Anwendung nach und nach die größten Übel der schweren Reisemaschine aus dem Hause Honda ans Licht.

Allen Mängeln voran das Fahrwerk. Mit derber Kritik hackte *Motorrad* auf dessen Schwächen herum: »Am schlechtesten ist der Fahrer in Kurven mit einer Gold Wing dran. Wenn es der Straßenverlauf erfordert, wenn sich eine Kurve zuzieht, dann ist die Maschine zu wenig abzuwinkeln. Wenn links der Mittelständer oder rechts der Auspuff durch eine Bodenwelle aufsetzt, dann versetzt das Gold Wing-Hinterrad furchterregend. Besonders mit der Bridgestone-Serienbereifung ist die Gold Wing in kritischen Situationen und erst recht bei angenäßter Straße kaum zu kontrollieren.«

Auch an anderem Fehlverhalten der Maschine nörgelten die Tester rum: »Nur widerwillig startet die Honda, deren Motor wegen der knappen Vergaserdüsung einige Zeit im Standlauf benötigt, ehe er unter Last Gas annimmt.«

Ging es erst einmal voran, sammelte die GL 1000 wieder Punkte: »Keiner der Konkurrenten erreicht die Laufruhe des Gold Wing-Motors. ... Wie leicht, geräuschlos und exakt auch das Getriebe einer Kardanmaschine zu schalten sein kann, zeigt sich an der Gold Wing.«

Der Tadel aber folgte sogleich. Bei der Honda seien die Fußraten zu weit hinten, weshalb die Beine zu stark abgewinkelt werden müßten. Bei soviel Unbequemlichkeit nützte es dem Fahrer auch nichts, daß die Instrumente der GL 1000 »groß, gut beleuchtet« waren und »genau anzeigen«. Außerdem müsse er sich noch über die Auspuffanlage ärgern, die »nach einem pfleglich durchgefahrenen Winter schon lustig vor sich hin« roste.

Erstmals geriet auch die Bremse in die öffentliche Kritik. Und das war schlimm, denn damit stand Hondas Konzept der Gold Wing als sportlicher Tourer zur Diskussion: »Die sanfte Welle bei Honda führte zu Bremsbelägen, die selbst bei maximalem Kraftaufwand am Bremshebel das Blockieren des Vorderrades nicht ermöglichen. Die Wirkung der Honda-Bremse hinkt deshalb weit hinter der Konkurrenz her. Eine heiß gefahrene Honda-Bremse bringt kaum noch ausreichende Bremswirkung. Paßabfahrten mit der Gold Wing werden zum Abenteuer.«

Diese teils katastrophalen Urteile sowie ihr im Vergleich mit allen anderen Maschinen höchster Verbrauch von durchschnittlich 9,7 Litern pro 100 Kilometer verdrängte die GL 1000 in dem Vergleichstest auf Platz drei der Bewertung. Eigentlich hätte für die Gold Wing-Gemeinde eine Welt zusammenbrechen müssen.

Im Gegenteil: Solche Kritik schadete der Gold Wing bestenfalls am Stammtisch jener Motorradfahrer, die sich diese Maschine ohnehin nie zugelegt hätten. Die Zahl der Gold Wing-Fans wuchs ständig. Unangefochten führte das Motorrad in seinem Segment 1978 mit 5296 verkauften Maschinen den Markt an. Und die GL-Piloten standen zu ihrer Kaufentscheidung. Eine Umfrage unter Gold Wing-Fahrern anno 1978 ergab eine eindeutige Zufriedenheit mit dem Motorrad: 83,1 Prozent der Gold Wing-Fahrer beantworteten die Frage, ob ihre Erwartung erfüllt wurden, mit ja. Aber welche Entscheidungen hatte bei ihnen überhaupt zum Kauf einer Gold Wing geführt? Mit 46 Prozent klar an erster Stelle lag der Tourencharakter der Maschine, gefolgt vom Kardanantrieb mit 36,3 Prozent und dem starken Motor mit 35,5 Prozent.

Bei dieser ungetrübten Freude sollte es jedoch nicht bleiben. Mit herbem Imageverlust hatte Honda zu kämpfen, nachdem mit der GL 1000 drei schwere Unfälle ohne erkennbaren Grund passiert waren, einer davon mit tödlichem Ausgang (doch davon später mehr). Sogar die renommierte Hamburger Wochenzeitung *Die Welt* berichtete unter der Überschrift »Auf Hondas Goldenen Schwingen schneller in den Himmel?« ausführlich über die Stürze. Urs Tobler, von Anfang an führender Kopf in der Schweizer Gold Wing-Szene, kommentierte in der Club-Zeitschrift *Gold Wing international* die Kampagne: »Seit entdeckt worden ist, daß der Teufel leibhaftig in diesen Maschinen steckt, muß man als Fahrer und Besitzer einer solchen schon eher lebensmüde sein, und zwar hochgradig.«

Tatsächlich schien alles darauf hinzudeuten, daß die altbekannten Fahrwerksschwächen der Gold Wing die Unfälle verursacht hatten. Allerdings waren alle verunglückten Gold Wing mit einer Krauser-Cockpitverkleidung ausgestattet.

Die öffentliche Diskussion um die Sicherheit der GL 1000 erhitzte die Gemüter. Die Meinungen bildeten sich über den Rand des Bierglases am Stammtisch hinaus, und die Szene meldete sich in in Leserbriefen zu Wort: »Ich bin einer von circa 7000 Gold Wing-Besitzern, die in Lebensgefahr schweben«, schrieb Alfred Hinterwimmer aus St. Erasmus, »leider konnte ich beim besten Willen keine ... derartige Fahrwerksschwächen – auch jenseits der 150 km/h – feststellen.« In diese Kerbe hauten auch Peter und Martin Beck aus Eislingen: »Wenn jemand behauptet, die Gold Wing sei generell über 150 km/h lebensgefährlich, so kann er unserer Meinung nach nicht Motorrad fahren.«

Ganz so einfach machte es sich Urs Tobler, als er seine Sicht im selben Artikel darlegte, nicht. Er stellte einen Zusammenhang zu der Verkleidung an der GL 1000 her: »Aus eigener Erfahrung kann ich einen schlechten Einfluß von Lenkerverkleidungen bestätigen, dies jedoch nur bei abgefahrenen Reifen, falschem Luftdruck, ausgeschlagenen Lagern oder mit Krauser-Taschen über 150 km/h (immer nur bei Solo-Fahrten).« Heute allerdings glaubt Tobler, der inzwischen als Selbständiger eine reine Motorrad-Fahrschule in Zürich betreibt, daß die Stürze tatsächlich auf Fahrfehler zurückzuführen waren. Freilich wurden sie hervorgerufen durch das Flattern der verkleideten Maschine: »Die Fahrer haben sich vor Schreck am Lenker verkrampft und wurden so selber zum Pendel«, sagt er, »und diese Kräfte kann niemand halten. Wahrscheinlich hätten sie die Stürze vermeiden können, wenn sie locker geblieben wären.«

Honda jedenfalls zog sehr schnell die Konsequenz aus den Unfällen und überarbeitete die Gold Wing erneut – diesmal jedoch vollständig. Im Jahr 1978 stellte der größte Motorradproduzent der Welt die Serie K3 der GL 1000 vor. Hauptaugenmerk richteten die Modellpfleger, wie zu erwarten war, auf ein verbessertes, stabileres Fahrwerk.

Dazu verstärkte Honda den Steuerkopfschaft, die Unterzüge und Knotenbleche. Die Federn in der vorderen Gabel wurden um sechs Millimeter länger und die Federbeine zweigeteilt. Der Steuerkopf lagerte fortan mit Kegelrollen. Außerdem bekam die K3 neue Comstar-Räder und Pirelli-Phantom-Reifen. Die hintere Bremsscheibe wurde durch eine etwas dünnere ersetzt. Auch der Hauptständer wurde im Zuge der Umbaumaßnahmen renoviert.

Sogar am Motor legten die Honda-Ingenieure Hand an. Andere Nockenwellen, kleinere Vergaserquerschnitte sowie modifizierte Steuerzeiten ließen die Motorleistung auf 78 PS zurückgehen. Der damit verbundene Spareffekt im Verbrauch kam den Abgasbestimmungen entgegen, die der eine Grund für diese technischen Veränderungen waren. Der andere liegt sicher in dem für Honda schlimmen Vergleich mit der immer stärker werdenden Konkurrenz.

Optisch zeigte sich die neue GL 1000 in eher gedecktem Gewand: Es gab sie in den Farben maroon, schwarz und dunkelblau. Am eigenständigeren Design fielen vor allem die neue Sitzbank und der verchromte Auspuff auf. Der war etwas lauter, und *PS* befand: »Die Auspuffanlage ist jetzt voll verchromt und verleiht der Wing einen kernigeren Ton als bisher – trotzdem kann sie mit 80 dB Fahrgeräusch nicht als laut bezeichnet werden.« In der Tankattrappe, in deren linken Hälfte die Elektrik eine noch überschaubarere Ordnung bekam, boten nun dreiteilige Armaturen – Tank- und Kühlmitteltemperatur-Anzeige sowie Voltmeter – ihre Dienste an. Außerdem ging der K3 mit dem neuen H4-Scheinwerfer endlich ein Licht auf.

Daß diese Modellpflege über das bisher übliche Maß hinausging, sollte sich für Honda bezahlt machen. Die Wogen der Empörung um das Fahrwerk der GL 1000 glätteten sich. Nun sei die Maschine »wie eine Marktfrau, rund und wuchtig«, spöttelte *Motorrad*. Insgesamt, so das Urteil, habe Honda durchaus das Fahrwerk verbessern können. Zwar wackele sie noch immer, aber »dieses Pendeln ist für den, der die Maschine kennt, vorhersehbar und darum vermeid- und beherrschbar.«

Diese, zunächst nur wenig beruhigende Einschätzung untermauerten die Tester mit ihren Versuchen, etwaige Fahrwerksschwächen nachzuweisen: »Die Testfahrer haben sich bemüht, die Maschine gewaltsam aus der Ruhe zu bringen, haben am Lenker gerissen, sie ins Schaukeln bringen wollen – es gab keine Probleme«, hieß es in dem *Motorrad*-Test der K3. Für bare Münze konnte Honda die folgende Empfehlung nehmen: »Es gibt, zumindest bei der neuesten Version, keinen Anlaß, vom Kauf dieses Motorrads abzuraten.«

Bei so viel Lob zog Honda es vor, das Bewährte zu lassen, wie es ist. Lediglich der Hauptbremszylinder für die Vorderradbremse wurde 1979 gegen einen wirkungsvolleren ausgetauscht.
Als die K3 im selben Jahr in einem Vergleichstest gegen die amerikanische Konkurrenz Harley-Davidson FLH 80 Classic, die Krone deutscher Motorradbaukunst, eine BMW R 100 RT, das italienische Urgestein Moto Guzzi California und den japanischen Allround-Tourer Yamaha XS 1100 antrat, hatte sie gegenüber der vorigen Version deutlich an Profil gewonnen. Laut *Motorrad* gab es »keinen Anlaß, Gefühle der Furcht oder Besorgnis aufkommen zu lassen.« Und das, obwohl sich die Gold Wing vollverkleidet der Prüfung unterzog – mit einer Windjammer-Verkleidung von Vetter.
Zu diesem Ergebnis kam auch *PS*: Die Zeitschrift verglich die Wirkung der Vetter-Verkleidung mit der Auswirkung der Shoei GF 1 auf die Gold Wing. Von Fahrwerksschwächen war nun keine Rede mehr: »Dem Gold Wing-Fahrer bringen« die Verkleidungen »höhere Schnitte ohne körperliche Anstrengung; die Windjammer ist wegen der Halterung vorerst der Shoei GF 1 vorzuziehen.«
Trotz der besseren Testergebnisse waren die Tage der ersten Gold Wing gezählt. In ihrem Outfit, das sie 1979 verpaßt bekommen hatte, fuhr die GL 1000 Gold Wing K3 ihrem seligen Ende im Jahr 1980 entgegen. Und das, obwohl sie die beste GL 1000 aller Zeiten war.
Was natürlich nicht heißt, daß die Gold Wing-Fahrer für ihr Schätzchen nicht doch ein paar heiße Verbesserungstips auf Lager gehabt hätten. Ein Problem ergab sich zum Beispiel bei den Gold Wings bis zur Motornummer GL 1 201 946: Bei ihnen führte ein nicht richtig festgezogenes Mittellager oft zu Lagerschäden an der Kurbelwelle. Bei den nachfolgenden Modellen der Jahrgänge 1975 hatte Honda den Fehler beseitigt.
In der Anfangszeit machte die neue Zahnriementechnik den Werkstätten zu schaffen:

Klare Sache: Die GL 1000 Gold Wing beschränkt sich auf das Wesentliche. Die Instrumente sind übersichtlich gegliedert und gut abzulesen. Hier ist weniger mehr.

Honda hatte die Lebensdauer des Riemens nicht angegeben. Falls einmal ein Zahnriemen, weil er schlicht nie nachgespannt worden war, riß, hauten die Kolben unkontrolliert auf die Ventile – der Zylinderkopf war kaputt. Deshalb wußten die Spezies: Der Zahnriemen sollte etwa nach den ersten 1000, spätestens jedoch nach 10 000 Kilometern gespannt werden. Danach beschränkte sich die Arbeit darauf, die Spannung regelmäßig zu kontrollieren. Im Langstreckenberieb sollte der Riemen nach 70 000 bis 80 000 Kilometern oder alle zwei Jahre gewechselt werden.

Natürlich sorgte auch das Thema Fahrwerk wie eh und je für hitzige Diskussionen am allgegenwärtigen Stammtisch der Gold Wing-Szene. In trauter Runde wurde dann der Tip gehandelt, das Fahrwerk einfach selbst zu stabilisieren. Dazu sollte nachträglich ein Kegelkopflager im Steuerkopf sowie ein hydraulischer Lenkungsdämpfer montiert werden.

Kein Grund zur Sorge, das versicherten die Gold Wing-Kenner, bestände, wenn bei der einen oder anderen Maschine ein tickendes Geräusch vom Hinterrad zu hören sei. Das stamme nicht, wie oft vermutet, vom Kardan, vielmehr komme es von den gealterten Speichenrädern und sei als durchaus normal einzuordnen.

Anders jedoch, falls das Kreuzgelenk der Kardanwelle ein Klackern von sich gäbe. Bestätige ein Kontrollblick unter die Gummimanschette, die auf dem Übergang zwischen Motor und Kardan sitzt, ein zu großes Spiel, dann helfe nur noch eine Reparatur. Und die würde am billigsten durch einen Fachbetrieb vorgenommen, der in den *Gelben Seiten* unter der Rubrik »Gelenkwellen« zu finden ist.

Weiteren Gesprächsstoff lieferten auch die Zylinderkopfdichtungen, die nur allzu gern einmal durchbrennen. Gelingt ihnen dies unbemerkt, verkünden sie ihren Defekt leise, aber gut sichtbar mit weißen Rauchzeichen aus dem Auspuff. Dann nämlich verdampft das Kühlwasser im Brennraum. Ein Tip, wie der Prozeß schon im Anfangsstadium zu erkennen ist: Bei kaltem Motor den Ausgleichbehälter an der Innenseite mit einem Finger abwischen. Die Flüssigkeit darf nun nicht zu ölig sein – sonst ist es bereits zu spät. Steigen bei warmem laufendem Motor im Ausgleichsbehälter Luftbläschen auf, muß die Kopfdichtung möglichst schnell ausgetauscht werden.

Und wer ist verantwortlich für die vielen verbrannten Kopfdichtungen? Meist hat der Thermoschalter für den Kühlerventilator seinen Geist aufgegeben. Weil das entsprechende Honda-Ersatzteil mit mehr als 100 Mark aber zu teuer ist, empfiehlt es sich, einen Thermoschalter vom VW Golf (Anschalttemperatur 92 Grad, Abschalttemperatur 87 Grad, Bestell-Nummer 823 959 481 F, Preis rund 22 Mark) einzubauen. Gespannfahrer, aufgepaßt: Solche Thermoschalter gibt es von VW auch mit anderen, für den Beiwagenbetrieb sinnvolleren Temperaturabstufungen.

Auch derjenige Fahrer einer GL 1000 kann Geld sparen, dessen Lager an der Wasserpumpe undicht ist. Honda bietet eine original Wasserpumpe nur komplett mit Lager zum Preis von rund 175 Mark an. Günstiger indes ist, sich das beiderseitig abgedichtete Rillenkugellager von SKF (Bestellnummer 6000-2RS1, Preis rund zwölf Mark) zu besorgen, und mit der ausgebauten Pumpe zu einer Firma mit einer hydraulischen Presse zu gehen. Gegen ein kleines Mitbringsel – vielleicht ein Freiticket für das nächste Treffen? – wird das Lager sicherlich schnell und problemlos umgepreßt.

Selbst kann Hand anlegen, wer den Regler austauschen möchte, welcher die Tank- und Temperaturanzeige steuert. Weil der serienmäßige Sieben-Volt-Regler zu ungenau arbeitet, lohnt sich der Einbau eines Steuergeräts aus dem Elektronik-Shop um die Ecke. Dort gibt es das passende Teil für ein paar Pfennige – und die Instrumente zeigen auf einmal viel genauer an, was in Tank und Motor vor sich geht.

Elektronik ist auch gefragt, wenn die Originalzündung mit den beiden Unterbrecher-Kontakten ausgetauscht werden soll. Das ist deshalb sinnvoll, weil mancher in Verzweiflung geriet, der die richtige Zünd-Einstellung suchte. Im Klartext: Es dürfte keinen Fahrer einer GL 1000 mehr geben, der sich nicht längst eine passende Transistorzündung eingebaut hat.

So oder so: Die GL 1000 hat, obwohl sie als Sünden-Bock der Familie gilt, allen nachfolgenden Gold Wing den Weg zum Erfolg geebnet. Geradezu legendär ist nach wie vor die Zuverlässigkeit ihres Motors – die entsprechende Pflege vorausgesetzt. Eine Laufleistung von mindestens 100 000 Kilometern ist nach glaubhaften Berichten ungezählter Gold Wing-Fahrer locker drin. Dennoch hat die GL 1000 ihre Zeit gehabt. Mit dem nächsten Motorrad wird alles besser. Gilt dieser Spruch auch für das Nachfolgermodell der ersten Gold Wing?

Sportlicher Tourer: Honda betrat mit der Gold Wing ein Marktsegment, das zunächst anders interpretiert wurde. Das Attribut „sportlich" ließ Mißverständnisse aufkommen.

HONDA
HONDA

Honda GL 1100 Gold Wing

Top-Chopper

Mit dem Nachfolgemodell GL 1100 wechselte Honda die Richtung. Die Gold Wing zählte fortan nicht mehr zu den sportlichen Super-Tourern.

Ohne Zweifel: Trotz des sauberen Abgangs der GL 1000 K3 galt die Gold Wing als umstrittenes Motorrad. Das wußte auch Honda, als im Herbst 1979 auf dem Pariser Salon die GL 1100 als Nachfolgemodell präsentiert wurde. Schwere Unfälle als Folge von Fahrwerksschwächen in Verbindung mit bestimmten Cockpitverkleidungen hatten die erste Gold Wing arg in Verruf gebracht und eine Prozeßlawine ausgelöst. Die rollte noch auf Honda zu, während schon neue Gold Wing-Modelle den alten Sünden-Bock abgelöst hatten.

Zwar hatte der Motor der GL 1000 dank seiner Laufruhe und Kraft stets uneingeschränktes Lob geerntet. Das Fahrverhalten der Modelle K0 bis K2 paßte jedoch nur in das tempolimitierte Land der unbeschränkten Hubräume, nicht aber in das Land der unbegrenzten Geschwindigkeiten. Kurz: Die Honda-Ingenieure mußten mit der GL 1100 quasi den Spagat über den Atlantik schaffen. Luxus für die amerikanischen Biker und sichere Schnelligkeit für die deutschen Motorradfahrer.

In der Fachzeitschrift *Motorrad* eilte der GL 1100 schon sehr bald nach der Präsentation in Paris die erste Einschätzung hinterher. Darin lag der Finger genau auf der Wunde, die Honda mit der neuen GL 1100 zu lecken versuchte: »Von 1980 an wird es eine neue, stärkere Gold Wing geben mit beträchtlich verändertem Fahrwerk.« Aber neben der versteckten Kritik versprach die Ankündigung auch einen Leistungszuwachs: »Die Hubraumvergrößerung und die Umstellung auf Vergaser mit Beschleunigerpumpe bringt eine Mehrleistung von fünf PS und eine Steigerung des Drehmoments.«

Zwei Jahre lang hatten die Entwickler an der Nachfolgerin getüftelt, welche die Ära Gold Wing fortsetzen sollte. Mit Erfolg: Als die GL 1100 im Sommer 1980 zum ersten Mal ausgeliefert wurde, zollten sogar die kritischen Tester der neuen Honda ihren Respekt: »Eine Komfortsänfte mit der Stabilität einer Lokomotive.«

Allerdings hatte Honda mit der GL 1100 einen Chopper kreiert, wandte sich also deutlich ab vom Image der sportlichen Reisemaschine. Die für die Gold Wing richtungweisende Trendwende war damit eingeleitet. Das verstanden auch die Redakteure von der Motorradzeitschrift *PS* und brachten die neue Linie auf den Punkt: »Schon optisch wird deutlich, daß Honda einen neuen Weg in Richtung Chopper gehen will: Der gewaltige Hirschgeweih-Lenker und die pompöse, verschiebbare Stufensitzbank sind dafür ein eindeutiges Indiz.« Zwangsläufig, so *PS*, ergebe sich eine völlig neue Art des Fahrens: »Bei der Gold Wing Jahrgang 80 sitzt der Fahrer nicht auf, sondern im Motorrad und fühlt sich wie in Opas Lehnstuhl.«

Trotz aller Neuerungen griffen die Ingenieure durchaus auf Bewährtes zurück. Das galt besonders für das Triebwerk, das als modifizierte Variante der GL 1000 in der GL 1100 arbeitete: Der wassergekühlte Vierzylinder-Boxermotor der GL 1000 blieb im Konzept weitgehend unverändert.

Der Hub bleibt 61,4 Millimeter lang, aber die Bohrung wird um drei auf 75 Millimeter erweitert. Dieses Verhältnis bringt einen Hubraum von 1085 cm³ hervor. Der Motor erreicht seine Kraft von 83 PS bei 7500/min. Der Boxer liegt längs zur Fahrtrichtung und besitzt deshalb

Platz da: Mit der GL 1100 beginnt eine Phase des Reisens statt des Rasens. Entspannung ist gefragt, eben softes Dahinchoppern. Die aufrechte Sitzhaltung begrenzt die Geschwindigkeit.

Richtungswechsel: Honda erkannte, daß die Gold Wing neu in den Markt eingeordnet werden mußte. Folgerichtig tritt die GL 1100 als Softchopper an, vorgestellt auf dem Pariser Salon 1979.

dieselben Vorteile für das Fahrverhalten speziell in Kurven wie das Vorgängermodell. Die Haupt- und Pleuellager der gleitgelagerten Kurbelwelle haben gegenüber der GL 1000 einen um drei Millimeter größeren Durchmesser und sind entsprechend standfester. Damit wollte Honda sicherstellen, daß an der Kurbelwelle keine Lagerschäden mehr auftreten konnten.
Die Pleuel der GL 1100 versorgen die beiden rechten Zylinder mit Spritzöl. Bei der GL 1000 gelangte nur Schleuderöl durch die rechtsdrehende Kurbelwelle auf die Wände der rechten Zylinder. Um 6,35 auf 31,75 Millimeter verbreiterte Honda die Primär-Zahnkette. Zudem wurde der Kettenspanner verbessert.
Pro Zylinderpaar betätigt eine obenliegende, per Zahnriemen angetriebene Nockenwelle über Kipphebel je ein Aus- und Einlaßventil. Der Hub der Einlaßventile erhöht sich durch eine Modifizierung der Nockenwellen um 0,3 auf 8,8 Millimeter, das Auslaßventil arbeitet weiterhin mit 8,5 Millimetern Weg. Etwas schärfer sind die Steuerzeiten der GL 1100, weil das Einlaßventil acht Grad später schließt und das Auslaßventil fünf Grad eher öffnet.
Mit kleineren Vergaserquerschnitten tritt Honda der Reduzierung des nutzbaren Drehzahlbandes entgegen, die sich automatisch aus den schärferen Steuerzeiten ergibt. Die Luft strömt durch Kanäle mit 30 Millimetern Durchmesser in die Keihin-Vergaser. Das entspricht einer Reduzierung, denn das sind zwei Millimeter weniger als bei den ersten GL 1000-Motoren, die der Modelle der Baujahre 1978/79 indes waren bereits auf 31 Millimeter verringert worden. Diese Maßnahmen wirken sich positiv auf das Drehmoment bei niedrigen Drehzahlen aus. Es wächst auf 90 Nm bei 5500/min. Außerdem hilft neuerdings eine Beschleunigerpumpe gegen Leistungsverlust durch Luftüberschuß, wenn der Fahrer schnell Gas gibt. Die Pumpe sitzt im Luftfilterkasten und versorgt alle vier Unterdruck-Vergaser.
Daß speziell im unteren Drehzahlbereich ein Mehr an Kraft zur Verfügung steht, ist des weiteren eine Folge der kontaktlosen, elektronischen CDI-Zündung. Den richtigen Zündzeitpunkt ermittelt nun ein mechanischer Fliehkraftversteller. Außerdem paßt ein unterdruckabhängiger Regler die Verstellkurve der Zündung an die Motorbelastung an. So können die Frischgase effizienter verbrannt werden. Die neu konstruierte Zündung befindet sich am hinteren Ende des Motorgehäuses. Bei der GL 1000 saß an der Stelle, die bei der GL 1100

die neue Zündung ausfüllt, übrigens noch die Kickstarterwelle. Die gibt es bei der neuen Gold Wing nicht mehr. Skeptische Fahrer, die noch immer nicht auf die japanische Zuverlässigkeit vertrauten, hatten eben Pech. Aber dafür hatten sie ein Plus an Kraft.
Ob dieser unerwarteten Leistungssteigerung frohlockten sogar die Tester von *Motorrad*: »Sämtliche Maßnahmen zur Elastizitätssteigerung vermitteln diesem Motor nun auch eine brutale Kraft, die den bisherigen GL-Typen abging.« Wieder einmal schaffte es die Gold Wing, in puncto Durchzug neue Maßstäbe zu setzen: »Aus Standgas-Drehzahlen beschleunigt die GL 1100 sanft, aber mit Nachdruck. Der große Schub setzt bei etwa 6000/min ein und bringt im ersten Gang das Hinterrad zum Durchdrehen.« Erst am Ende eines Dauertests über 25 000 Kilometer wußten auch die Tester, daß eine Gold Wing anders gefahren werden will: Sie »erzieht ihre Fahrer zum behutsamen Umgang mit der Leistung.« Na bitte.
Der Motor fordert mit seiner Charakteristik tatsächlich zum gefühlvollen Fahren auf. Er boxt zwar etwas rauher als der Vierzylinder in der Vorgängerin GL 1000, dennoch läuft er noch immer vorbildlich sanft und kultivierter als manch anderer Motorrad-Motor. Und auch das bei Boxern als unangenehm empfundene

Alles Tarnung: Auch bei der GL 1100 sitzt der Tank nicht an gewohnter Stelle. Das Elektrik-Bord bekommt eine neue, noch gründlichere Ordnung, und der Notkickstarter fällt endgültig weg.

Rückdrehmoment gleicht die GL 1100 à la GL 1000 aus. Nicht einmal beim Kaltstart bockt der Boxer zu störrisch. Der Choke ist relativ gut auf die Bedürfnisse des Vierzylinders abgestimmt und muß nur über ein paar hundert Meter gezogen bleiben. Danach fährt die Gold Wing beinahe wie von selbst.

Einher mit der allgemeinen Verstärkung der Motor-Bauteile gewinnt auch die Getriebe-Abtriebswelle an Durchmeser. Sie ist nun 28 anstatt 25 Millimeter stark. Die Kupplungsscheiben haben gegenüber der GL 1000 einen um sieben Millimeter größeren Durchmesser, und der Kupplungs-Korb besteht nun aus Aluminium, nicht mehr aus Preßstahl. Gegenüber der GL 1000 läßt sich die Kupplung noch leichter bedienen.

Getriebe und Kardan sind kürzer übersetzt. Die GL 1100 beschleunigt auch deswegen deutlich besser als die GL 1000. Zudem unterstützt die Modifizierung am Getriebe die Maßnahmen am Motor, durch die das Motorrad ohnehin schon entschieden an Durchzug gewonnen hat.

Allenfalls das Getriebe läßt sich manchmal hakelig schalten. Speziell in den ersten beiden Gängen ist das gewisse Zehenspitzengefühl des Fahrers gefordert. Andernfalls macht ihn das Getriebe mit lautstarkem Klacken auf die nicht ausreichend zärtliche Behandlung aufmerksam. Der Kardan gibt sich weniger anspruchsvoll und verrichtet seine Dienste angenehm leise und ohne Spiel.

Mit dem Motor – er ist durch die neue Zündanlage länger geworden – wächst auch der Rahmen. Der Radstand verlängert sich von 1560 bei der GL 1000 auf 1605 Millimeter. Der Lenkkopfwinkel verflacht sich von 62 auf 60,2 Grad, während sich der Nachlauf von 120 auf 135 Millimeter streckt.

Soft-Choppern lautet die Devise. Das paßt, denn die GL 1100 ist ein reinrassiger Top-Chopper, und der fragt nach astreinem Geradeauslauf. Die gewünschte Fahrstabilität erreicht Honda an der Gold Wing mit 39 Millimeter dicken Standrohren der Telegabel. Die führt das ComStar-Rad der neuen Generation, deren Leichtmetallspeichen mit den Schnittkanten nach außen vernietet sind. Besohlt ist das Rad mit schlauchlosen Niederquerschnittsreifen der Marke Dunlop. Diese Pneus haben vorn die Größe 110/90 – 19 62 H und hinten das Format 130/90 – 17 68 H.

Vier gewinnt: Wie schon bei der GL 1000 versorgen auch bei der GL 1100 vier Keihin-Vergaser die Zylinder mit Treibstoffgemisch. Ihre Bohrung wird auf 30 Millimeter reduziert.

Die Gabel arbeitet luftunterstützt, empfohlen ist ein Luftdruck von etwa 1,5 bar. So können beide Holme auf unterschiedliches Fahrergewicht oder verschiedene Komfortansprüche abgestimmt werden. Den auf beiden Seiten gleichen Druck erzielt ein Verbindungsstück, das ein gemeinsames Ventil regelt, welches auf dem rechten Gabelholm sitzt. Nach einem ähnlichen Prinzip funktioniert auch die Luftunterstützung der hinteren Federbeine. Ihren stets gleichen Druck von zwei bis drei bar gewährleistet ein Ventil, das sich unter dem rechten Seitendeckel verbirgt.

Weil lange Federwege beim Ein- und Ausfedern die Geometrie des Fahrwerks verändern und somit Probleme schaffen (von denen Honda die Nase voll hatte), beschränkten die Ingenieure sich auf kurze Wege. Vorn an der Telegabel gestehen sie der GL 1100 genau 147 Millimeter Federweg zu, hinten weisen die zwei Federbeine sogar nur 80 Millimeter auf.

Ein sanftes Ruhekissen ist die neue Gold Wing damit allemal. Außerdem kann sich der Fahrer auf einer äußerst komfortablen Sitzbank lümmeln. Weich wie Watte, aber trotzdem straff, lädt sie zum weiten Touren ein. Wer dennoch an der 790 Millimeter hohen Sitzposition etwas auszusetzen hat, kann die Bank um 40 Millimeter nach vorn oder hinten verschieben.

Gute Pflege:
Der Vierzylinder-Boxermotor der GL 1100 bleibt in seinen Grundzügen erhalten. Wesentliche Änderung ist der größere Hubraum und noch mehr Drehmoment.

So oder so sitzt der Fahrer aufrecht. Dafür sorgt schon der breite Lenker der unverkleideten GL 1100. Damit wendet Honda einen Kniff an: Hart im Wind, begrenzt der Oberkörper die maximale Geschwindigkeit des noch erträglichen Autobahnreisens auf 150 km/h. *PS* indes wollte es wissen: »Im Kfz-Schein hat der Hersteller als Höchstgeschwindigkeit 195 km/h angegeben, und tatsächlich läuft die Gold Wing auch knapp 200 km/h. Freilich, der Fahrer verkraftet eine so flotte Gangart nur für Augenblicke, dann zieht's ihm langsam aber sicher die Arme lang.« Die Motorradzeitschrift beschrieb ihren Fahreindruck, indem sie die neue Gold Wing exakt charakterisierte: »Gemütlich durch die Lande streifen, genügend Reserven fürs Überholen – dafür ist die Gold Wing richtig. Wer heizen will, darf sie nicht kaufen. Aus einem Omnibus läßt sich nun mal kein Formel 1-Renner machen.« Glück für die auf der Stufensitzbank höher sitzende Sozia: Sie kann sich im Windschatten des Fahrers sonnen – wenn sie nicht zu groß von Wuchs ist. Dabei wird keiner der beiden Dahingondelnden von irgendwelche Vibrationen behelligt, nicht nur wegen der Gewichte in den Lenkerenden.
Auch das relativ hohe Gewicht von 290 Kilogramm bereitet dem Gold Wing-Piloten keinerlei Schwierigkeiten. Die Maschine ist dank ihres tiefen Schwerpunkts einfach zu handhaben. Und auch für den Chopper gilt wie für die GL 1000: Je beladener das Motorrad – innerhalb der zulässigen Toleranzen – ist, desto besser läßt es sich beherrschen. Das gilt für alle Geschwindigkeitsbereiche.
Die GL 1100 besitzt ein deutlich gutmütigeres Fahrwerk als ihre Vorgängerin. Nichts bringt sie aus der Laufruhe, jedenfalls nicht so schnell. Allenfalls rührt sie – wie alle Big Bikes – manchmal um die Hochachse. Das bestätigte der Testeindruck von *Motorrad*: »Es ist erstaunlich, wie gut ausgerechnet die Honda den Anbau von Reisekoffern verdaut: Zwar pendelt auch sie bei hohen Geschwindigkeiten, aber sie schaukelt sich nicht so auf, daß der Fahrer plötzlich unangenehm überrascht würde.« Ähnlich sah es *PS* nach dem Test, in dem die GL 1100 mit 160 km/h durch langgezogene Kurven gescheucht wurde: »Und siehe da, auch die neue Gold Wing verwindet sich, schaukelt sich aber nicht mehr auf wie der alte Flügel.« Die Operation am Fahrwerk hat sich jedenfalls gelohnt: Wer mit der GL 1100 durch die Lande rollt, kann dies nahezu unbesorgt tun. Er wird durch kaum etwas gestört.
Selbst die kleine rote Warnlampe im Drehzahlmesser, die zu niedrigen Luftdruck in den hinteren Federbeinen signalisiert, nehmen erfahrene Gold Wing-Fahrer gar nicht mehr ernst. Zwar mahnt das Handbuch, die Fahrt sofort auf 80 km/h zu beschränken, sobald das Lichtlein aufleuchtet, manchmal blinkt es aber eben auch nur so auf.
Abrupt jedoch endet das Fahrvergnügen mit der GL 1100 in Kurven: Vor allem bei voller Beladung setzen Ständer und Auspuff sehr schnell auf und können bei hohen Geschwindigkeiten die Maschine in eine unerwünschte Richtung aushebeln. Zum Glück verfügt das Motorrad über eine gut funktionierende, vor allem aber ausreichend dimensionierte Dreischeibenbremse. Die 280 Millimeter große vordere Doppel- sowie die 296 Millimeter große hintere Einzelscheibe braucht sie auch, treten diese Tücken gemeinerweise vor allem bei voller Zuladung oder im Soziusbetrieb auf.
Das eigenwillige Kurvenverhalten der neuen Gold Wing war schnell bekannt. Sehr bald jedenfalls sicherte sich die GL 1100 wie ihr Vorgänger-Modell einen festen Platz in der Motor-

radszene. Trotz einiger kleinerer Mängel, das gilt heute als unbestritten, rettete die GL 1100 das Image der Gold Wing. Sie verkehrte das miserable Bild der GL 1000 ins Gegenteil um. Allein das Fazit des *Motorrad*-Tests sprach Bände: »Der zweite Anlauf wurde zum Volltreffer: Die GL 1100 ist eine schnelle, sichere Reisemaschine mit unvergleichlichem Komfortangebot. Aber sie ist – und darüber muß der Käufer sich klar sein – absolut kein sportliches Motorrad. Ansonsten gibt es kein bequemeres, schonenderes Transportmittel auf zwei Rädern, um von A nach B zu gelangen.« Daß der Luxus auf einem Motorrad durchaus noch gesteigert werden konnte, war in den ersten Tagen der GL 1100 für niemanden abzusehen. Das protzige Auftreten der GL 1100 indes lieferte in der Fachpresse immer wieder Anlaß zu Spötteleien: »Die Gold Wing kann ihr Herkunftsland kaum verleugnen«, schrieb *Motorrad* über den Chopper, der als erste Gold Wing in Amerika und nicht wie die GL 1000 in Japan gebaut wurde, »üppige goldene Firmenzeichen, massenhaft Chrom und poliertes Aluminium. Dazu eine bequeme Muldensitzbank, in Längsrichtung dreifach zu verstellen. Das sieht witzig aus, hat sich aber im Testbetrieb prima bewährt.« Ebenso wie der Hauptständer, auf den sich die Maschine dank seiner exakt berechneten Position seit jeher überraschend einfach aufbocken ließ.

Einengend, und im krassen Gegensatz zur gebotenen Ausstattung wirkte der mit 20 Litern relativ kleine Tank des großen Choppers. Er begrenzte den Aktionsradius auf rund 280 Kilometer – bei einem realistischen Durchschnittsverbrauch von knapp sieben Litern Normalbenzin auf 100 Kilometer.

Mit diesem Wert lehrte Honda die Konkurrenz das Fürchten. In einem Vergleichstest vermochte sich die GL 1100 beim Verbrauch gegen die Favoritin klar zu behaupten: »Gerade beim relativ kleinen 20 Liter-Tank der Gold Wing ist eine Tankuhr kein Luxus«, befand *Motorrad*, »dennoch sorgte unsere Testmaschine für eine Überraschung: Bei gleichem Tempo, um 150 Stundenkilometer, über 230 Kilometer gefahren, mußte die angeblich so sparsame BMW zuerst an die Zapfsäule.« Mit insgesamt 16 Litern gab sich die Gold Wing auf dieser Fahrt zufrieden, vier Liter weniger, als die BMW brauchte, um ihren Durst zu stillen.

Trotz des gegenüber der GL 1000 deutlich geringeren Verbrauchs wurde die relativ geringe Reichweite für die Gold Wing zum Problem: Ihr Aktionsradius schrumpfe noch weiter, sobald an die GL 1100 eine Verkleidung angebaut wurde. Und die standen bei den Gold Wing-Fahrern hoch im Kurs. Die Zubehörhersteller Vetter und Shoei hatten ihre Lücke für das passende Gold Wing-Zubehör ja schon in den Verkleidungen für die GL 1000 gefunden. Ihren Verkaufserfolg wollten sie natürlich bei den neuen Gold Wing fortsetzen. So war zum Beispiel der Aktionsradius bei den amerikanischen DX-Modellen extrem klein. Honda stellte diese Version schon im Sommer 1980 in vollem Gold Wing-Zubehör vor: die de-Luxe-Variante als Reisemaschine mit Vollverkleidung und hoher Scheibe, Seitenkoffern und Topcase. Die einzige Übereinstimmung mit dem deutschen Standardmodell bestand in ihrer Farbe, maroon.

Eine klare Aufwertung erfuhr die deutsche GL 1100 erst im Jahr 1981, als neben dem Standardmodell erstmals eine GL 1100 DX mit Vollverkleidung von Honda angeboten wurde. In Deutschland hieß ihre Bezeichnung DB. Freilich befand der deutsche TÜV die amerikanische Scheibe als zu hoch und ließ sie per Order beschneiden. Die Folge: Die Luftwirbel,

Freigemacht: Die Gold Wing behält auch mit der GL 1100 den Ruf der absoluten Zuverlässigkeit. Materialschwäche ist für dieses Motorrad, abgesehen von Kleinigkeiten, ein Fremdwort.

Aufgewertet: In Deutschland gibt es die GL 1100 mit Vollverkleidung erst 1981. Die Scheibe fällt den deutschen Vorschriften zum Opfer. Auch Koffer sind nicht zu haben.

die an der Abrißkante entstanden, trommelten dem Gold Wing-Fahrer auf den Helm. Was den TÜV nicht störte.
Mit der Vollverkleidung zeigte sich die Motorradzeitschrift *PS* jedoch keineswegs zufrieden: »Honda wollte zwei Fliegen mit einer Klappe schlagen und hat keine richtig erwischt. Hochlenker und Stufensitzbank sind typische Merkmale eines Soft-Choppers für geruhsames Dahingleiten. Dazu braucht man keine auf Tempo angelegte Verkleidung. Fürs Schnellfahren ohne körperliche Strapazen ist Verkleidung gut, aber der Soft-Chopper paßt nicht dazu. Deshalb ist die DB weder Fisch noch Fleisch; ein Zwitter für softes Fahren.«
Den deutschen Gold Wing-Fahrern war dieses Urteil egal. Überhaupt nicht recht war ihnen indes, daß sie 1981 noch auf Koffer und Topcase, in Amerika längst Standard, verzichten mußten. Dafür, quasi als Trost, verbesserte Honda die Federbeine der GL 1100. Was aber nichts nutzte: Sogar die schwarze, luxuriös wirkende Lackierung konnte die Biker diesseits des Atlantiks nicht von neidischen Blikken nach Ohio abhalten: In den USA präsentierte Honda im Herbst 1981 die erste Gold Wing-Luxusversion GL 1100 Aspencade. Mit diesem Beinamen erinnerte Honda an das berühmteste Tourenfahrer-Treffen Nordamerikas gleichen Namens in Ruidoso, Colorado.

Als dieser Luxusdampfer Aspencade in den USA im Frühjahr 1982 in braun und silber verkauft wurde, ließ Honda Deutschland die Standardversion der GL 1100 wegfallen. Die DX rollte nun in schwarz, blau, rot und braun über die Straßen.

Der wahre Luxus aber blieb zunächst jenseits des großen Teiches. Dort machte er sich durch das größere Platzangebot für die Sozia bemerkbar, und der Fahrer durfte an den Knöpfchen eines serienmäßig eingebauten Radios herumspielen. Davon hielt die Zeitschrift *PS* nun gar nichts: »Auf geschwindigkeitsbegrenzten Highways vielleicht eine willkommene Abwechslung, hierzulande eher ein Risiko.« Willkommener war da schon die automatische Blinkerrückstellung, die ab der Aspencade zum ersten Mal in der Gold Wing zum Einsatz kamen.

Technische Änderungen waren fortan im Gegensatz zu der üppigen US-Ausstattung nicht mehr nur in Amerika zu haben. In Europa wie in den USA lieferte Honda die GL 1100 mit erneut verbesserten Federbeinen aus. Außerdem packten erstmals neue Doppelkolbenbremsen auf den drei Scheiben zu. Die GL 1100 überraschte 1982 mit einer für Honda überragenden Neuerung, dem Integralbremssystem. Es war zuvor von Moto Guzzi erstmals vorgestellt worden. Der Grund, warum es in die Gold Wing eingebaut wurde, leuchtete schnell ein: Eine wissenschaftliche Untersuchung in Amerika hatte bewiesen, daß ein hoher Prozentsatz der Biker die Vorderradbremse nie benutzte. Viele Unfälle waren die Folge dieser Fehlbedienung. Das Integralsystem, mit dem diesem falschen Verhalten begegnet wurde, funktioniert ganz einfach, aber wirkungsvoll: Tritt der Fahrer auf die Fußbremse, aktiviert er damit die hinteren und gleichzeitig die rechten vorderen Bremszylinder. Mit der Handremse kann er noch die linke Bremsscheibe zur zusätzlichen Verzögerung einsetzen. Diese Integralbremse wirkt vor allem auf Asphalt, dem bevorzugten Einsatzgebiet der Gold Wing, hervorragend. Schade nur, daß sie weltweit allein jenen deutschen Gold Wing-Fahrern vorenthalten blieb, die sich eine Maschine bei Honda Deutschland kauften. Denn in den offiziellen Hondas GL 1100 gab es dieses sichere System nicht. Aber vielleicht schätzte Honda Deutschland seine Kundschaft als ohnehin besonders bremssicher ein.

Nur auf dem Umweg über den Grau- oder Selbstimport kamen auch deutsche Biker in

Aufgemotzt: Mit den DX-Modellen der GL 1100 geht Honda 1980 auf die Bedürfnisse der amerikanischen Highway-Bummler ein. Vollverkleidung, Koffer und Topcase gehören von nun an dazu.

Vergnügungsfahrt: Honda setzt mit seinen neuen GL-Modellen auf die Freude am Fahren. Der Weg wird zum Ziel, und die GL 1100 bietet schon soviel Komfort, daß das Reisen zu zweit zum Vergnügen wird.

den Genuß der Integralbremse nebst innenbelüfteter Scheiben. Auch die 1983 weiter komplettierte Aspencade war in Deutschland nur als Grauimport zu bekommen – und das in modellgepflegter Variante. Dazu zählten ein Gabelstabilisator sowie das Anti-Dive-System TRAC (Torque Reactive Anti-Dive Control).
Die ohnehin reichlich vorhandenen Instrumente offerierten ihre Informationen ab sofort digital: Die Aspencade des Jahres 1983 besaß das erste Mäusekino an Bord einer Gold Wing. Auch gehörte erstmals ein Kompressor zur festen Serienausstattung. Er pumpte die Luft in die Federbeine. Zu allem Überfluß glänzte die Aspencade in der auffälligen Zweiton-Lakkierung. Dieser Farbgebung war die Leder-Ausstattung der Maschine angepaßt.
Mit dieser Aspencade hatte die Gold Wing-Gemeinde einen neuen Favoriten. Die GL 1100 galt, auch in der Fachpresse, von Anfang an als herausragende Maschine ihrer Zeit. Die Schlußbilanz von *Motorrad* nach dem Dauertest fiel so eindeutig aus, wie Honda es sich schon für die GL 1000 erhofft hatte: »Die Honda GL 1100 Gold Wing ist ein starkes, zuverlässiges und technisch ausgereiftes Tourenmotorrad – bequem für den Fahrer nur bis 150 km/h, für den Beifahrer unter allen Umständen. Ein Motorrad aber, das keinerlei sportliche Ambitionen duldet.«
Trotz dieses Lobs kursierten, wie schon bei der GL 1000, Tips, um das Motorrad weiter zu optimieren. Zum Beispiel rieten die Praktiker, einen hydraulischen Lenkungsdämpfer einzubauen. Er sollte den ausladenden Lenker noch mehr beruhigen. Auch die zu schwachen Stoßdämpfer erkannten die Fans als Schwachpunkt und fanden Abhilfe: Mit drei Dezilitern Öl der Spezifikation ISO 46 aufgefüllt, wurde die Gabel straffer. Als unzureichend erwiesen sich auch die Dichtungen der Federbeine. Bei den Modellen des Baujahres 1980 galt ab Werk die Obergrenze von 3,0 bar für den Luftdruck, bei den Modellen der Jahre 1981 und 1982 waren es 4,0 bar. Der Tip zur Selbsthilfe klang ein wenig verzweifelt, gleichzeitig aber überra-

schend simpel: einfach bis sieben oder acht bar hochpumpen, das hält schon.
Mußte es auch – auf damals nicht absehbare Zeit. Denn wer zu jener Zeit konnte schon ahnen, daß eines Tages das Honda-Modell GL 1200 auf den Markt kommen sollte? Erst als die neue Gold Wing zu haben war, konnte der Mangel an den Dichtungen beseitigt werden: Die der GL 1200 galten ab sofort als besserer Ersatz für die Dichtungen der GL 1100. Waren solche oder ähnliche kleinen, aber ärgerlichen Mängel im Nachfolgemodell GL 1200 endlich behoben? Welchen Platz sollte die größte der vierzylindrigen Gold Wing in der GL-Familie einnehmen? Die Szene war gespannt.

Durchblick: Mit großflächigen Schnittzeichnungen läßt Honda in amerikanischen Werbeprospekten hinter das Kleid der GL 1100 schauen. Technikinteresse zählt auch bei Gold Wing-Fahrern.

GL
1200
1986 HONDA GOLD WINGS

Honda GL 1200 Gold Wing

Reise-Riese

Als die letzte vierzylindrige Gold Wing auf dem Markt erschien, galt sie als das Nonplusultra. Am Ende ihrer Zeit hatte sie sich überlebt.

Knapp zehn Jahre dauerte es, bis die Gold Wing ihren eindeutig amerikanischen Touch bekam. Zwar wurde schon die GL 1100 in Marysville, Ohio, gebaut, der wahre American Way of Drive schlug sich jedoch erst in der GL 1200 nieder. Mit dieser Maschine zementierte Honda den Mythos Gold Wing, der bis zum heutigen Tag anhält.

Das quittierte die Zeitschrift *Motorrad* in ihrem ersten Test mit einem Satz, der einer Mischung gleichkam aus Spott und Anerkennung: »Der Fremdenverkehr auf zwei Rädern erlebt eine neue Dimension: Reiseunternehmer setzen mehr und mehr auf bequeme, nervenschonende Straßenkreuzer – Straßenkreuzer wie die taufrische Honda GL 1200 Gold Wing.«

Tatsächlich war der Traum, komfortabel dahinzugondeln, dabei aber das Gefühl des Motorradfahrens nicht einbüßen zu müssen, mit der GL 1200 Gold Wing Wirklichkeit geworden. Honda stellte sie im Frühjahr 1984 vor. Die Marke entwickelte mit dieser Maschine das eigene Konzept weiter: Reisen auf zwei Rädern mit einem Motorrad, das Biker in Amerika wie Europa gleichermaßen ansprach und dennoch deren unterschiedliche Bedürfnisse zufriedenstellte. Gleichzeitig perfektionierten die Entwickler die Maschine mit bisher nie dagewesenen Elementen. Wie bei der GL 1100 besannen sich die Ingenieure auf das Lob, das sie stets für den Motor der Gold Wing erhalten hatten. Seine Leistung und Durchzugskraft zu bewahren stand für sie im Vordergrund.

Auch in der neuen Gold Wing sorgt ein wassergekühlter Vierzylinder-Boxermotor für Vortrieb. Mit seinem großen Volumen entspricht der Boxermotor eindeutig amerikanischen Vorstellungen. Der Hub beträgt bei der neuen Gold Wing 66 Millimeter, und die Bohrung wächst auf 75,5 Millimeter. Das Produkt aus den vier Zylindern ist der stolze Hubraum von 1182 cm^3. Die Leistung von 94 PS erreicht das Triebwerk bei 7000/min. Beachtlicher jedoch ist das Drehmoment, das mit für jene Zeit schier unglaublichen 105 Nm bei 5500/min mächtig für Dampf sorgt. Dadurch besitzt die 296 Kilogramm schwere GL 1200 ein Durchzugsvermögen wie keine andere Gold Wing vor ihr.

Neu sind die wartungsfreien Hydro-Stößel, welche das Ventilspiel ausgleichen. Diese technische Feinheit gilt nach wie vor im Motorradbau als Seltenheit, wobei sie nur Vorteile bietet: Es tritt kein Ventilspiel auf, und die

In Deutschland bleiben das hohe Topcase sowie die hohe Scheibe auf der Strecke.

Lebensdauer erhöht sich bei gleichzeitiger Reduzierung der Wartungskosten. Um das Langstreckentouren so angenehm wie möglich zu machen, schöpfte Honda aus der Kraft des Motors und setzte längere, und damit drehzahlsenkende Übersetzungsstufen ein.
Das Verhältnis des Primärantriebs bleibt mit 1,708 zwar identisch zur GL 1100. Die Sekundärübersetzung aber entspricht mit 0,897 demselben Verhältnis wie es die GL 1100 ab Baujahr 1983 aufwies. Das Verhältnis vom Kegeltrieb zum Kardan reduziert sich auf 2,833. Das klauengeschaltete Getriebe besitzt mit dem fünften und höchsten Gang erstmals einen Overdrive, und sämtliche Zahnräder sind neu gepaart. Premiere hat auch die hydraulische Kupplung, die in der GL 1200 deutlich leichter zu bedienen ist, als je in einer Gold Wing zuvor.
Der Treibstoff findet seinen Weg durch vier Keihin-Gleichdruckvergaser mit einem Durchlaß von je 32 Millimetern zu den Zylindern. Für den richtigen Funken, der das Gemisch entzündet, sorgt eine kontaktlose Transistorzündung. Die Drehstrom-Lichtmaschine entwickelt eine Spannung von 12 Volt, leistet 360 Watt und speist eine Batterie, mit einer Kapazität von 20 Ah.
Stärker als die Eingriffe am Motor erwiesen sich jedoch die Veränderungen am Fahrwerk. Honda legte hier besonderen Wert auf Stabilität – wahrscheinlich noch immer unter dem beinahe traumatischen Eindruck der Fahrwerksschwächen der GL 1000. Die Furcht vor einem schlechten Fahrwerk hatte sich auch durch die zahlreichen Nachbesserungen während der umfangreichen Modellpflege an der GL 1100 bemerkbar gemacht. Entsprechend gründlich fielen die Verbesserungen an der GL 1200 aus.
Augenfällig: Die Reifen laufen auf Leichtmetallrädern und verlieren an Durchmesser von 19 auf 16 Zoll vorn und 17 auf 15 Zoll hinten. Durch diesen Kniff wird die Übersetzung insgesamt kürzer – und es reduziert sich die Sitzhöhe des ansonsten riesigen Motorrads auf 780 Millimeter. Die Pneus sind schlauchlos, und nur die vom japanischen Hersteller Sumitoto-Dunlop fabrizierten Gummis sind für die neue Gold Wing zugelassen. Vorne haben sie die Größe 130/90 – 16 67 H und hinten 150/90 – 15 74 H.
Die Standrohre der luftunterstützten Telegabel wachsen im Durchmesser auf 41 Millimeter. Der Winkel des Lenkkopfes am Doppelschleifen-Rohrrahmen beträgt nun 60 Grad. Durch das kleinere 16-Zoll-Vorderrad geht der Nachlauf auf 118 Millimeter gegenüber 135 Millimetern bei der GL 1100 zurück. Der Radstand bleibt mit 1610 Millimetern annähernd gleich.
Hondas Arbeit am Fahrwerk der Gold Wing machte sich bezahlt. Konnte die GL 1100 gegenüber der GL 1000 schon eine deutliche Verbesserung am Fahrwerk verbuchen, setzte die GL 1200 diesen Trend fort. Das drückte sich natürlich in wohlwollenden Kommentaren der Fachpresse aus. *Motorrad* schrieb: »Gangart 160 km/h: Im Zweipersonenbetrieb liegt die Maschine – auch mit voll beladenen Packtaschen – ruhig und sicher. ... Solo allerdings geht ab dieser Geschwindigkeitsmarke das erste leichte Rühren durchs GL-Fahrwerk. Nichts Schlimmes passiert um die GL-Hochachse, auch bei Aufstiegen nahe Höchstgeschwindigkeit nicht; dennoch sei vor allem GL-Neuzugängern die vorsichtige Handhabung des Gasgriffs geraten. Um die Fahrwerksqualitäten der GL 1200 zu unterstreichen: Im *Motorrad*-Testbetrieb traten niemals Pendelbewegungen auf, die das Fahrverhalten gefährlich beeinflußt hätten. Jedoch ist stets Respekt vor der hohen Masse angebracht.«
Dank dieses Urteils müssen in Amerika einfach die Sektkorken geknallt sein. Endlich, so schien es, hatten die Honda-Ingenieure die

Amerikanischer Traum: Die GL 1200 verkörpert erstmals den wahren American Way of Drive.

strengen deutschen Ansprüche an das Fahrwerk der Gold Wing erfüllen können. Oder vermochte *PS* mit einigen Relativierungen in Sachen Fahrbetrieb ein wenig die Euphorie zu dämpfen? »Trotz ihrer massigen Erscheinung fühlt sich auch die Gold Wing in Kurvenkombinationen wohl. Der tief im Fahrwerk eingebaute Vierzylinder-Boxermotor und der unter dem Rahmenoberzug liegende Tank drücken den Schwerpunkt weit nach unten, so daß die Honda überraschend handlich ist. Auch das Fahrwerk spielt mit, Telegabel vorn und zwei Federbeine hinten sind äußerst komfortabel abgestimmt. Trotzdem gerät die GL 1200 nicht ins Schlingern. Ihr Manko: Schon bei geringen Schräglagen schrammen Seitenständer, Fußraste und Auspuff gnadenlos den Asphalt – im Zweimannbetrieb wird's eine Kratzorgie.« Es herrschte also weitgehende Übereinstimmung in den unabhängig voneinander erstellten Tests in Sachen Fahrwerk.
Die Zeitschrift *PS* jedoch ging weiter und stattete die Test-Gold Wing noch mit Packtaschen aus. Aber auch hier ließ die Gold Wing nichts anbrennen: »Auf der Honda spürt der Fahrer ... ein leichtes Pendeln, das vom vorderen Bereich des Motorrads ausgeht. Doch ist dies lange nicht so ausgeprägt wie das Wackeln, von dem mancher Besitzer früherer Gold Wing-Modelle geplagt wurde.« Dieses Urteil mußte den Technikern in Ohio runtergehen wie Mehrbereichsöl – oder der Sekt aus bereits erwähnten entkorkten Flaschen. Das Trauma des schlechten Fahrwerks schien endgültig überwunden. Schließlich galt die positive Bewertung des Fahrwerks auch für die vollverkleidete Maschine.
Wohl um sich trotz der guten Presse abzusichern schrieb Honda für die neue Gold Wing weltweit eine Beschränkung vor – und mit einem Aufkleber in die Packtaschen der GL 1200: »Bei beladenen Gepäckverhältnissen ist eine höhere Geschwindigkeit als 130 km/h unzulässig.« Die Angst vor Stürzen, verursacht durch das Fahrwerk, saß offensichtlich tief. Die Höchstgeschwindigkeit zu begrenzen, hatten die Honda-Hausjuristen empfohlen. Schließlich waren die Verfahren um die Stürze der GL 1000 noch immer nicht in letzter Instanz entschieden, als die neue Gold Wing auf den Markt kam. Außerdem hatten Tests der Technischen Überwachung Hessen (TÜH) die Alarmglocken bei Honda schrillen lassen: Die

GL 1200 D, also die deutsche Version, sei bei einer Zuladung von zehn Kilogramm pro Packtasche nicht in allen Geschwindigkeitsbereichen sicher, hieß es dort.
Der damalige Leiter der Typprüfstelle des TÜH in Darmstadt, Heiner Engelmann, berichtete 1984 *Motorrad* über seine selbst erlebten Fahreindrücke: »Bis 160 km/h sind keine Auffälligkeiten zu beobachten, selbst bei mutwilli-

Kraftpaket: Auch in der GL 1200 sorgt ein Vierzylinder-Boxermotor für Vortrieb. Er ist der größte seiner Art in einer Gold Wing und begeistert seine Fahrer mit mordsmäßiger Kraft.

gen Anregungen klingen die Pendelschwingungen gut ab. Im Bereich 160 bis 180 km/h ist eine Eigendämpfung zwar noch vorhanden, läßt aber je nach Situation nach. Bei 180 bis 190 gibt's keine Selbststabilisierung mehr; jetzt sind Erfahrung und Kaltschnäuzigkeit des Piloten erforderlich, um langsam aus diesem Geschwindigkeitsbereich herauszukommen.«
Als der TÜH dem Kraftfahrt-Bundesamt (KBA) in Flensburg vorschlug, die Honda-Empfehlung in ein Dekret umzuwandeln, willigte die Behörde ein. Am liebsten jedoch hätte das KBA die Koffer an der Gold Wing ganz verboten, fand aber nicht die gesetzliche Grundlage dafür. Die 130 km/h zulässige Höchstgeschwindigkeit jedenfalls waren beschlossene Sache. Was *PS* spotten ließ: »Honda hat das erste Motorrad mit serienmäßigem Tempolimit.« Dennoch: Vom sportlichen Tourer über den Top-Chopper hatte sich die Gold Wing zum Reise-Riesen entwickelt.
Dummerweise fiel aber auch die hohe Scheibe der US-Version den deutschen Bestimmungen zum Opfer. Sie mußte, den TÜV-Vorschriften gehorchend, angepaßt, sprich: niedriger werden. Das Resultat bemängelte *Motorrad*: »Starke Windwirbel am Fahrerhelm sorgen für gehörige Unruhe«, ebenso wie *PS*: »Hinter der Honda-Verkleidung zieht's teilweise wie auf einem alten Schoner. Vor allem über 130 km/h sind die Wirbel hinter der Verkleidung gar nicht mehr Traumschiff-like.« Dieses Manko, nicht von Honda, sondern vom deutschen TÜV verursacht, tat der Anerkennung der GL 1200 keinen Abbruch. Sie war zu einem wahren Giganten mutiert, der trotz gekappter Scheibe alle anderen Maschinen auf dem Markt deutlich überragte.
Und auf einer solche Maschine gestaltet sich eine Tour besonders angenehm, weil schon die Fahrt zum Ziel wird. Trotz der einschneidenden Maßnahme, der gekappten Frontscheibe, wird das Fahren sogar auf der deutschen, abgespeckten Version zum Erlebnis: Da stört es den Gold Wing-Fahrer auch nicht mehr, daß er bei voller Zuladung von 27 Kilogramm Gepäck und dem maximal zulässigen Gewicht der Maschine von 541 Kilogramm nur noch mit einer Höchstgeschwindigkeit von 130 km/h über die Autobahn zockeln darf. Die Aus-

Verfeinerung: Zwar steuert auch bei der GL 1200 ein Zahnriemen die Ventile, deren Spiel jedoch gleichen erstmals Hydrostößel aus – eine rare Finesse im Motorradbau, und obendrein wartungsfrei.

Rollenspiel: Ein genau ausgetüftelte System sorgt für den korrekten Antrieb der Ventile. Präzisionarbeit made in USA. Denn auch die GL 1200 wird wie ihre Vorgängerin in Amerika gebaut.

stattung macht's möglich. Und genaugenommen beginnt die schon beim äußeren Eindruck.
Natürlich trägt die GL 1200 brav das Gold Wing-Familiengesicht. Dennoch fällt das massige Motorrad optisch aus dem Rahmen. Dunkelblau ist die GL 1200 in ihrem ersten Modelljahr zu haben, beige und dunkelrot, das fast als schwarz erscheint. Die Linienführung der Gold Wing wirkt etwas kantiger als gehabt. Der Grund: Mit ihren größeren Koffern und dem voluminösen Topcase ist die neue Maschine größer, erwachsener geworden.
Den Fahrkomfort bestimmt natürlich nicht das äußere Erscheinungsbild einer Maschine. Auch bei der Gold Wing beginnt die Bequemlichkeit beim Sitzen. Bereits die äußerst angenehme Höckersitzbank garantiert Fahrer wie Sozia, daß sie relaxt ihr Ziel erreichen. Kommt vielleicht doch eine kleine Unstimmigkeit mit der Körpergröße von Fahrer oder Sozia auf, läßt sich die Bank leicht nach vorn oder hinten verschieben. Wurde erst einmal Platz genommen, verwöhnt die Maschine mit ihrer Handlichkeit. Der tiefsitzende 22-Liter-Tank rückt den Schwerpunkt der Maschine näher zur Straße und erleichtert den Umgang mit der Gold Wing. Der hohe und 84 Zentimeter breite Lenker tut sein Übriges und empfiehlt dem Fahrer, eine gesunde Haltung einzunehmen.
Den Komfort einer Radio-Kassettenanlage bot auch die GL 1200 Aspencade, die 1985 erstmals überarbeitet wurde. Den Luxus einer Musikanlage konnten ursprünglich nur die amerikanischen Gold Wing-Fahrer genießen. Mittlerweile dürfte es aber auch in Deutschland keine GL 1200 mehr geben, die ohne heiße Rhythmen durch die Lande rollt. Die luxuriöse Aspencade glänzte in blau, silber, beige und dunkelrot. Nicht nur Kleinigkeiten wurden im Rahmen der ersten Modellpflege erneuert. So verstärkte Honda den Lenker, verbesserte den Nässeschutz, und überarbeitete das Belüftungssystem. Auch der Blinker mußte modernisiert werden, stellte er sich ab sofort nach den Einflußfaktoren Geschwindigkeit, Schaltfolge und Drehzahl elektronisch und nicht mehr nur zeitabhängig zurück. Zusätzlich zum Vergnügen des Fahrens unterhielt die Aspencade ihren Chauffeur mit einer-

Umleitung: Die Kraft des Motors wird auf das Getriebe übertragen. Es gilt in der GL 1200 als unterdimensioniert. Erst im letzten Baujahr 1987 verrichtet es verbessert seine Arbeit.

Neue Linie: Die Insrumente sind bei der GL 1200 völlig neu gestaltet und ins Cockpit integriert. Erst später bekommt die Gold Wing Aspencade ein Mäusekino.

eigenen Vorstellung: Der Fahrer blickte ab sofort auf ein Mäusekino, das ihm die erforderlichen Daten per Display mitteilte. An Bord befand sich außerdem ein Kompressor, der die Luft für die Federung lieferte. In den Koffern befanden sich integrierte Gepäcktaschen, die abends nach dem Tagesritt mit ins Hotel genommen werden konnten. Von solcher Lebensart konnten hiesige Gold Wing-Fahrer zunächst allerdings nur träumen: In Deutschland lieferte Honda offiziell nur die GL 1200 Interstate aus. Wer diese abgespeckte Version fuhr, mußte außer auf etliches Zubehör noch immer auf die weltweit eingebaute Integralbremse verzichten.
Doch nicht nur damit wurden die deutschen Gold Wing-Fans benachteiligt. Die großartige Aspencade erschien Honda 1985 im Land der unbegrenzten Möglichkeiten nicht mehr großartig genug. Mit der im selben Jahr erscheinenden GL 1200 Limited Edition feierte das Unternehmen den zehnten Geburtstag des Flaggschiffes Gold Wing sowie das Jubiläum zum 25jährigen Marktauftritts Hondas in Amerika. Bei dem Sondermodell Ltd griff Honda tief ins Regal und servierte der Welt ein Motorrad, wie sie es noch nie gesehen hatte. Nicht nur dank ihrer gold/dunkelbraunen Zweitonlackierung zog die Maschine neugierige wie begehrliche Blicke auf sich. Auch andere optische wie praktische Kleinigkeiten setzten einen neuen Maßstab für eine Serienausstattung der Superlative: Chromverzierungen, Haltebügel und farbige Spoiler als Heckabschluß. Der Lenker aus Aluminium wirkte mit seiner farbigen Abdeckung nicht mehr so wuchtig wie der Lenker bisheriger Modelle. Die Sozia wurde dank der vier Lautsprecher an dem Genuß der Musik während der Fahrt über Amerikas Highways beteiligt. Und damit der Gold Wing-Fahrer stets wußte, was die Stunde geschlagen hatte, zeigte eine per Display in die entsprechenden Zeitzonen eingeteilte Digitaluhr die genauen Stunden und Minuten auf dem riesigen Kontinent an. Freilich konnte der Biker schon zu Hause einen heißen Kaffee bestellen, wenn er noch einige Meilen zurückzulegen hatte: An Bord befand sich ein CB-Funkgerät. Wie weit die Strecke bis zu seinem Ziel genau war, verriet ihm der Bordcomputer, und auch, wieviel Benzin er bisher verbraucht hatte.
Erst recht aber ließen solche technischen Raffinessen die Bewunderer der Ltd erblassen, die sie an einem Motorrad nun wirklich nicht erwarteten. Neben dem Tempomat, der den Highway-Brummer vollends amerikanisierte, war das herausragendste Beispiel für den High-Tech-Auftritt des Motorrads der bordeigene Computer im Heck der Maschine. Dort analysiert das elektronische Schaltkästchen die Gemischaufbereitung des Motors. Leuchtdioden zeigen dem Fahrer mittels verschiedener Kombinationen im Notfall die Fehlerquellen im System an. Hintergrund: Der Motor der Ltd verfügt als erste Gold Wing-Maschine über das technische Highlight einer Einspritzanlage. Damit setzte sich Honda im Motorradbau erneut an die Spitze des zeitgemäßen Fortschritts.
Fatalerweise konnte sich diese Art der Treibstoffversorgung bei der Gold Wing nicht durchsetzen. Der Grund lag aber nicht darin, daß die Einspritzung unzuverlässig gewesen wäre. Vielmehr waren es die amerikanischen Fahrer der Maschine: Sie tankten meist nicht den etwas teureren Sprit mit der vorgeschriebenen Mindestoktanzahl von 91 ROZ. Durch das bevorzugte billigere Benzin verkokte der Motor, bis die Gold Wing liegenblieb. Dadurch häuften sich die Beschwerden über Pannen an einer ansonsten unglaublich zuverlässigen Maschine. Das sollte nicht ohne Konsequenzen bleiben.

HONDA

Freiheit: Mit der amerikanischen Interstate lockt Honda die Gold Wing-Fahrer hinaus auf den Highway. Die deutsche, abgespeckte Version der GL 1200 sieht dagegen beinahe ein wenig traurig aus.

Zwar hielt Honda noch im darauffolgenden Jahr 1986 an der Einspritzung fest. Sie steckte in dem Nachfolgemodell der Ltd, deren Name sich änderte: Die in attraktivem weiß gehaltene Special Edition blieb bis auf kleine optische Retuschen technisch weitestgehend unverändert.

Die normale GL 1200 indes erlebte eine sanfte Modellpflege. Ihre Farben änderten sich, sie fuhr nun in dunkelrot, beige, silber und dunkelblau daher. Außerdem modifizierte Honda die Musikanlage: Sie bekam eine komfortablere Fernbedienung. Aus Überlegungen zur Sicherheit wurde das Topcase stabiler befestigt.

Im Jahr 1987 passierte, was zu befüchten war: Die Special Edition verschwand aus dem Programm. Einerseits hatten sich die Probleme mit der Einspritzanlage zu sehr gehäuft und das ansonsten eher makellose Image der GL 1200 leicht angekratzt. Zum anderen, und das mag den größeren Ausschlag gegeben haben, hatte der Kaufpreis der Special Edition erstmals die Schallgrenze der 10 000 US-Dollar durchbrochen – für ein Motorrad eine Unsumme.

Das allein wäre vielleicht noch nicht einmal so schlimm gewesen, aber gemessen an der Aspencade bot das Sondermodell inwischen einfach zu wenig an zusätzlichem Zubehör. Mit anderen Worten: Zuviel der noch 1987 als revolutionär geltenden Technik war in die Großserie der GL 1200 eingeflossen. Der Abstand sollte sich noch weiter verringern, als die Aspencade mit dem Ausstattungsknüller Tempomat auch technisch eine Aufwertung erfuhr. Optisch wurde die GL 1200 leicht an die Sondermodelle angelehnt und verließ das Werk in schwarz sowie den Zweitonlackierungen schwarz und silber, oder silber und rot. Am Heck prangte serienmäßig erstmals ein Spoiler – wie zuvor an der Limited und Special Edition. Die Sitzbank bekam eine haltbarere Basis, und Kotflügel wie Seitendeckel entstanden aus einem neuen Kunststoff. Dunlop lieferte zum ersten Mal einen Reifen mit speziellem Gold Wing-Profil.

Das ungeheuer vielfältige Zubehör und die farbenfrohe sowie optisch aufgemotzte Gestaltung der Maschine konnte die Fahrer der GL 1200 jedoch nicht über einen eklatanten Schwachpunkt hinwegtäuschen: das Getriebe. Von Anfang an war es in der GL 1200 durch deren Zuwachs an Leistung und Drehmoment an die Grenzen seiner Belastbarkeit gestoßen. Die Gänge ließen sich bloß geräuschvoll und mitunter sogar nur schwer einlegen. Die Kupplung trennte nicht sauber: War das Öl noch kalt, schob das Motorrad bei laufendem Motor und gezogener Kupplung im ersten Gang ordentlich nach vorn. Besonders auf Treffen kam Freude auf, wenn morgens eine Gold Wing nach der anderen unfreiwillig über die taufrische Wiese hoppelte. Bei allem Spaß: Getriebe und Kupplung des ansonsten gut durchdachten Motorrads waren schlicht unterdimensioniert. Sofort legte die Zeitschrift *PS* den Finger in die Wunde: »Ohne sonderliche Aufmerksamkeit wird dem Honda-Fahrer jedoch bald klar, daß seine Maschine leider nicht das zu diesem Fahrzeug gehörende Getriebe hat. Wo man fast eine Automatik erwartet, kracht es stattdessen manchmal,

Wappentier: Der Adler als stilisiertes Symbol für Stärke, Unabhängigkeit und Freiheit ist bei der Gold Wing von Anfang an dabei. Aufkleber zeigen, wie sich der Fahrer fühlt.

wie's früher bei Bayern Sitte war.«
Honda bemerkte den Schwachpunkt und suchte noch 1987, im letzten Jahr der GL 1200, nach einer technischen Verbesserung. Das Getriebe wurde nun entsprechend verstärkt. Inoffizell hieß es, dieses Getriebe sei der Vorläufer eines neuen, demnächst erscheinenden Gold Wing-Modells und laufe sozusagen in der Erprobungsphase.
Das war wohl tatsächlich der Fall. Daß Honda schon früher die Kupplung modifiziert hat, wissen indes nur Insider. So besitzen die Modelle der Baujahre 1986 und 1987 einen Kupplungskorb, der aus einem kurzlebigeren Material besteht als in den Modellen der ersten Jahrgänge. Wer kann, sollte den Korb gegen einen der Baujahre 1984 und 1985 tauschen. Wer sich die Reparatur nicht zutraut – es sind ein paar spezielle Tricks nötig –, wendet sich an den Schweizer Sebi Schuler (Adresse im Anhang). Er ist Fachmann in Sachen Gold Wing.
Schuler baut auch einen hydraulischen Lenkungsdämpfer, den er selbst entwickelt hat, an die GL 1200. Damit liegt die Maschine noch ruhiger. Geringere Abhilfe gegen die etwas zu weich abgestimmte Gabel sowie die Stoßdämpfer schafft dickeres Öl: Wie bei der GL 1100 auch, sollte in die Dämpfer der GL 1200 Öl der Spezifikation ISO 46 gefüllt werden. Die 84er braucht 3,2 Deziliter, ab Baujahr 1985 reichen drei Deziliter.
Probleme, den Leerlauf in dem hakeligen Getriebe zu finden, beseitigte Honda im Rahmen der Modellpflege 1986. Die entsprechenden Teile passen auch für alle vorherigen GL 1200.
Die Mängelliste für die GL 1200 ist so kurz, daß sie kaum der Rede wert ist. Kenner betonen unermüdlich, daß die GL 1200, Baujahr 1987, die beste ihrer Reihe ist. Daß dieser ausgereiften Gold Wing dennoch eine deutlich bessere Maschine folgen sollte, hatte im Jahr 1987 ernsthaft niemand erwartet.

HONDA

Honda GL 1500/6 Gold Wing

Luxus-Liner

Als Honda die GL 1500/6 vorstellte, hielt die Motorradwelt einen Moment lang den Atem an: Die Gold Wing war zum Riesenschiff gewachsen.

Ein neuer Wettlauf hatte begonnen: Yamaha bot der GL 1200 mit der Venture Royal Paroli, Kawasaki brachte die Voyager 12 an den Start und Suzuki versuchte, der Gold Wing mit der Cavalcade den Rang abzulaufen. Das Honda-Dickschiff schien in die Jahre gekommen, etwas Neues mußte her.

Isamu Goto, seinerzeit Entwicklungschef von Honda in Japan, hatte nicht zuviel versprochen, als er schon 1986 vollmundig ankündigte: »Wir wollen schon lange wieder einen Sechszylinder bauen. Aber wir machen ihn so, daß ihn kein anderer nachmachen kann.«

Bis die neue Gold Wing tatsächlich kam, wurde viel um sie gerätselt. Als sich die Gerüchte Ende 1987 letztlich zum fertigen Modell verdichteten, schrieb die Zeitschrift *Motorrad*: »Die Mär vom Land der unbegrenzten Möglichkeiten ist abgedroschen: Aber sie scheint wahr zu sein. Denn aus den USA kommt jetzt das verrückteste Motorrad, das sich Japaner je ausgedacht haben. Auch zu uns. Die Gold Wing GL 1500 mit Sechszylinder-Boxermotor. Sie ist so verrückt, daß wohl selbst Honda nicht ganz wohl ist. Über Monate haben die Japaner vorgegeben, von ihrem amerikanischen Projekt – die Gold Wing wird traditionsgemäß in den USA gebaut – nichts zu wissen.«

Honda indes vermittelte in jenem Herbst alles andere als einen unwohlen Eindruck. Als die Gold Wing 1500/6 auf den Markt kam, orakelten die Werbetexter nicht mehr wie bei der GL 1000 herum, was für eine Maschine die Gold Wing möglicherweise sei. Selbstbewußt und voller Stolz heißt es im Fahrer-Handbuch: »Dieses Motorrad ist ein einzigartiges Abenteuer, eine Herausforderung, diese großartige Maschine beherrschen zu lernen. Sie werden durch den Wind fahren und über ein Fahrzeug mit der Straße verbunden sein, welches empfindlicher reagiert als irgendein anderes. Im Gegensatz zu einem Auto haben Sie kein Blech um sich herum. Wie bei einem Flugzeug sind Überprüfung vor dem Fahren und regelmäßige Wartung von ausschlaggebender Bedeutung für Ihre Sicherheit. Die Belohnung ist ›Freiheit‹.« Honda gab sich also nicht mehr mit dem Vergleich zufrieden, die Gold Wing auf eine Stufe mit dem vierrädigen Gefährt, dem Auto, zu stellen. Honda ließ der Gold Wing buchstäblich Flügel wachsen – quasi goldene Schwingen. Irimajiris Griff nach den Sternen sollte mit der GL 1500/6 endlich realisiert werden.

Um das Versprechen des ultimativen Motorrads einlösen zu können, wandte Honda eine Regel aus dem kleinen Einmaleins des Motorenbaus an: Hubraum ist durch nichts zu ersetzen – außer durch noch mehr Hubraum. Die neue Gold Wing, anno 1987 vorgestellt, ließ die Motorradszene für einen Moment die Luft anhalten: 1520 cm^3 Hubraum, das sechsfache Produkt aus Bohrung mal Hub von 71 x 64 Millimetern, galten damals wie heute für eine Straßenmaschine als ein kräftiger Schluck aus der Pulle. Und das nicht nur in Amerika, wo das Marktsegment der Supertourer so stark umkämpft war. Die Motorradzeitschrift *PS* ver-

Verstümmelt: Die deutsche Version der GL 1500/6 sieht gegenüber der amerikanischen arg verunziert aus. Flache Scheibe und Topcase passen nicht mehr zum wuchtigen Design der Maschine.

lieh dem Motorrad in einer ersten Vorstellung ordentliche Vorschußlorbeeren: »Der flüssigkeitsgekühlte Sechszylindermotor, der wohl auch im Automobilbau bestehen könnte, ist zunächst mal Hubraum-Weltmeister.« Aber nicht nur beim Motorvolumen langte der größte Motorradproduzent der Welt ordentlich hin, Honda setzte mit der sechszylindrigen GL 1500/6 vor allem beim Drehmoment neue Maßstäbe. Durchzug war gefragt bei dem neuen Luxusdampfer der Superlative.

Die 150 Nm bei 4000/min spielen die Hauptrolle, wenn die Gold Wing ihren Auftritt hat. Dann entfaltet sie ihre Kraft so gleichmäßig, daß der Motor mehr an eine Turbine als an einen Boxer erinnert. Mit diesem Drehmoment reicht die Gold Wing durchaus an die Durchzugskraft eines Mittelklassewagens heran (zum Vergleich: Ein VW Golf Baujahr 1994 mit 90 PS und Einspritzung verfügt über ein Drehmoment von 145 Nm bei 2500/min, ein Golf GTI gleichen Jahrgangs mit 115 PS über 166 Nm bei 3200/min). Weniger ausschlaggebend als das Drehmoment für die Charakteristik des Motors der GL 1500/6 indes sind die 100 PS, welche das Triebwerk bei 5200/min erreicht – zu verachten ist diese Leistung natürlich nicht. Die Fachzeitschrift *Motorrad* brachte die Leistungscharakteristik der neuen Gold Wing auf den Punkt: »Der Sechszylinder-Zweiventiler bietet ungeahnte Kräfte aus dem Drehzahlkeller. ... Drehmoment und Leistung bauen sich derart harmonisch auf, daß sie, wie bei der alten Gold Wing, ständig unterschätzt werden. Trotz ihres hohen Gewichts reicht bei der Sechszylinder ein Dreh am Gasgriff, und sie setzt spontan zum Sprung an. Selbst im letzten Gang nimmt der Motor ab Leerlaufdrehzahl, das heißt 800/min, ohne Mucken Gas an. Bis zu 1500 Touren liegt der Leistungszuwachs in Grenzen, dann beginnt die Honda zu marschieren. Zwischen 2000 und 3000 Kurbelwellenumdrehungen geht die Post ab, um erst jenseits des roten Bereichs bei 5500/min zu stoppen.« Während andere Motorräder ihre 100 PS erst bei Drehzahlen um die 10 000/min entfalten, gibt sich die GL 1500/6 mit einem extrem niedrigen Drehzahlbereich zufrieden. Damit kommt sie den Bedürfnissen des Fahrers, ohne Streß, aber durchaus flott dahinzugleiten, entgegen.

Nicht nur von der Leistung, auch technisch bewegt sich die GL 1500/6 auf dem neuesten Stand. Dennoch kann auch die neue Gold Wing ihre Familienzugehörigkeit nicht verheimlichen. Wie in allen GL-Modellen arbeitet in der 1500er ein wassergekühlter Boxermotor. Die Kurbelwelle liegt längs, dreht sich also quer zur Fahrtrichtung im Uhrzeigersinn. Allerdings bewegen sich über die Pleuel nicht mehr vier, sondern sechs Kolben – wie schon die Bezeichnung des Motorrads 1500/6 verrät.

***Glasklar:** Das Flaggschiff der Gold Wing-Reihe, die GL 1500/6, besticht durch ausgefeilte Technik. Honda zeigt stolz das transparente Motorrad.*

Die Hubzapfen für die Zylinder 1 und 2, 3 und 4, sowie 5 und 6 sind auf der vierfach gleitgelagerten Kurbelwelle um jeweils 180 Grad, und die Hubzapfenebenen der drei Zylinderpaare um je 60 Grad versetzt. Der Abstand der Arbeitstakte zueinander beträgt somit 120 Grad. Der Sechszylinder zündet in der Reihenfolge 1-4-5-2-3-6. Diese Konstruktion ist typisch für einen Boxermotor. Sie bewirkt einen optimalen Massenausgleich, die Maschine läuft dementsprechend ruhig – eben wie eine Turbine.

Die obenliegenden Nockenwellen der rechten und linken Zylinderreihe sind nicht identisch. Sie werden jeweils von einem Riemen angetrieben, deren Zähne ein rundes Profil aufweisen, und steuern die zwei Ventile pro Brennkammer. Wie schon im Vorgängermodell GL 1200 gleichen auch in der GL 1500 wartungsfreie Hydrostößel das Ventilspiel aus.

Allergrößten Aufwand haben die Honda-Ingenieure betrieben, um das ausgeklügelste

Dreigestirn: Die sechszylindrige Maschine gibt es in verschiedenen Versionen, die sich durch Ausstattung und Lackierung unterscheiden. Hier die '93er Aspencade und GL 1500/6 SE.

Motormanagement zu entwickeln, das je für ein Motorrad erdacht wurde. Schon deshalb lohnt es sich, näher erklärt zu werden. Im Gegensatz zu ihren Vorläufermodellen bereitet nicht mehr ein Vergaser pro Zylinder, sondern ein Fallstromdoppelvergaser das Gemisch auf. Dieser Vergaser mit einer Bohrung von 36 Millimetern ist an verschiedene Aggregate angeschlossen und bildet damit einen wesentlichen Teil besagten Motormanagements. Ein Schlauch versorgt den Doppelvergaser mit warmer Luft, die er rund um die Auspuffstutzen ansaugt, um sie in den Luftfilterkasten zu leiten. Eine Membrane regelt die Menge der warmen Luft, die in den Vergaser hineinströmt. Diese Mebrane wird von einem Unterdruck gesteuert. Den wiederum regelt ein Bimetall, das bei Außentemperaturen von unter 15° C geschlossen bleibt. Ist dies der Fall, öffnet sich die Membrane, und es fließt nur angewärmte Luft in den Luftfilterkasten. Steigt die Temperatur hingegen an, dehnt sich das Bimetall aus, der Unterdruck vermindert sich und die Durchlässigkeit der Membrane läßt nach. Der Zustrom warmer Luft nimmt ab. Damit der Unterdruck bei steigender Drehzahl nicht zu groß wird, ist die Leitung nahe der Ansaugstutzen verengt. Ein Rückschlagventil verhindert, daß das System zusammenbricht, weil sich Luft im Luftfilterkasten rückstaut.

Dieser technische Kunstgriff optimiert den Fahrkomfort der Gold Wing, verhindert ein Vereisen des Vergasers bei niedriegen Temperaturen und senkt den Spritverbrauch. Besonders die letzten beiden Punkte werden durch einen weiteren technischen Kniff begünstigt: Um die Ansaugstutzen sowie die Grundplatte des Vergasers schnellstmöglich anzuwärmen, sind sie an den Kühlwasserkreislauf angeschlossen. Vom Ausgang der Zylinderköpfe gelangt ein Teil der erwärmten 4,1 Liter Kühlflüssigkeit an diese Stellen. Danach strömt die Flüssigkeit durch ein Thermostat zurück in den Kühler. Damit das angesaugte Benzingemisch im Vergaser nicht überhitzt, schließt das Thermoventil bei 80° C und unterbricht den Kreislauf. Bei solchen Temperaturen kann natürlich auch kein Vergaser mehr vereisen. Weil sich die Luftansaugkanäle dank dieser Wasserheizung und der zugeführten warmen Luft sehr schnell nach dem Kaltstart erwärmen, zerkleinern sich die Benzinpartikel im Vergaser leichter. So säuselt der Gold Wing-Motor schon zufrieden vor sich hin, während Fahrer anderer Maschinen noch entnervt an ihrem Choke fingern.

Damit der Boxer bei allen äußeren Gegebenheiten optimal läuft, obendrein möglichst wenig Treibstoff verbraucht und auf diese Weise die geringstmögliche Menge von Abgasen produziert, sind die Vergaser mit einem Luftdüsensystem ausgestattet, das computergestützt arbeitet. In welchem Verhältnis sich das Gemisch zusammensetzt, unterliegt den Parametern Motordrehzahl, Druck und Tem-

peratur am Ansaugkrümmer sowie dem äußeren Luftdruck. Sinkt die Temperatur des Treibstoffs unter 10° C, steigt die Menge des von der Beschleunigerpumpe geförderten Benzins. Übersteigt die Temperatur die 10° C, reduziert ein Bimetallventil die Treibstoffmenge.
Außerdem ist die GL 1500/6 mit einem zusätzlichen Luftsystem namens Shot Air System ausgerüstet. Es ist notwendig, weil sonst die Bremswirkung des Motors im Schiebebetrieb durch den großen Hubraum und die relativ geringen Ventilüberschneidungszeiten zu stark wäre. Es funktioniert so: Sinkt bei geschlossenen Drosselklappen im Schiebebetrieb der absolute Druck im Ansaugkrümmer, öffnet sich ein Luftventil. Zusätzliche Luft

Relaxed: Der Tempomat am rechten Lenker erleichtert das zügige, entspannte und sparsame Fahren. Außerdem ist die elektronische Geschwindigkeitsregulierung kinderleicht zu bedienen.

strömt nun über zwei Rückschlagventile direkt an die Ansaugkrümmer. Dreht der Motor höher als 2000/min, vergrößert sich die Luftmenge, weil sich ein weiteres Magnetventil öffnet. Dieses System ist nur für den Fahrbetrieb gedacht. Im Leerlauf, der bei 800/min liegt, schaltet es sich ab.
Auch dank dieser Raffinessen muß bei einem Kaltstart der Choke nur wenige hundert Meter gezogen bleiben. Bei der GL 1500/6 läßt sich die Kaltstarthilfe – sie befindet sich links am Lenker – übrigens am besten von allen Gold Wing-Modellen dosieren. Damit haben die Honda-Techniker ein weiteres Handicap beseitigt, das zwar nie zu ernsthaften Klagen, manchmal aber doch zu Nörgeleien über das mäßige Kaltstartverhalten der GL-Modelle geführt hatte.
Ebenfalls intelligent, und damit passend zum Motormanagement, verrichtet die Kennfeld-Transistorenzündung in der GL 1500/6 ihre Arbeit. Den richtigen Zündzeitpunkt ermittelt die Elektronik abhängig von zwei Haupt-Einflußfaktoren: Motordrehzahl und Druck im Ansaugkrümmer. Um den Zündzeitpunkt weiter zu optimieren, berücksichtigt die Anlage die Temperatur des Kühlwassers und der Ansaugluft. Außerdem verarbeitet das System die Information, welcher Gang gerade eingelegt ist.
Letzterer Punkt ist auch wichtig für die Sicherung des Seitenständers: Ist ein Gang eingelegt und der Seitenständer ausgeklappt, läßt sich der Motor nicht starten. Ist andersherum im Stand ein Gang eingelegt und der Ständer wird ausgeklappt, geht der Motor sofort aus.
Seitenständer und Getriebe spielen auch bei der Funktion des für ein Solomotorrad ungewöhnlichen Novums eine Rolle: Die GL 1500/6 besitzt einen Rückwärtsgang. Zurückzuführen ist dieser nur scheinbare Luxus auf Kundenwünsche. Tatsächlich monierte die Zeitschrift *PS* schon 1976 in einem Test der GL 1000, daß die Gold Wing ein besseres Gerät zum Body-Building sei: »In einem Waldweg festgefahren, nur mit Fahrer bestückt, war der Versuch, die Wing rückwärts zu schieben, im Wunschdenken schon beendet. Es half nur, sie umzulegen, um sie auf einem Zylinder umdrehen zu können. So gelang es dann, schiebend mit Motorkraft, wieder Festland zu

Schlicht: Der Schriftzug am Heck der großen Gold Wing steht für Understatement. Nur das „/6“ deutet auf die sechs Zylinder hin. Außerdem ist der Motor mit 1500 cm³ der hubraumstärkste.

Aufgeräumt: Das Cockpit der sechszylindrigen Gold Wing ist übersichtlich. Die Bedienungselemente sind funktionell angeordnet. Auf der Tankattrappe sitzt das integierte Cassettenradio.

gewinnen.« Seither wußte die Welt, daß Gold Wings auf Waldwegen nichts zu suchen haben. Das bestätigt auch die klare Aussage im Fahrer-Handbuch der GL 1500/6: »Dieses Motorrad ist nur für den Gebrauch auf öffentlichen Straßen bestimmt.« Und das, obwohl die größte aller Gold Wings über jenen bereits erwähnten Rückwärtsgang verfügt. Dieses Zubehör galt zur Markteinführung der Gold Wing als geradezu undenkbar für ein Motorrad. Folgerichtig lautete der Schlußsatz der noch mutaßenden Ankündigung der GL 1500/6 in der Motorradzeitschrift *PS*: »Für das Einlegen des Rückwärtsgangs wird er (Anm.: der Fahrer) – das unterscheidet ihn vom Automobilisten – wohl nach wie vor den Fuß benutzen müssen.« Oh, wie falsch.

Denn tatsächlich gibt es den Rückwärtsgang an der Gold Wing, und er funktioniert ganz anders als erwartet – aber natürlich nicht per Pedes. Voraussetzung für seinen Einsatz ist, daß der Seitenständer eingeklappt und der Leerlauf eingelegt ist. Ein Hebel, der links über dem Motor sitzt, aktiviert die elektrische Rückfahrhilfe, indem er senkrecht nach oben gestellt wird. Bei laufendem Motor muß nun auf den Anlasserknopf gedrückt werden, was bei Unwissenden ein gewisses Unwohlsein hervorruft: In Gedanken hören sie schon die Zahnräder aufeinander kreischen. Keine Sorge, das befürchtete Geräusch bleibt aus. Und nur so bewegt sich das Motorrad tatsächlich auch nach hinten. Der Mechanismus ist, auch wenn seine Schaltung auf den ersten Blick eher undurchsichtig erscheint, denkbar einfach: Der Anlasser verfügt über zwei Planetengetriebe. Das eine dient dem Starten des Motors, das andere dem Rückwärtsfahren. Dazu wird der Anlasser auf ein spezielles Rückwärtsgang-Zahnrad umgeleitet, das auf der Schaltwelle sitzt.

Komplizierter geht es, wie gesagt, bei der elektronischen Steuerung des Rückwärtsganges zu. Sie übernimmt drei wichtige Funktionen. Damit das Motorrad auf Knopfdruck nicht abrupt nach hinten anfährt, steigert die Elektronik die Drehzahl des Anlassers langsam, bis sich die Gold Wing mit maximal 3 km/h rückwärts bewegt. Diese Geschwindigkeit wird dann konstant beibehalten. Droht dem elektrischen System der Kollaps, etwa weil die Maschine eine zu große Steigung bewältigen muß oder gegen ein Hindernis gefahren ist,

schaltet die Steuerung den Elektromotor innerhalb von drei Sekunden ab. Außerdem, und das ist die dritte Sicherungsfunktion der Elektronik, werden Zündung und Rückwärtsgang unterbrochen, sobald sich die GL 1500/6 weiter als 60 Grad zur Seite neigt, also gerade umfällt.

Zusätzlich zu dem ohnehin umfangreichen Elektronikpaket befindet sich ein System ganz besonderer Weise an Bord der Gold Wing: der Tempomat. Im Bereich von rund 50 bis 130 km/h hält dieses System jede einprogrammierte Geschwindigkeit konstant, ohne daß der Fahrer regulierend eingreifen muß. Er aktiviert den Tempomat, indem er mit dem rechten Daumen den Hauptschalter drückt, der sich zusammen mit zwei weiteren Kippreglern links neben dem Gasgriff befindet. Die Kippschalter dienen der genauen Wahl der Geschwindigkeit. Per Tastendruck kann sie, einmal grob gespeichert, in Einmeilenstufen nach oben oder unten reguliert werden.

Der Tempomat schaltet sich – außer per Hauptschalter – sofort ab, sobald der Fahrer die Fuß- oder Handbremse betätigt, die Kupplung zieht, oder den Gasgriff über den

Jubiläum: Den 15. Geburtstag der Honda Gold Wing feierte die Redaktion MOTORRAD 1989 mit einem Schuß Sekt. Zwischen den beiden Modellen GL 1000 und GL 1500/6 liegen Welten.

Anschlag hinaus zudreht. Die eingegebene Geschwindigkeit bleibt jedoch gespeichert. Soll sie wieder erreicht werden, drückt der Fahrer nur den oberen Kippschalter, und die Gold Wing beschleunigt wie von Geisterhand geschoben bis zum gewünschten Tempo.
Dieses Serienzubehör der GL 1500/6 senkt durch die damit verbundene gleichmäßige wie elektronisch geregelte Fahrweise den Spritverbrauch. Und das, obwohl die Gold Wing ohnehin recht sparsam ist: Die schwere Maschine begnügt sich bei normalem Reisetempo mit 6,3 Liter Benzin. Außerdem steigert der Tempomat ungemein den Fahrkomfort. Den kostet der Gold Wing-Kapitän sowieso auf jedem Meter seiner großen Fahrt aus. Das Kassettenradio, das mit seinen großen Knöpfen in der Mitte auf der Tankattrappe sitzt, besitzt auf dieses Wohlbefinden einen nicht zu unterschätzenden Einfluß. Und damit sich der Fahrer bei allem Hörgenuß auf den Straßenverkehr konzentrieren kann, haben sich die Honda-Ingenieure eine leicht zu handhabende Steuerung des Radios ausgedacht. Sie überragt wie ein festinstallierter Schwanenhals links den Lenker. Ein Wippschalter startet und stoppt den Sendersuchlauf des Radios oder wechselt die Laufrichtung der Kassette. Beinahe überflüssig zu erwähnen, daß der Rekorder mit Auto-Reversebetrieb arbeitet. Eine Mute-, also Stummschaltung, rundet das Angebot der Schalter an der Kupplungshand ab. Bei Ortsdurchfahrten wird kein Anwohner durch ein lärmendes Radio belästigt – es sei denn, der Fahrer ist rücksichtslos.
Leider sind die Empfangsteile der grau aus Amerika importierten Maschinen – und das ist der überwiegende Teil auf deutschen Straßen – auf das US-Radiosystem eingestellt. Sie zählen nur ungerade Frequenzen hinter dem Komma. Das bereitet in Deutschland Verdruß, weil auf UKW die gesamte Bandbreite zwi-

schen 88,0 und 107,9 Mega-Hertz von Sendern genutzt wird. Nun gibt es zum Glück findige Köpfe, die wissen, wie sie mit einem Lötkolben und ein paar Handgriffen das Radio auf hiesige Verhältnisse umfrisieren können. Noch besser: Normalerweise ist auf jedem Gold Wing-Treffen ein solcher Spezie, der seine Dienste anbietet. Der gängigen Preis für diese Arbeit liegt zwischen 50 und 100 Mark. Der operative Eingriff, zu dem das Radio ausgebaut werden muß, dauert kaum 20 bis 30 Minuten.

Wenn sich der Gold Wing-Pilot auf dem Heimweg vom Treffen endlich dem Hörgenuß vollständig hingibt, darf er ruhig auch einmal in die unter Motorradfahrern eher unbeliebte Nacht hineinfahren. Der höhenverstellbare Doppelscheinwerfer an der GL 1500/6 macht's möglich. Er liefert ein solch helles und breitgestreutes Licht, daß er dem Fahrer trotz der Dunkelheit das Gefühl relativer Sicherheit vermittelt. Dennoch: Am Tage macht das Gold Wing-Fahren noch mehr Spaß.

Dann kommen auch die weiteren Ausstattungsmerkmale des Luxus-Liners besser zur Geltung. Die vorn 770 Millimeter hohe Höckersitzbank zum Beispiel, die zwar nicht mehr verstellbar ist, dafür aber komfortabel für Chauffeur und Sozia jeglichen Körperbaus einen Platz bereithält. Die ausgetüftelte Belüftung sorgt für einen wohltemperierten Fahrer hinter der hohen Scheibe. Tatsächlich schützt diese Scheibe bei Regen wie bei Hitze oder Kälte.

Die drei riesigen Koffer sind fest in das Design der Gold Wing integriert und am Motorrad verschraubt. Die Deckel sind mit Scharnieren angeschlagen. Selbstverständlich findet sich im Topcase und den beiden Seitenkoffern je eine passend zugeschnittene Innentasche. Die drei Behältnisse sind herausnehmbar, was dem Urlauber die peinliche Sammlung unzähliger Plastiktüten erspart.

Auch der Hauptständer der GL 1500/6 ist im Gegensatz zu anderen Motorrädern dieses Kalibers leicht zu handhaben – und das trotz des Gewichts der Gold Wing von satten 387 Kilogramm. Nicht immer ließ sich die Gold Wing leicht und ohne große Mühen aufbocken. Im Test der GL 1000 nörgelten die PS-Redakteure noch über den Ständer: »Bei normaler Fahrweise war die Maschine selbst von zarter Damenhand spielend zu bändigen. Allerdings beim Auf- und Abbocken ... glaubte man, beladene Feldbahnloren zu bewegen.«

Optisch dominieren an der GL 1500/6 glatte Flächen: Den Großteil der Technik verbirgt die Maschine unter einer Vollverkleidung. Abgerundete Formen bestimmen den äußeren Eindruck der Maschine. Die GL 1500/6 zeigt das typische Gold Wing-Gesicht und wirkt insgesamt sehr wuchtig. Umso erstaunlicher ist es für jeden Fahrer, wie handlich das Motorrad zu fahren ist. Zu diesem verblüffenden Ergebnis kamen auch die Tester von *Motorrad*: »Immer wieder überrascht mich unterwegs die Handlichkeit der Honda. Sie läßt sich tatsächlich nur mit jenem Klischee beschreiben, das schon für so manches schwere Motorrad zu Unrecht herhalten mußte: Einmal in Bewegung gesetzt, sind die 390 Kilogramm Maschinengewicht vergessen. In enge Kurven kippt die Gold Wing nicht bösartig hinein, sondern läßt sich zielgenau und sicher führen, sogar Schräglagenwechsel gehen ohne übertriebenen Kraftaufwand vonstatten.« Dieses Urteil begründet sich hauptsächlich mit dem tiefen Schwerpunkt der Maschine: Der 126 Kilogramm schwere Motor sitzt weit unten, und noch darunter befindet sich das Fünfganggetriebe. Auch der Tank mit einem Fassungsvermögen von 24 Litern sitzt wie gehabt im Rahmendreieck. Förderlich für ein angenehmes Dahingleiten ist, daß das Motorrad eine überaus schaltfaule Fahrweise erlaubt: Dank ihres satten Drehmoments nimmt die Gold Wing sogar im Overdrive, dem fünften Gang, aus der Leerlaufdrehzahl von 800/min heraus Gas an, ohne zu ruckeln.

Dabei erlaubt das völlig neu konstruierte Fahrwerk durchaus auch eine zügige Gangart. Der mit Hilfe von Computern entwickelte Doppelschleifen-Rohrrahmen besitzt ein geteiltes, mehrfach verstrebtes Rückgrat und besteht aus Rechteck-Hochkantprofilen, die Unterzüge indes aus Vierkantstahlrohr. Der linke Unterzug kann abgeschraubt werden, wenn der Motor zum Teil oder ganz ausgebaut werden muß. Das Rahmenheck ist aus Stahlrundrohren aufgebaut.

Vorn schluckt eine Telegabel, deren Standrohre einen Duchmesser von 41 Millimetern aufweisen, mit 140 Millimetern Federweg die Stöße. Hinten verrichtet eine Kastenschwinge mit zwei Federbeinen ihre Arbeit. Das rechte Federbein arbeitet luftunterstützt, versorgt von einem bordeigenen Kompressor. Dessen

Schalter befinden sich rechts in der Vollverkleidung in Kniehöhe. Sie reagieren nur, wenn das Motorrad steht. Den aktuellen Luftdruck zeigt das Multifunktions-Display im völlig neu konzipierten Cockpit an. Im Notfall kann der Kompressor dank eines speziellen Schlauches im rechten Seitenkoffer auch einen platten Reifen wieder aufpumpen.

Der Radstand der 2630 Millimeter langen GL 1500/6 ist auf 1700 Millimeter gewachsen. Der Lenkkopfwinkel beträgt 60 Grad und der Nachlauf 115 Millimeter. Vorn wie hinten läuft die Gold Wing auf Niederquerschnittreifen, in der Größe 130/70 – 18 63 H und 160/80 – 16 75 H. Sie sitzen auf Aluminiumrädern. Mit dieser Kombination von Fahrwerk und Reifen liefert Honda die Gold Wing erstmals richtig kurvensicher ab. Die Motorradzeitschrift *PS* kommt bei der GL 1500/6 zu dem von Honda langersehnten Schluß: »Die mögliche Schräglagenfreiheit reicht für ein Tourenmotorrad voll aus.«

Die Kombibremse, sie wirkt per Fußbremshebel auf die hintere und die vordere rechte Bremsscheibe, ist an der GL 1500/6 erstmals und endlich auch in Deutschland zu haben – und das nicht nur in der grau importierten Maschine. Das gilt leider nicht für die verstellbare hohe Scheibe, die der TÜV an den offiziellen Gold Wing ebenso hat kappen lassen wie das hohe Topcase. Um die sogenannte US-Version hat es, als die neue Maschine in Deutschland ausgeliefert wurde, sogar Gerichtsverhandlungen gegeben. Wieder einmal saß Honda Deutschland in Sachen Gold Wing auf der Anklagebank.

Anfang Februar 1988 hatten Vertreter von Honda auf dem Wintertreffen des Gold Wing Club Deutschland (GWCD) vor 219 Mitgliedern erklärt, daß die GL 1500/6 mit deutschem Topcase ausgeliefert würde. Dazu gäbe es, so versprachen sie, jedoch auch noch das US-Topcase und zwar ohne Aufpreis. Diese Zusage galt noch, als kurz drauf die ersten Kaufverträge unterschrieben wurden.

Der Rückzieher erfolgte einen Monat später. Schriftlich teilte Honda Deutschland seinen Händlern mit: »Entgegen unserer Ankündigung werden wir das Topcase in der hohen US-Version nicht importieren und anbieten. Zu dieser Entscheidung haben uns gravierende Bedenken der Zulassungsbehörden bewogen, die wir wider Erwarten trotz intensiver Gegenvorstellungen nicht haben ausräumen können. Würden wir uns über diese Einwendungen hinwegsetzen, so würden wir damit dem Ansehen unseres Unternehmens und dem Ansehen unserer Vertriebsorganisation einen nicht zu vertretenden Schaden zufügen.«

Ohne Schaden kam Honda Deutschland aus der Sache sowieso nicht mehr heraus, erhielten die Kläger doch in allen Instanzen Recht – und den geforderten Schadenersatz (darüber später mehr). Jedenfalls blieb es bei der deutschen Ausstattung. Seither müssen sich deutsche Gold Winger über die flache Scheibe und den Pizzakoffer ärgern.

Die Leidtragenden sind Fahrer wie Sozia gleichermaßen: Beide , besonders aber die Person auf dem hinteren, erhöhten Sitz, kommen durch den Zwangsumbau nicht in die ungestörte Annehmlichkeit des konzertanten Motorradfahrens. Die lauteste Musik liefert vielmehr der Fahrtwind, der mit seinen Luftwirbeln monoton auf die Helme trommelt. Auch an Ausstattung büßt die Gold Wing ein. Wie schrieb doch *Motorrad* so treffend: »Amerikaner und alle nicht-deutschen Europäer können nämlich seitlich der Soziuslehne Lautsprecher einbauen lassen. In Deutschland verwehrt der TÜV diesen Genuß: Weil feste Anbauteile eines Motorrads nicht mehr als 20 Zentimeter über den Fahrersitz herausragen dürfen, entfiel hierzulande Lehne samt Einbauräumen. Auch die netten Staufächer für Knabbereien und Getränke verschwanden.«

Die Motorradzeitschrift *PS* indes wollte sich bei einem viertägigen Kurztrip von Stuttgart bis zur Stiefelspitze Italiens und zurück den Komfort nicht rauben lassen und schlug dem TÜV ein Schnippchen: »So griffen die Tester zur Selbsthilfe und schnitten aus Polycarbonat einen hohen, der US-Scheibe nachempfundenen Windschutz. Damit waren die Wirbel in höhere Luftregionen verbannt, Radiogenuß nun bis Tempo 160 möglich und sogar das Fahrverhalten blieb unverändert sicher.« *PS* ging sogar noch entschieden weiter: »Am Abend sind sich die Tester einig, daß die schnellen Autobahn-Abschnitte ohne die hohe Scheibe nicht möglich gewesen wären.« Umso unverständlicher, daß TÜV und Gesetzgeber noch immer auf der Vorschrift der Straßenverkehrs-Zulassungs-Ordnung herumrei-

Bilder aus Amerika: Zwar auch in Europa beliebt, fühlt sich die GL 1500/6 am liebsten in den USA. Ob am Mount Rushmore, auf einem trockenen Salzsee oder zwischen Riesensteinen.

ten, die den verstümmelnden Eingriff an der Gold Wing legalisiert.

PS jedenfalls kommt zu einem überraschendem Ergebnis, das die Schwierigkeiten der Vorläufermodelle der GL 1500/6 vergessen macht: »Den größten Genuß brachte jedoch die überraschend zügige Fahrt über winklige Landstraßen. ... Der vierte Tag bringt ... die Erkenntnis, daß die Gold Wing viel mehr ist als ein reines Autobahn-Motorrad. ... Es gibt wohl derzeit kein komfortableres Reise-Motorrad als die GL 1500. ... Es wäre auch ungerecht, die schwere Honda als Auto auf zwei Rädern zu diffamieren.«

Mit dieser Erkenntnis ist nachhaltig dokumentiert, wo die Stärken der sechszylindrigen Gold Wing liegen: Dieses Motorrad verwöhnt seinen Besitzer mit einzigartigem Luxus. Und der hat sich offensichtlich bewährt: Wenn die Gold Wing auf der IFMA 1994 ihren 20. Geburtstag feiert, verläßt sie in der Sechszylinder-Version immerhin im siebten Modelljahr die Werkshallen in Marysville, Ohio. Noch keine andere GL zuvor ist so lange vom Band gelaufen.

Dennoch hat es leichte Modifikationen natürlich auch an der 1500/6 gegeben. War das Modell des Baujahres 1988 noch in den eher gedeckten Tönen beige, grau und blau zu haben, peppte Honda die 89er Modelle farblich auf: Die GL 1500/6 Aspencade wurden in patrol und einem dunklen Weinrot ausgeliefert. Heller wurde das Rot erst ein Jahr später, und ein Hellblau löste die tristeren Töne ab. 1990 blieb aber nicht nur das Jahr der freundlicheren Farben. Es bescherte der ohnehin ganz und gar vom Luxus verwöhnten Gold Wing-Gemeinde die erste SE-Version der GL 1500/6. Damit wertete Honda die sowieso konkurrenzlose Maschine erneut auf.

Dieses Modell glänzte in weiß oder einer hellen, cremefarbigen Zweiton-Lackierung mit Perlmuttschimmer. Serienmäßig bekam die SE höhenverstellbare Trittbretter für die Sozia, eine Scheibenbelüftung für den Fahrer sowie ein modifiziertes Radio mit vier Lautsprechern. Erstmals waren die Bedienungselemente am Lenker beleuchtet, und in den unteren Teil der Sozia-Rückenlehne wurde eine Tasche samt Überzug eingearbeitet. Als weiteres äußeres, weithin sichtbares Merkmal verpaßte Honda der SE die sogenannten Cornering-Lights an den unteren vorderen Ecken der Verkleidung. Sie gehen mit dem Blinker an und beleuchten fortan mit konstantem Licht die Abbiegung. Außerdem trug die SE – meist sehr zum Stolz ihres Fahrers – einen Heckspoiler mit integrierter Bremsleuchte.

Im Jahr 1991 kam Honda mit einer Limited Edition der SE-Version auf den Markt: Auffälligstes Merkmal war die goldene und schwarze Lackierung des Motorrads. Die Aspencade dieses Jahrgangs wurde dagegen in schwarz, rot und blau ausgeliefert.

Anno 1992 gesellte sich eine abgespeckte Version namens Interstate zu den Modellen Aspencade und SE. Für den Preisnachlaß von 3000 Dollar mußte der Gold Winger auf den Rückwärtsgang, Tempomat und den Bordkompressor verzichten. Die Trittbretter der Sozia wichen einfachen Rasten, und aus dem Radio verschwand der Kassettenteil. Außerdem fehlten die maßgeschneiderten Innentaschen in Side- und Topcase. Auch kleine optische Einbußen wiesen auf das Sparmodell hin: So waren zum Beispiel die Schalen für die Spiegel aus schlichtem schwarzem Kunststoff und nicht in der Farbe des Motorrads lackiert. Die SE dagegen warf sich zweifarbig blau, blau-weiß, türkis oder einfarbig weiß ins Zeug.

Schick kam das Topmodell auch ein Jahr später, 1993, in zweifarbig blau und türkis daher. Außerdem lockte Honda die SE-Kundschaft mit einem Funkgerät, daß es ab sofort serienmäßig dazugab. Der Abstand zur Standardversion Aspencade – in diesem Jahr in rot, blau und schwarz zu haben – war wieder ein Stückchen größer geworden. Ganz zu schweigen von der schier unüberwindbaren Distanz zur Interstate.

Vor der IFMA 1994 bietet Honda die 94er Aspencade und Interstate in rot, schwarz und dunkelgrün an, während die SE ein weißes Kleid trägt oder drei verschiedene Zweifachlackierungen erhält: rot, dunkelgrün sowie ein helleres Grün.

Was aber folgt in der Zukunft? Die Schwierigkeiten, die anfänglich auch bei der GL 1500/6 aufgetreten sind, hat Honda im Griff. Die Sitzbank, zu Beginn der Modellreihe von den Fahrern kritisiert, ist schon lange kein Thema mehr. Noch mehr jedoch ärgerte die schlechte Vergaser-Abstimmung die Besitzer der Modelle des Baujahrs 1988. Hin und wieder bemängeln Fahrer einer GL 1500/6 die Qualität des Zündschlosses: Ein Teil im Schließmechanismus könne abbrechen, und dann müsse das Schloß komplett ausgetauscht werden. Selbst könne sich nur helfen, wer die Fummelarbeit in Kauf nimmt und das Schloß total zerlegt, um es zu reparieren. Auch daß die Haltenasen der Deckel, welche die kleinen Gepäckfächer im Soziusbereich verschließen, gern abbrechen, ist ärgerlich. Hier rettet aber ein Streifen Isolierband die Situation.

Gravierender ist da schon die Schwäche der Lichtmaschinen an den Gold Wing bis zum Baujahr 1989. Es soll schon vorgekommen sein, daß GL 1500/6 mit einer Laufleistung von rund 20 000 Kilometern wegen eines Defekts der Lichtmaschine liegengeblieben sind. Ursache soll der Abrieb der Kohlen sein, der den Generator schnell verdrecken läßt. Es nutzt, die Lichtmaschine regelmäßig bei jeder Inspektion mit Preßluft auszublasen.

Sicher hat auch die GL 1500/6 ihre Macken, die denjenigen verstimmen, der sie gerade erlebt. Insgesamt jedoch gilt die Sechzylindrige in der Szene als äußerst zuverlässig: An der gegenwärtigen Gold Wing scheint nichts mehr verbesserungswürdig zu sein.

Und doch kann der Gold Wing-Liebhaber gespannt sein auf das Jubiläumsjahr 1994/1995. Wird es etwa eine nagelneue Gold Wing geben? Vielleicht einen neuen Motor, zum Beispiel ein Achtzylinder-Boxer? Wahrscheinlich nicht – trotz nicht verstummen wollender Gerüchte. Dagegen spricht die gegenwärtig ungünstige Welt-Konjunkturlage. Denn warum sollte Honda in schlechten Zeiten ein Motorrad vom Markt nehmen, das konkurrenzlos ist und sich trotz der aktuellen äußerst happigen Preiserhöhung gut verkauft?

Dennoch schießen Spekulationen ins Kraut, womit Honda die Szene ein weiteres Mal überraschen könnte: Die Gold Wing 1500/6 mit Automatik-Getriebe? Honda hat laut einschlägiger Presseberichte eine funktionstüchtige Automatik für Motorräder entwickelt. Eine solche Modellpflege wäre also durchaus denkbar – und für das Touren im amerikanischen Sinne auch erstrebenswert. Die Gold Wing 1500/6 endlich mit Katalysator? Honda als Vorreiter zukunftsträchtiger Techniken hätte diesen Schritt längst gehen sollen. Es erscheint unverständlich, daß bei Motorrädern erst auf Forderungen des Gesetzgebers reagiert wird. Ein umweltfreundliches Motorrad täte der Szene gut. Die Gold Wing 1500/6 mit ABS? Es wird Zeit, daß Honda auf diesem Gebiet der

Japanische Gefühle: Selbst im Lande der aufgehenden Sonne wirbt Honda für die GL 1500/6. Dabei trägt das Motorrad lediglich einen japanischen Namen, ist ansonsten aber rein amerikanisch.

Konkurrenz BMW und Yamaha nicht länger hinterherbremst.
Noch gründlichere Überarbeitungen sind vorstellbar. Etwa der erneute Versuch, eine Gold Wing mit einer Einspritzung am Markt zu plazieren. Die Technik dafür ist Honda aus dem Automobilbau hinlänglich bekannt. Ob die amerikanischen Gold Wing-Fahrer bei einem erneuten Versuch aber den notwendigen besseren, und damit auch teureren Sprit tanken würden, bleibt nach wie vor fraglich.
Seit der Pressekonferenz im Juli des IFMA-Jahres 1994 im amerikanischen Spieler-Paradies Las Vegas jedoch ist klar, daß auch das Jubiläumsmodell eine nahezu herkömmliche Gold Wing ist. Alle Spekulationen erweisen sich als null und nichtig. Wichtigste Neuerung neben dem speziellen Signet auf der neu gestalteten Frontblende ist die modifizierte Gabel. Außerdem soll die Sitzhöhe tiefergelegt, die Maschine daher auch kleineren Fahrern zugänglich werden. Im Prinzip waren die Neuerungen ohnehin weitgehend egal. Denn wer eine Gold Wing fährt, kann zufrieden sein. Er besitzt – von der GL 1000 bis zur GL 1500/6 – eines der besten Motorräder der Welt.

NEIL
KRAAIENEST
OOST-KNOLLENDAM
ROZ
EAGLES
GOLD-WING
THE BEST THERE IS !
XL
73-25
NL
JUMBO RUN
KRAAIENEST
OOST.KNOLLENDAM

Dreier-Flotte

Manchen Motorradfahrern ist die Honda Gold Wing einfach zu klein. Mit dem dritten Rad machen sie aus dem Big Bike eine Familienkutsche.

Seit die Gold Wing im Herbst 1974 auf die Räder gestellt wurde, hat sie die Phantasien der Gespannbauer beflügelt. Kein Wunder, schließlich entsprach der gemeine Gold Wing-Fahrer exakt dem typischen Kunden. Denn so schön seine Gold Wing als Solomaschine auch sein mochte, vielen Kapitänen der Landstraße wurde ihr Luxus-Liner mit der Zeit einfach zu klein. Ehepartner und Kinder wollten dabeisein, wenn Pappi zur großen Fahrt zu neuen Ufern aufbrach. Und weil Gold Wing-Fahrer oft sehr gern mit ihrer Familie reisen, war der Entschluß für viele von ihnen schnell gefaßt: Ein Beiboot mußte her.

Daß sich die Gold Wing für den Seitenwagen-Betrieb besonders eignet, attestiert ihr auch Axel Koenigsbeck, absoluter Spezialist in Sachen drittes Rad. Ihn vermochte »Hondas Gold Wing im Beiwagenbetrieb immer wieder zu begeistern. Wenn höchste Ansprüche an Alltagstauglichkeit, Komfort und Fahrspaß gestellt werden, wüßte ich kein Motorrad ebenso bedenkenlos zu empfehlen.« Der Kenner beurteilt die Gold Wing als gutes Basisfahrzeug für ein Gespann, weil sie schon von Hause aus alle bauartbedingten Voraussetzungen mitbringt: »Schon die Vierzylinder hatten mit ihren durchzugsstarken, kultivierten Motoren und dem wartungsarmen Kardanantrieb zum Hinterrad die Herzen der Gespannfans erobert.« Einige der Gold Wing in der Dreier-Flotte lohnen, kurz vorgestellt zu werden.

Die erste Gold Wing mit Beiwagen stammte vom holländischen Hersteller und europäischem Marktführer EML (Adressenliste im Anhang). Diese Firma war maßgeblich an der Entwicklung des noch heute allgemein anerkannten und meist verbreiteten Fahrwerks beteiligt. Koenigsbeck beschreibt die Anfang der siebziger Jahre ausgeknobelte Idee, die Dreiräder »mit kleineren Felgen auszurüsten, um sie dann mit Pkw-Reifen zu besohlen« als »glorreich und kostensparend«. Denn »das senkte den Verschleiß ebenso wie den Schwerpunkt. In der Folge kommerzialisierte die holländische Firma EML als erster Hersteller diese Bauweise, andere professionelle Tüftler der just entstandenen neuen Szene zogen nach.«

Die GL 1000 Gold Wing brauchte also nicht lange auf ihr drittes Rad zu warten. EML übertrug das hauseigene Konzept auf die Honda. Das bedeutete einige Umbaumaßnahmen, schließlich wurde nicht einfach ein Seitenwagen an das fertige Motorrad gehängt. Damit ein neues Fahrzeug entstehen konnte, mußten der Rahmen verstärkt und am Lenkkopf Knotenbleche eingeschweißt werden. Die herkömmliche Telegabel tauschte EML gegen eine eigens für den Gespannbetrieb konzipierte Vorderradschwinge aus. Vorne wie hinten lief diese GL 1000 auf Stahlrohr-Speichenrädern im 15 Zoll-Format. Den Kontakt zur Straße stellten vorn und hinten Pneus in der Größe 125/135 SR 15 her. Das dritte Rad mit der Reifengröße 125 SR 15 bremste eine Scheibe im Durchmesser von 260 Millimetern. Das Gespann wies eine Spurbreite von 1090 Millimetern bei einem Radstand von 1630 Millimetern auf.

Motorrad beschrieb die Fahreindrücke der vollgetankt 395 Kilogramm schweren, zwischen 17 000 und 20 000 Mark teuren Maschine so: »Der Honda Gold Wing-Motor schlenkert das Dreirad förmlich durch die Kur-

Auf großer Fahrt: Die Gold Wing eignet sich prima zum Betrieb mit dem Seitenwagen. Der Motor war vom ersten Modell an durchzugsstark genug, um durch das Mehrgewicht nicht schlapp zu machen.

ven. Vor Linkskurven ein kräftiger Zug am Lenker, Gas wegnehemen und wieder leicht gegenlenken. Schon driftet das Dreirad unter lautem Quietschen der Gürtelreifen um die Kurve. Erstaunte Autofahrer und mancher geschockte Solofahrer halten fortan respektvollen Abstand. Rechtskurven sind gewöhnungsbedürftiger. Ein Zug am Lenker und Gas geben, um den Seitenwagen zu überholen.«
Die Testfahrer fanden schnell die Ursache für das charakteristische Fahrgefühl des GL 1000-Gespanns von EML heraus: »Die Lenkbewegungen übertragen sich sehr direkt auf das Vorderrad. Das Gespann reagiert schon bei minimalem Lenkeinschlag. Fünffach verstellbare Federbeine an beiden Schwingen übertragen Fahrbahnstöße zwar gnadenlos, verhindern jedoch, daß das Motorrad bei Kurvenfahrten stark in die Federn gedrückt wird.«
Außerdem komme besonders der Beifahrer im Boot auf seine Kosten: »Die dicke Polsterung im EML-Boot garantiert dem Beifahrer trotz harter Federung ein Mindestmaß an Reisekomfort.«
EML stieß schnell auf den Kritikpunkt der GL 1000, dem begrenzten Aktionsradius von rund 200 Kilometern. Um das Übel zu beseitigen, baute der Hersteller einen Ersatztank mit 40 Litern Fassungsvermögen in den Kofferraum des Seitenwagens. Damit konnte nun eine Strecke von 500 Kilometern zurückgelegt werden. Betankt wurde die Maschine durch einen separaten Einfüllstutzen hinter dem Seitenwagenrad. Nicht nur Lob gab es für diese Modifikation. Die *Motorrad*-Tester nörgelten: »Einen Nachteil muß der Langstreckenfahrer mit der vergrößerten Reichweite allerdings in Kauf nehemen: Die Tankentlüftung mündet in den Kofferraum. Bei längeren Fahrten hinterläßt verdunstetes Benzin in der Kleidung den entsprechenden Stallgeruch.«
Für frischen Wind in der Szene sorgte 1978 auch der Schweizerische Gespannbauer Hegi aus Ottenbach. Seine GL 1000 lief mit einem sehr schlanken Seitenwagen. Die Reifen hatten vorn und hinten die Größe 135 SR 15, während das dritte Rad am Gespann das Format 135 SR 12 besaß. Die Stöße vorn dämpfte eine Hegi-eigene Schwinge. Auch der Schweizer baute unter dem Kofferraum einen zusätzlichen Benzintank ein, um die Reichweite des Gefährts zu vergrößern.
Als sich EML später erneut einem Gold Wing-Gespann widmete, verzichtete die holländische Firma auf den Zusatztank, büßte dafür natürlich an Reichweite ein. Bei diesem Dreirad wurde eine GL 1000 mit einem Vetter Terraplane-Beiwagen aus den USA ausgestattet. Das Fahrwerk und die Gabel stammten wiederum von EML, die Federbeine lieferte Koni. *Motorrad* zeigte sich von dieser internationalen Mischung in einem Kurztest recht angetan: »Obwohl das Gewicht mit 411 Kilogramm recht hoch liegt, läßt sich das breite Gespann mit Spurweite von 127 Zentimetern problemlos dirigieren. Die hohe Spitzengeschwindigkeit von 150 km/h läßt sich ausfahren. Nur auf Spurrillen ist Vorsicht angebracht: Da wirkt die breite Maschine irritierend nervös: eine Folge der Seitenelastizität der 15 Zoll-Gürtelreifen.«
Durch seine Fahreigenschaften galt dieses Gespann als sportlich. Besonders der Beifahrer im Boot könne die Fahrt genießen, weil er absolut zugfrei sitze, schrieb *Motorrad*: »Seine Position ist fast liegend und sehr bequem, der Einstieg dank aufklappbarem Deckel problemlos.« Das Design des kantigen Seitenwagens galt als verantwortlich für die Neugierde, mit der Betrachter dem Gespann entgegentraten. Oft schlug das Interesse in blanke Skepsis um: »Nur gestandene Gespannfahrer trauen dem starken Dreirad oft nicht viel zu, aber eine Sitz-

Dreirad: Der Marktführer unter den Gespannbauern, die holländische Firma EML, präsentierte die erste GL 1000 mit Seitenwagen. Das ausgeklügelte Prinzip konnte auf die Honda übertragen werden.

oder Fahrprobe hat noch jeden überzeugt: Das schwere Dreirad ist wirklich problemlos zu dirigieren und der Passagier hat es herrlich bequem im Boot.« Wenig entgegenkommend war allenfalls der Preis: Wer die EML-Gold Wing mit dem Vetter Terraplane-Seitenwagen besitzen wollte, mußte 1983 dafür 22 000 Mark bezahlen.

Fünf Jahre später, ab 1988, spielte sich das Thema Gold Wing-Gespann in ganz anderen finanziellen Regionen ab. Das lag freilich auch daran, daß nun als Basisfahrzeug die GL 1500/6 herhalten mußte. Sehr zur Freude von Gespann-Kenner Axel Koenigsbeck: »Die Behauptung, daß eine Gold Wing nicht für sportliches Fahren tauge, straft der herrlich kraftvolle und drehfreudige Sechszylinder noch mehr als seine Vorgänger Lügen. Trotz der gewaltigen Massen läßt sich der Boxer in seinem Temperament kaum bremsen, beim Beschleunigen ist selbst in den oberen Gängen die Drehzahlmessernadel tunlichst im Auge zu behalten. Ob man niedertourig dahingleitet oder den Motor jubeln läßt, der immer angenehme Sound und das Fehlen jeglicher Vibrationen verwöhnt auch anspruchvollste Bootsinsassen. Reisen mit einer Gold Wing, Kenner wissen nicht umsonst davon zu schwärmen, ist immer eine Wohltat und artet nie zur Qual aus.«

Wieder waren es die Experten von EML, die als erste den Luxus-Liner mit einem Beiboot versahen. Dazu versteiften sie das Chassis der GL 1500/6 mit einem Hilfsrahmen und tauschten die Telegabel durch eine Schubschwinge mit zwei Federbeinen aus. Auch bei diesem Gespann lief die Gold Wing auf Autoreifen der Größe 125 SR 15 vorn sowie 155 SR 15 hinten. Der Radstand belief sich auf 1800 und die Spurweite auf 1340 Millimeter. Das GfK-Boot wurde über Silentblöcke angeschraubt. Das dritte Rad der Größe 125 SR 15 verzögerte eine Scheibenbremse, angeschlossen an das Integralsystem der GL 1500/6.

Die Erfahrung von EML ließ dieses Riesen-Gespann namens GTE trotz seines Leergewichts von 550 Kilogramm zu einem gut beherrschbaren Gefährt werden. So jedenfalls urteilt Axel Koenigsbeck: »Nun sollte man meinen, solch ein Gespann-Trumm warte mit den Fahreigenschaften eines Lkw auf. Weit gefehlt – dank ausgeklügelter Lenkgeometrie läßt sich so ein Schlachtschiff derart handlich und flott um die Ecken zirkeln, daß so manche Solomaschine sich anstrengen muß, mitzukommen.« Auch im Preis: Allein der Umbau wurde mit rund 22 000 Mark veranschlagt. Die Gesamtkosten für das GTE-Gespann von EML beliefen sich auf etwa 41 000 Mark.

Noch mehr Hersteller trauten sich an die GL 1500/6 als Basisfahrzeug für ein Gespann heran. Hechard aus Frankreich hat das Royal 1500/6 im Programm. Dieses Gefährt läuft auf 14 Zoll-Rädern, bedient sich aber ansonsten einer ähnlichen Technik wie EML. Ebenfalls aus Frankreich stammt das Gespann Jeaniel-Condor GL 1500/6. Koenigsbeck beschreibt das Fahrzeug als »gediegen ausgestatteter

Zweisitzer-Beiwagen mit Schwinge vorn und 15 Zoll-Rädern.« Die Vielfalt der GL 1500/6-Umbauten erklärt der Experte so: »High-Tech mit Achsschenkel-Lenkung und White-Power-Federung bietet Lefèvre, während HGT den Solofahrern gerecht zu werden sucht; seine Version mit Telegabel und Originalrädern erlaubt wahlweisen Betrieb.«

Besonders erwähnenswert jedoch ist das ultimative Gespann Kentech-Royal II GL 1500/6. Auf der Internationalen Fahrrad- und Motorrad-Ausstellung (IFMA) 1992 in Köln präsentierte es sich als ein hochherrschaftliches Gefährt, das zwar amerikanisches Lebensgefühl vermittelt, jedoch aus Japan stammt. Sogar in der Redaktion *Motorrad* rief es Staunen hervor: »Ein Riesenschiff, breiter als jedes Auto und wuchtig wie ein Wohnmobil. Es machte richtig was her. Toll anzuschauen. Funkelnd und glitzernd in Chrom, einfach elegant mit seiner graublauen Metalliclackierung.« Besonders die Ausstattung ließ dem begeisterten Tester das Wasser im Munde zusammenlaufen: »Sechszylinder-Motor, Rückwärtsgang, Tempomat, Vollstereo-Anlage, zusätzliche Scheinwerfer in der Verkleidung, breite Leichtmetall-Verbundräder rundum, Topcase und Packtaschen.« Da mußte also erst ein Gespann im Testalltag auftauchen, damit die Serienausstattung der GL 1500/6 SE endlich einmal zur Geltung kommen durfte. Aber auch das aus GfK handlaminierte Boot gefiel: »Im Seitenwagen gleich zwei Sitze, Sicherheitsgurte, Veloursteppich, regelbare Heizdecke und Intercom-Anlage ... Nur das leicht und ohne Verspannung zu schließende Stoffverdeck könnte weniger Falten werfen.«

Und worauf basiert der Gespannumbau? Richtig geraten: Der komplette Umbausatz, also die geschobene Schwinge, die Räder sowie die Seitenwagenanschlüsse, stammt vom holländischen Hersteller EML. Dennoch besteht das Kentech-Gespann auf Eigenständigkeit und versprüht königliches Flair. Damit macht das Royal II seinem Namen alle Ehre. Leer wiegt es 592 Kilogramm bei einer Gesamtbreite von 2160 Millimetern: »Ein Rolls Royce Silver Spirit mißt 15 Zentimeter weniger.« Vorn und hinten läuft das Nonplusultra auf Reifen der Größe 125/155 R 15 bei einem Radstand von 1760 Millimetern. Der Seitenwagen hat einen Pneu im Fomat 165 R 13. Darunter bremst eine Scheibe mit Zweikolbenzange das Boot.

***Schweizer Macher:** Der eidgenössische Gespannbauer Hegi brachte eine GL 1000 mit einem besonders eleganten Seitenwagen. Auch er verzichtete nicht auf den Zusatztank unter dem Gepäckfach.*

Rundum-Vergnügen: Ob von vorn, von hinten oder von oben, das Kerntech-Gespann auf Basis der GL 1500/6 schlägt alles bisher Dagewesene auf drei Rädern – und das nicht nur vom Aussehen.

Auf der Straße zeigt sich dieser Brocken völlig unproblematisch. *Motorrad*: »Ausgerechnet sein hohes Gewicht und der dank des liegenden Boxermotors niedrige Schwerpunkt machen den Umgang mit dem Kentech so einfach. Der Trucker muß schon gewaltig in eine Rechtskurve einbiegen, um das Seitenwagenrad auch ohne Passagier ein wenig anzuheben. Links herum hilft der erstaunlich schmale Vorderradreifen, die Lenkkräfte geringer als erwartet zu halten. Wie an der Schnur gezogen biegt die Gold Wing ab, ohne über das

Vorderrad zu schieben, denn der Sechszylinder-Motor zerrt nur sanft am Kardantrieb und läßt die Gold Wing fahren, wohin ihr Lenker will.« Und eben nur wenn er will, muß er für dieses Gespann tief in die Tasche greifen. Das königliche Dreirad kostet komplett rund 60 000 Mark.

Auch auf drei Rädern, aber ganz anders, kommt das Trike auf Basis der GL 1500/6 daher. Es wird von der Motorrad Service Christoph GmbH gebaut. Der Herbolzheimer Honda-Händler nimmt für sich in Anspruch, das »größte Gold Wing-Haus Europas« zu sein. Da kann er es sich leisten, neben seinen Gespannen, die er im Angebot hat, auch ein Trike in den Verkaufsraum zu stellen. Bei diesem Vehikel liegt der Vergleich mit einem Auto tatsächlich nahe: Immerhin darf es von Inhabern des Führerscheins der Klasse drei gefahren werden. Aber warum überhaupt ein Trike, das in den Fahrzeugpapieren als »Pkw offen« ausgewiesen wird? Ein Prospekt aus dem Hause Christoph gibt Antwort: »Wundern Sie sich nicht, wenn sie der Knüller der Straße werden. Die Reaktion Ihrer Mitmenschen wird es Ihnen beweisen.« Aha.

Rollkommando: Handlich kommt der Brocken daher, und steht mit seinem Fahrverhalten völlig im Widerspruch zu seiner massigen Optik. Die Ausstattung entspricht weitgehend der SE-Version.

Jedenfalls bemüht sich der Honda-Händler, den Charakter des Motorrads zu erhalten: »Das wirklich Gelungene ist an diesem Dreirad, daß die Gold Wing in ihrer ganzen Hauptart nicht verunstaltet wird ... Aber das Gold Wing-Trike läßt sich wirklich fahren wie ein Auto.« Das 480 Kilogramm schwere Trike ist jedoch bedeutend zierlicher als der vierrädrige Vetter: Die Gesamtlänge beträgt 2,63 Meter. Dieses Dreirad ist 1,37 Meter breit und 1,35 Meter hoch. Hinten läuft es auf Reifen ähnlich Gummiwalzen in der Größe 245/60 R 15. Der einzelne Reifen vorn stammt aus der Serienausstattung der GL 1500/6 und hat die Größe 130/70-18. Fix und fertig kostet diese Art von Gold Wing rund 50 000 Mark.

Wem bei allen jetzt genannten Dreirädern der Platz noch immer nicht reicht, dem kann geholfen werden. Er darf einen Anhänger an sein Gefährt hängen, sofern er die erforderliche Kupplung hat in die Papiere eintragen lassen. Motorrad-Anhänger sind zulassungsfrei. Sie kosten also keine Steuern oder Versicherung und müssen nicht zum TÜV: Lediglich eine Allgemeine Betriebserlaubnis (ABE) muß der Fahrer dabeihaben. Der Anhänger bekommt das gleiche Kennzeichen wie das Motorrad. Es gibt Mitläufer in ein- oder zweirädriger Ausführung. Letztere sind die von Gold Wing-Fahrern bevorzugten Behältnisse. Das zulässige Anhängegewicht errechnet sich nach der Formal: Leergewicht der Maschine plus 75 Kilogramm, geteilt durch zwei. Die Stützlast soll nur wenige Kilogramm betragen. In Deutschland erhältliche Anhänger haben ein Ladevolumen von maximal 700 Litern, wiegen leer rund 50 Kilogramm und verfügen über eine Nutzlast von bis zu 120 Kilogramm. Sie sind als Camping-Anhänger oder einfach nur als zusätzlicher Stauraum zu gebrauchen. Ihre Preise liegen je nach Größe zwischen rund 1700 und 3000 Mark, für die Campingversion mit aufklappbarem Zelt müssen 6000 Mark locker gemacht werden. Es gibt in Deutschland verschiedene Anbieter solcher Nachläufer.

Problematisch ist es allerdings, mit solchen Anhängern in Deutschland zügig voranzukommen, ohne gegen geltendes Recht zu verstoßen. Denn laut Paragraph 3 der Straßenverkehrs-Ordnung (StVO) liegt die zulässige Höchstgeschwindigkeit für Motorräder mit

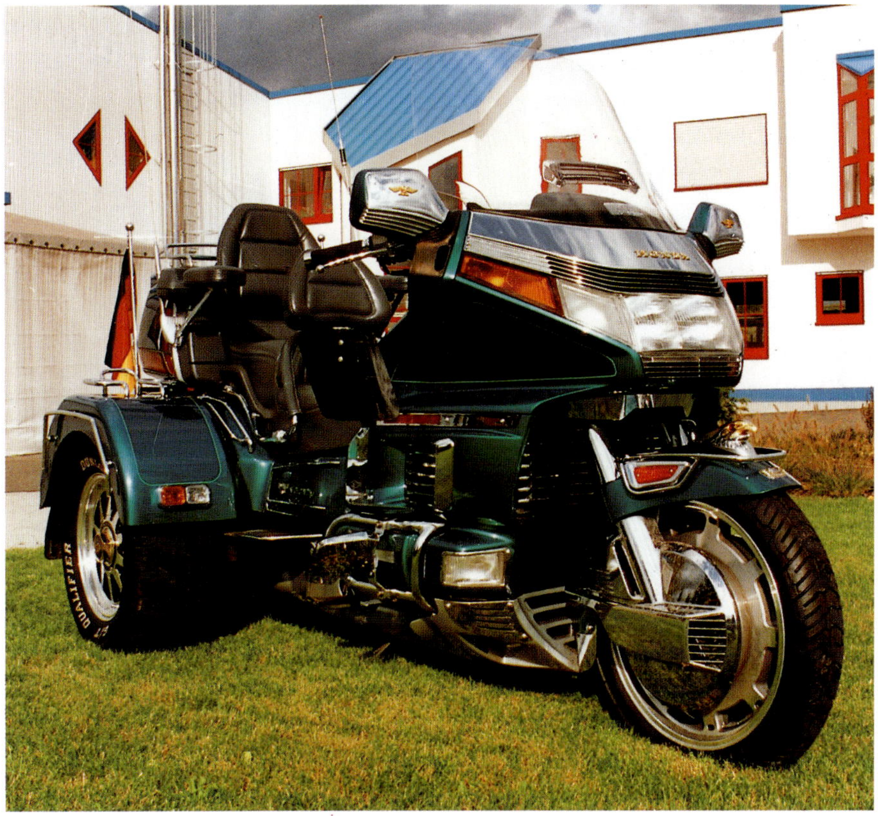

Anhängern bei 60 km/h. Das gilt auch für die Autobahnen, wo jedoch nur potentielle Selbstmörder mit solchem Schneckentempo vor sich hinzockeln. Es wäre nämlich nur eine Frage der Zeit, bis sie unter die Räder eines Brummis gerieten. Eine Änderung der StVO ist derzeit jedoch nicht in Sicht. Im Gegenteil: Auf eine entsprechende Anfrage zweier norddeutscher Gold Wing-Fahrer antwortete das Bundesverkehrsministerium: »Aus Gründen der Verkehrssicherheit wird nicht erwogen, die fahrzeugbezogene Höchstgeschwindigkeit der Straßenverkehrs-Ordnung anzuheben. Die hierfür erforderliche Zustimmung des Bundesrates wäre auch nicht zu erlangen.« Bleibt abzuwarten, ob sich auf diesem Gebiet etwas im Rahmen der europäischen Harmonisierung tut. Vielleicht beflügelt eine Gold Wing auch mal die Phantasie eines einflußreichen Politikers.

Fällt nicht um: Das Trike, aufgebaut auf der GL 1500/6, rollt hinten auf Gummiwalzen. Wenn es dann noch einen Hänger zieht, erinnert es mehr an einen Lastwagen als an ein Motorrad.

Prozeß I

Unfall-Folgen

Honda wurde wegen der GL 1000 verklagt: Unfälle mit der Gold Wing hatten weitreichende Folgen. Auch für die deutsche Rechtsprechung.

Drei spektakuläre Motorrad-Unfälle sorgten Ende der siebziger Jahre für Schlagzeilen. Die Stürze, an denen jedesmal eine Honda Gold Wing beteiligt war, lösten eine Welle von Prozessen aus. Die jahrelang andauernden Verfahren brachten für die Rechtsprechung weitreichende Folgen mit sich: Am Ende stand die im deutschen Recht bis dato unbekannte Produkthaftung für Zubehörteile.

Die Unglücks-Serie begann am 24. September 1977, als der damals 40jährige Beamte Klaus-Dieter Stanko aus Berlin auf der Autobahn Hof – Bayreuth verunglückte und sich erhebliche Verletzungen zuzog. Gut zwei Monate später, am 2. Dezember 1977, verlor Wolfgang Erdmann, damals 45, bei einem Sturz auf der Autobahn nahe Euskirchen seinen linken Arm. Weitere sieben Monate später, am 19. Juli 1978, stürzte der 21jährige Münchener Rüdiger Ehler auf der Autobahn Nürnberg – München so unglücklich, daß er noch an der Unfallstelle starb.

Diese drei Unfälle wiesen, außer daß sie sich mit Maschinen des Typs Honda GL 1000 Gold Wing ereigneten, deutliche Parallelen auf: Sie passierten auf deutschen Autobahnen, die Motorräder fuhren mindestens 140 km/h schnell, und die Stürze erfolgten ohne erkennbare äußere Einflüsse. Die Unfallhergänge schienen nahezu identisch. Die Motorräder hatten plötzlich und ohne ersichtlichen Grund angefangen, heftig zu wackeln. Die Pendelbewegung schaukelte sich so lange auf, bis sie schließlich zum Sturz führte. Eine weitere, für die Rechtsfindung wesentliche Übereinstimmung wies das Zubehör der Honda Gold Wing auf: Alle drei Maschinen waren mit einer lenkerfesten Zusatz-Verkleidung augestattet.

Nach langwährendem Schriftverkehr wurde am 16. November 1979 vor der zehnten Zivilkammer des Landgerichts München I unter dem Aktenzeichen 1184/79 ein Prozeß eröffnet. Kläger waren die Eheleute Herta und Walter Ehler aus München, die Eltern des tödlich verunglückten Rüdiger Ehler. Ihre Rechte vertrat der Berliner Rechtsanwalt Dr. Wolf Wegener. Angeklagt waren Honda in Japan sowie Honda Deutschland in Offenbach.

Wegener ging es zum einen um Schadensausgleich für die Eltern. Außerdem wollte der Anwalt klären, »wie weit nämlich der Hersteller von Massenverbrauchsartikel für Fehler einstehen muß, und wie weit seine Produkt-Beobachtungspflicht geht.« Für den Rechtsanwalt hatte der Prozeß von vornherein Signalwirkung: »Da es eine allgemeine, gesetzlich geregelte Pflicht zum Rückruf noch nicht gibt, kann von der Entscheidung des Landgerichts auch eine Auswirkung auf den Gesetzgeber erwartet werden, der durch Verbraucherschutz-Organisationen und den ADAC schon lange dazu aufgerufen ist, durch gesetzliche Regelungen den Schutz der Allgemeinheit bei potentiell gefährlichen Produkten zu leisten.«

Diese grundsätzliche Frage wollte Wegener am Beispiel der Honda GL 1000 beantworten. Seine Begründung: »Diese Maschine zeigt im höheren Geschwindigkeitsbereich gefährliche Pendelbewegungen, die nach unserer Ansicht auf Konstruktionsfehlern beruhen.« Diese Behauptung könne von 43 Zeugen untermauert werden.

Wegener erschien für diesen Prozeß geradezu prädestiniert, brachte er schließlich in Sachen Gold Wing einschlägige Erfahrung mit: Am 19.

Sünden-Fall: Die Gold Wing war durch die GL 1000 in Verruf geraten. Mehrere schwere Unfälle, einer sogar mit Todesfolge, warfen eine Reihe von Prozessen auf. Mit weitreichenden Folgen.

Juli 1978, zufällig genau am selben Tag, an dem Rüdiger Ehler tödlich verunglückte, war er als Rechtsvertreter des ebenfalls mit einer GL 1000 gestürzten Klaus-Dieter Stanko vor die Presse getreten.

Vorausgegangen war ein langes Hin und Her um dessen Maschine. Der Berliner hatte die GL 1000 bis zu seinem Unfall bei Honda immer wieder als unsicher beanstandet: Sie weise »eine zunehmende Fahrwerksunruhe bei Geschwindigkeiten über 160 km/h« auf.

Es erfolgte eine Reihe von Reparaturen an den Rädern, den Lagern im Lenkkopf, den Stoßdämpfern und der Gabel – alle ohne Erfolg. Am 30. Juni 1977 richtete Stanko einen Brief an Honda Deutschland in Offenbach mit der Bitte, »mein Fahrzeug in einen in allen Geschwindigkeitsbereichen fahrsicheren Zustand zu versetzen oder ein funktionierendes Ersatzfahrzeug gegen Wertausgleich zu stellen.« Falls Honda dieser Bitte nicht entsprechen sollte, drohte Stanko, sich »an die Fachpresse zu wenden und bei den Technischen Überwachungsvereinen anzuregen, daß diese Honda nur mit dem Zusatz verkauft werden dürfe: ›Nur für Geschwindigkeiten bis 150 km/h‹.«

Dieser Brief blieb nicht ohne Wirkung: Honda Deutschland ließ an Stankos Maschine Hinterradnabe und -schwinge austauschen. Vier Tage später verunglückte der Berliner mit eben dieser GL 1000 Gold Wing.

Ein heftiger Briefwechsel zwischen Honda und Stanko schloß sich an. Darin verwahrte sich Honda über die Rechtsanwaltskanzlei Schemmel und Partner, Hamburg, mit Schreiben vom 25. November 1977 entschieden gegen die Behauptung Stankos, »der Typ GL 1000 weise durch die gesamte Baureihe nicht behebbare Fahrwerksschwächen« auf. Honda, durch den drohenden Imageverlust und die mögliche Welle von Schadenersatzforderungen offensichtlich nervös geworden, ließ über die Anwaltskanzlei verkünden, »daß wir gegen eine Verbreitung derartiger Behauptungen mit allen zu Gebote stehenden Rechtsmitteln vorgehen werden«.

Im selben Brief versuchte Honda, Stanko den Schwarzen Peter zuzuschieben – allerdings auf höchst entlarvende Weise: »Möglich ist allerdings, daß Sie, wie einige andere Motorradfahrer, die GL 1000 wie eine Sportmaschine (etwa die CB 500) handhaben und dabei vergessen, daß es sich hier keineswegs um ein Sportmotorrad, sondern um eine Reisemaschine handelt, bei der die sogenannte Höchstgeschwindigkeit einen völlig anderen Stellenwert hat.« Was nicht darüber hinwegtäuscht, daß die GL 1000 im Kfz-Brief mit rund 200 km/h Spitze angegeben ist.

Daß sich Honda mit dieser Argumentation auf eher dünnes Eis begeben hatte, bemerkten auch die Anwälte Schemmel und Partner. Am 29. Dezember 1977 griffen sie erstmals in einem Brief die nicht serienmäßigen Zubehörteile an Stankos Honda auf: »Die Krauser-Verkleidung, die Magura-Griffe und der Krauser-Gepäckträger verändern das Fahrverhalten der Maschine derart, daß es nicht mehr der Allgemeinen Betriebserlaubnis (ABE) entspricht.«

Mit diesem Schachzug versuchte Honda, sich aus etwaigen Ansprüchen zu stehlen. Diese würden erlöschen, »wenn ... Motor und Fahrgestell mit Teilen ausgerüstet worden sind, die nicht zur katalogmäßigen Originalausstattung des Kaufgegenstandes gehören«.

Als Stanko im März 1978 den Rechtsanwalt Wegener mit der Wahrung seiner Rechte beauftragte, erreichte der Fall eine neue Dimension. Sofort machte Wegener Ansprüche aus der Produzentenhaftung geltend, welche die Honda-Anwälte am 19. April 1978 schriftlich weit von sich wiesen: »Schließlich handelt es sich um ein in der Welt zigtausendfach verkauftes Motorrad, das vor Erteilung der Allgemeinen Betriebserlaubnis von der amtlichen Typenprüfstelle auf Herz und Nieren geprüft und in allen Geschwindigkeitsbereichen erprobt worden ist. Die Zahl der mit ähnlichen Behauptungen aufwartenden GL 1000-Fahrer ist gegenüber der Zahl der verkauften Maschinen dieses Typs derart gering, daß sich jede Art von Verallgemeinerung verbietet.« Allein in Deutschland waren zu dieser Zeit rund 7000 Gold Wing zugelassen.

Trotz aller Zurückweisungen saß Honda offensichtlich in der Falle. Am 14. Juli 1978 boten die Anwälte Stanko 10 000 Mark gegen Zusicherung absoluten Stillschweigens in dieser Angelegenheit. Wegener sollte sogar 40 000 Mark bekommen, lehnte aber für sich und seinen Mandanten ab.

Schwäche-Erscheinung: Das Fahrwerk der GL 1000 erschien für den starken Motor unterdimensioniert. Waren Telegabel und Hinterradschwinge zu weich für die schwere Maschine?

Honda bezog später gegenüber der Zeitschrift *Motorrad* Stellung: Der Vorschlag sei gescheitert, weil »die Anwälte des Herrn Stanko behauptet haben, dieser schulde ihnen ein Anwaltshonorar von rund 180 000 Mark und sei nur dann zu einer Einigung bereit, wenn Honda dieses Honorar übernehme«.

Nun trat Wegener an die Öffentlichkeit. In besagter Pressekonferenz in Berlin am 19. Juli 1978 führte er Belege für seine Behauptungen an, die Honda und speziell die Gold Wing stark in Verruf brachten. Er zitierte aus einem *Motorrad*-Artikel, in dem mehr als 51 Prozent der Befragten Leser das schlechte Fahrverhalten der Gold Wing monierten.

Am 21. Juli 1978 warnte der ADAC in einer Pressemitteilung vor »möglichen gefährlichen Pendelbewegungen einiger Honda GL 1000 im Hochgeschwindigkeits-Bereich (ab 160 km/h)«. Es folgte ein Artikel im Hamburger Nachrichtenmagazin *Der Spiegel* zu dem Thema. Erst jetzt rang sich Honda dazu durch, jeden Besitzer einer Gold Wing auf das Risiko aufmerksam zu machen.

Mit einem überraschendem Abschluß endete der Fall Stanko: Der Kläger einigte sich im Frühjahr 1979 außergerichtlich mit Honda und entzog Wegener das Mandat. Die Offenbacher hatten Stankos beschädigte Gold Wing zurückgekauft und versuchten nun, gegen die weitere »von Dr. Wegener initiierten publizistischen Kampagne entgegenzuwirken«.

Der Anwalt jedoch gab sich nicht geschlagen und übernahm am 16. November 1979 vor dem Landgericht München I die Rechtsvertretung der Eheleute Ehler. Sofort beauftragte das Gericht einen Sachverständigen, der die Umstände des tödlichen Unfalls klären sollte.

Derselbe Gutachter, Professor Dr. Bert Breuer von der Technischen Hochschule Darmstadt, Fachgebiet Fahrzeugtechnik, wurde am 22. Januar 1980 auch von der 25. Zivilkammer des Landgerichts Köln beauftragt, eine Gold Wing zu untersuchen. Es handelte sich um die Unglücksmaschine von Wolfgang Erdmann. Auch Erdmann hatte als Kläger gegen Honda seine Rechtsvertretung dem Berliner Anwalt Wegner übertragen.

Gutachter Breuer sollte zwei Sachverhalte herausfinden: Erstens, ob an diesen Motorrä-

Falsch verkleidet: Die lenkerfeste Cockpit-Verkleidung galt nach dem Gerichtsgutachten als auschlaggebend für die Pendelbewegungen der Maschine, die in einigen Fällen zum Sturz geführt hatten.

dern Konstruktionsfehler festzustellen waren, und, falls ja, ob sie Ursache für die Unfälle hätten sein können. Zweitens, ob die nicht serienmäßigen Zubehörteile mit der Unfallursache in Verbindung standen: Beide Maschinen waren mit einer lenkerfesten Cockpitverkleidung von Krauser ausgestattet gewesen. Die Fachzeitschrift *Motorrad* kommentierte diese Aufgabe so: »Viele möglichen Ursachen und das Zusammenwirken mehrerer Faktoren sind noch nicht völlig geklärt. Soll nun der Professor in jenes Dunkel, in dem selbst die Spezialistenscharen der Industrie noch herumtappen, plötzlich Licht bringen? Gute Nacht, Gutachter...«

Honda Deutschland indes wähnte sich zu diesem Zeitpunkt noch optimistisch ob des Ausgangs der fachmännischen Untersuchung durch den Gutachter. Mehrere Anfragen von Motorradclubs und Privatpersonen beantwortete die Offenbacher GmbH mit einem Schreiben, das einer Mischung glich aus Werbetext, Verteidigung und Zuversicht: »Mit neuen, und für die die Technik richtungsweisenden, Technologien ist es der Firma Honda gelungen, für den Verbraucher Serienmotorräder anzubieten, die sich weltweiter Beliebtheit erfreuen und auch dazu geführt haben, die führende Marktposition nicht nur in der Bundesrepublik zu erreichen. Aber gerade als Marktführer steht man mehr denn je im Blickpunkt der Öffentlichkeit. Aus welchen Gründen auch immer neigen gewisse Gruppen und Leute sehr schnell dazu, negative Ursachen des Zweiradmarktes im technischen Bereich dem Produkt oder dem einzelnen Modell selbst anzuhängen. Die betriebene Kampagne, jetzt insbesondere auf das Motorrad GL 1000 bezogen, hat auch ihre positiven Aspekte. Mehr denn je haben wir aufgrund dieser negativen Berichterstattung sehr viele positive Stellungnahmen von GL 1000-Kunden erhalten. Wovon wir bis heute überzeugt sind, wurde somit noch zusätzlich von unseren Kunden bestätigt. In diesem anhängigen Rechtsstreit wird nunmehr last not least ein bekannter und offizieller Gutachter bestätigen, daß an dem Modell GL 1000 keinerlei konstruktive Mängel festzustellen sind.«

Hatte Honda mit dieser kühnen Behauptung

Weit gereist: Urs Tobler, Fahrlehrer aus Zürich, hat mit seiner GL 1000 ganz Europa unter die Räder genommen – mit einer solchen Verkleidung. Waren doch Fahrfehler die Ursache für die Unfälle?

tatsächlich recht? Exakt 148 Seiten umfaßte das Gutachten, das Breuer kurz drauf, am 1. März 1980, dem Gericht vorlegte. Er befand darin unter anderem: »Bei Anbau einer Lenkerverkleidung ... an die Honda Gold Wing K1 sinkt die Fahrstabilität auf so geringe Werte ab, daß bei Bodenwellenanregung – insbesondere in Kurven – bei Geschwindigkeiten um 150 km/h eine völlige Destabilisierung des Fahrzeugs und damit unbeherrschbare Fahrzustände auftreten können, die zu einem Unfall (Sturz) führen.« Als Konsequenz aus dieser Erkenntnis riet Breuer, »dringend diese Verkleidung aus dem Verkehr zu ziehen und den Prüfbericht des TÜV Bayern e.V., München, zurückzuziehen«. Klar beurteilte der Gutachter die Konstruktion der Gold Wing: »Weder die durchgeführten Fahr- und Laborversuche ergeben Hinweise auf grundsätzliche Konstruktionsfehler im Gold Wing-Fahrwerk.«

Im Klartext: Nicht die von Wegener angeführten Konstruktionsfehler im Fahrwerk der Honda Gold Wing konnten als Ursache für die Unfälle herangezogen werden. Vielmehr galt es, den Grund für die Stürze in den angebauten Krauser-Cockpitverkleidungen zu suchen. Sofort nach Bekanntwerden der Zusammenhänge hatte Krauser den Verkauf der Verkleidungen gestoppt.

Honda schien aus dem Schneider, die ersten Instanzen sprachen den Motorradhersteller frei. Das Unternehmen sei nicht verantwortlich für die Verkleidung.

Der Bundesgerichtshof in Karlsruhe jedoch revidierte 1989 diese Urteile (Aktenzeichen VI ZR 65/86). Die höchstrichterliche Instanz dehnte die Haftung des Produzenten und Importeurs aus, weil deren Beobachtungs- und Prüfpflichten nicht nur für die eigenen Erzeugnisse gelten, sie erstreckten sich auch auf Zubehörteile von Fremdherstellern. Dies sei besonders im vorliegenden Fall von Bedeutung, weil »bei der Benutzung von Motorrädern die Gefährdung von Leben und Gesundheit im Vordergrund steht«.

Dieser Richterspruch zog erhebliche Konsequenzen für die gesamte Motorradindustrie nach sich. Schließlich war die neue Rechtslage auf genau jenes Zubehör zu beziehen, dessen Anbau ein Motorradhersteller konstruktiv ermöglicht. Was nichts anderes bedeutet, als daß Zubehör, das die Fahrsicherheit beeinflussen könnte, seither auf jeden Fall einer technischen Prüfung unterzogen werden muß. Dies gilt sogar dann, wenn der TÜV das Teil bereits freigegeben hat. Gegebenenfalls muß der Motorradhersteller seine Kunden warnen.

Honda hatte mit der Gold Wing Motorrad-Geschichte machen wollen. So hatte sich die Firma den Eintrag ins Geschichtsbuch der Zweirad-Historie wahrscheinlich aber nicht vorgestellt.

Prozeß II

Top-Käse

Ein Versprechen sorgte dafür, daß Honda Deutschland erneut in Sachen Gold Wing angeklagt wurde. Es ging um das Topcase der GL 1500/6.

Alles lief wie in Butter. Die größte Gold Wing aller Zeiten, die GL 1500/6, erntete Lob, schon bevor sie überhaupt zu haben war: Die Tester beurteilten das Motorrad in der Fachpresse durchweg positiv, und die Szene freute sich auf die Maschine der Superlative. Die Welt schien durchweg in Ordnung. Auch für Honda Deutschland.
Stolz präsentierten zwei Vertreter des Offenbacher Importeurs das neue Flaggschiff der Honda-Flotte auf der Jahreshauptversammlung des Gold Wing Club Deutschland. Genau 249 Mitglieder waren vom 5. bis 7. Februar 1988 zur Wevelsburg gekommen, um gespannt den Ausführungen zum Thema GL 1500/6 zu lauschen. Das waren genau 249 Zeugen. Die Clubzeitschrift des GWCD faßt den neuralgischen Punkt des Vortrags so zusammen: »Eine der wichtigsten Fragen wurde ... bereits zu Beginn der Diskussion geklärt. Das deutsche Modell wird mit einem kleinen Topcase ('Pizza-Karton') ausgeliefert, und dazu gibt es ohne Aufpreis das amerikanische Topcase.« Mit dem Trick, das Topcase als Beipack auszuliefern, sollten die Bedenken der deutschen Zulassungsbehörden gegen den großen Koffer umgangen werden. Noch waren alle Beteiligten zuversichtlich.
Die für Honda Deutschland eher unerquickliche Angelegenheit nahm allerdings schon am darauffolgenden Montag, dem 8. Februar 1988, ihren Lauf. An jenem Tag nämlich bestellte Gold Wing-Fan Siegfried Truckenbrodt aus Hambühren bei einem Honda-Händler in Neuss eine GL 1500/6 in der Farbe beige und bezog sich dabei auf Hondas Versprechen. Im Kaufvertrag wurde deshalb handschriftlich der Zusatz eingetragen: »Fahrzeug entspricht der US-Version. Ausführung wird für Deutschland mit 1 Topcase zusätzlich geliefert.« Auch den Liefertermin setzte der Vertrag fest: Die Maschine sollte in der elften bis zwölften Kalenderwoche abholbereit sein.
So weit, so schlecht. Denn am 11. März 1988 gab Honda Deutschland eine »wichtige Information betreffend das Modell GL 1500 Gold Wing« an alle Händler heraus, Thema: »Topcase in der hohen U.S.-Version«. In dem Schreiben hieß es: »Entgegen unserer Ankündigung werden wir das Topcase in der hohen U.S.-Version nicht importieren und anbieten. Zu dieser Entscheidung haben uns gravierende Bedenken der Zulassungsbehörden bewogen, die wir wider Erwarten trotz intensi-

Stein des Anstoßes: Die deutsche Version ist bei den einheimischen Gold Wing-Fans unbeliebt. Wegen des flachen Topcase stand Honda Deutschland vor Gericht. Ein Versprechen war der Grund dafür.

Pizzakoffer: Ob geschlossen oder offen, das flache Topcase verunziert das stolze Motorrad – und es bietet weniger Platz. Die rechtliche Grundlage dazu liefert die Straßenverkehrs-Zulassungs-Ordnung.

ver Gegendarstellungen nicht haben ausräumen können. Würden wir uns über diese Einwendungen hinwegsetzen, so würden wir damit dem Ansehen unseres Unternehmens und dem Ansehen unserer Vertriebsorganisation einen nicht zu vertretenden Schaden zufügen.«

Dem hohen Topcase machten die Paragraphen 19/2, 20 und 21 der Straßenverkehrs-Zulassungs-Ordnung (StVZO) einen Strich durch die Rechnung. Sie regeln die »Erteilung und Wirksamkeit der Betriebserlaubnis«, die »Allgemeine Betriebserlaubnis für Typen« sowie die »Betriebserlaubnis für Einzelfahrzeuge«. Worum es darin geht, erklärte Honda den Händlern in besagtem Rundschreiben möglichst unbürokratisch: »Zwischen dem Bundesverkehrsministerim und den Leitern der TÜV-Prüfstellen besteht eine Vereinbarung dahingehend, daß die Verwendung von festmontierten Anbauteilen mit einer Höhe von mehr als 200 mm (gemessen von der Sitzfläche des Fahrersitzes) im Bereich hinter dem Fahrersitz aus Gründen der passiven Sicherheit grundsätzlich nicht genehmigt werden solle.« Honda Deutschland, so das versteckte Eingeständnis in dem Info-Schreiben, hatte

sich gegenüber den Behörden nicht durchsetzen können: »Sowohl das Kraftfahrt-Bundesamt als auch die für unsere Gesellschaft zuständige TÜV-Prüfstelle (TÜH Darmstadt) erwarten von uns, daß wir diese Vereinbarung respektieren, und lassen sich von unseren Gegenargumenten nicht überzeugen. Daß gleichwohl einige TÜV-Prüfstellen die für den nachträglichen Anbau eines Topcase in der hohen U.S.-Version notwendige Sonderbetriebserlaubnis erteilen, ist ausschließlich darauf zurückzuführen, daß hier und da der eine oder andere Gutachter ›den lieben Gott einen guten Mann sein läßt‹ und seine eigenen Wege geht. Natürlich kann sich unser Haus nicht an solchen ›Schlupflöchern‹ orientieren.«
Nun saß Honda Deutschland in der Zwickmühle. Das Versprechen auf der einen, die Absage auf der anderen Seite. Wie aber konnten die Kunden, die bereits eine neue Gold Wing geordert hatten, besänftigt werden? Der von Honda vorgeschlagene Ausweg für die Händler lautete: »Von den mit unserem Hause abgeschlossenen Kaufverträgen ... können Sie bis zum 21. März 1988 zurücktreten.« Und als Leckerbissen: »Unsere unverbindliche Preisempfehlung für das Modell GL 1500 Gold Wing reduzieren wir um DM 1.000,-- auf 21.000,--.«
Siegfried Truckenbrodt aber wollte kein Bonbon, er wollte seine Gold Wing wie bestellt – und vorher von Honda versprochen. Nachdem er am 17. März 1988 von seinem Händler schriftlich auf die Probleme und einen ohnehin späteren Liefertermin hingewiesen worden war, schaltete er noch am selben Tag seinen Anwalt ein, Wulf Herrman aus Celle. Der versuchte im Auftrag seines Mandanten, das Topcase aus dem Vertrag hinauszunehmen und dafür einen Preisnachlaß von 3990 Mark zu erwirken. Allerdings ohne Erfolg.
Auch Honda mobilisierte einen Anwalt. Wieder wurde die Hamburger Kanzlei Schemmel und Partner mit der Rechtsangelegenheit betraut. Der zuständige Advokat bestritt in einem Brief vom 31. März 1988, daß es überhaupt zu einem gültigen Kaufvertrag zwischen Siegfried Truckenbroft und dem Händler gekommen war. Insofern sei die Sache sowieso vom Tisch. Unbeirrt verfolgte indes Anwalt Herrmann die Interessen seines Klienten. Schließlich sei eine Anzahlung in Höhe von 1000 Mark geleistet und damit der Vertrag wirksam geworden. Außerdem schrieb Herrmann am 20. Mai 1988 an den Neusser Händler: »Der vereinbarte Liefertermin – spätestens 27. März 1988 – ist abgelaufen. Sie befinden sich im Verzug.« Weil sich bis Mitte Juli 1988 nichts in dem Fall getan hatte, reichte Anwalt Herrmann im Namen von Siegfried Truckenbrock am 20. Juli 1988 Klage ein.
Etwa zeitgleich lief ein ähnliches Verfahren, das mit dem Richterspruch vom 22. März 1989 vor dem Amtgericht Osnabrück sein Ende fand. Ein Gold Wing-Fahrer hatte, ebenfalls wegen des hohen Topcase, gegen seinen Händler Klage erhoben und Schadenersatz gefordert. Mit Erfolg: »Der Beklagte wird verurteilt, an den Kläger 3.400,-- DM nebst 4 % Zinsen seit dem 01. 10. 1988 zu zahlen«, befand der Richter (Aktenzeichen 15 C 438/88). Grund für das Urteil war der Tatbestand, daß sich der Kunde in einem anderen Motorradgeschäft ein Topcase für 3500 Mark gekauft hatte. Zuvor hatte der angeklagte Händler es nicht liefern, den Vertrag also nur teilweise erfüllen können. Dafür verlangte der Gold Wing-Fahrer nun den Preis zurück.
In der Osnabrücker Urteilsbegründung wurden einige Fakten festgeschrieben, die auch für Siegfried Truckenbrodts Prozess von Bedeutung sein sollten. Denn laut Gesetz, so die Urteilsbegründung, »kann der Kläger ... Schadenserstz wegen Nichterfüllung eines Kaufvertrages verlangen. Der Beklagte hat ihm die Kosten zu ersetzen, die er aufwenden mußte, um sich das Topcase von dritter Seite zu beschaffen ... Nach eigenen Angaben des Beklagten hat dieser sich vergeblich bemüht, ein US-Topcase zu besorgen. Es ist dehalb davon auszugehen, daß ein US-Topcase nicht allgemein erhältlich war. Wenn sich unter diesen Voraussetzungen dem Kläger die Möglichkeit zum Erwerb eines US-Topcases bot, durfte dieser zugreifen.«
Doch zurück zum Landgericht Düsseldorf, wo der Fall Truckenbrodt geklärt werden sollte. Der hohe Preis des Topcase wurde dort trotz des Osnabrücker Urteils zunächst noch von den Anwälten Rolf Dornhoff und Arno J. Schnippe bestritten, die am Düsseldorfer Landgericht zugelassen waren. Am 3. Juli 1989 schlugen die Juristen als Prozeßbevollmächtigte des beklagten Händlers einen Vergleich vor. Der sah vor, daß Truckenbrodt eine GL 1500/6 mit kleinem Topcase zum Preis von

Stolzer Sieger: Siegfried Truckenbrodt aus Hambüren vor einigen amerikanischen Gold Wing. Als einziger deutscher Fahrer bekam er offiziell eine GL 1500/6 mit hohem Topcase und hoher Scheibe.

23 000 Mark bekommen sollte. Daß der Kaufvertrag gültig war, erkannten sie an, obwohl zwischen den Parteien unstreitig sei, »daß der als Anzahlung am 11. 02. 1988 gezahlte Betrag von DM 1000 am 17.03.1988 unmittelbar an den Kläger zurückgezahlt wurde.« Von dem Kaufpreis sollten aber nicht etwa 3400 Mark, sondern gerade einmal 1000 Mark »als Minderungsbetrag für die nicht zur Auslieferung gelangte Topcase-Ausführung« abgezogen werden. Als eines der Hauptargumente für den Vergleich führten die Anwälte Dornhoff und Schnippe auf, daß die hohen Topcases in Deutschland ohnehin nicht zugelassen seien.

Nachdrücklich wiesen Siegfried Truckenbrodts Rechtsvertreter, die ebenfalls am Düsseldorfer Landgericht zugelassenen Anwälte Reinhold C. Vester, Dr. Hans Otto Orbach sowie Hartwig Ball dieses Argument beiseite: »Die Erfüllung des Kaufvertrages hat nichts mit der Zulassung zu tun.« Es werde sich schon eine TÜV-Prüfstelle finden, die das Motorrad abnehme, darauf habe Honda selbst in dem Händler-Rundbrief hingewiesen. Und daß es Topcases in der US-Version gebe, beweise das Urteil des Amtsgerichts Osnabrück.

Erst recht das von den Anwälten Dornhoff und Schnippe am 17. Oktober 1989 vorgelegte Schreiben des Zubehör-Händlers Hein Gericke stützte diese Tatsache. Das als »Honda Original-Topcase« ausgewiesene Angebot war hier seinerzeit für 3000 Mark zu bekommen. Auf dem Angebot war vermerkt: »Bei Anbau dieses Topcases erlischt die Betriebserlaubnis (ABE). Eine Eintragung in den KFZ-Brief ist nicht möglich.« Und nur das wollte die Seite des Beklagten mit dem Angebot von Hein Gericke beweisen – nicht jedoch, daß das Topcase lieferbar war, und schon gar nicht zu solch hohem Preis.

Ein erster Termin vor dem Landgericht Düsseldorf wurde schließlich für den 18. Oktober 1989 anberaumt. Dabei kam folgender Vergleich zustande: Der Händler sollte an Siegfried Truckenbrodt eine nagelneue GL 1500/6

in beige ohne US-Topcase zum Preis von 15 100 Mark liefern. Die Kosten des Rechtsstreits sowie des Vergleichs sollte Truckenbrodt zu einem und der Händler zu fünf Sechsteln tragen.
Honda Deutschland indes zeigte sich mit diesem Vergleich nicht einverstanden. Der Importeur bestand darauf, den Rechtsstreit zu entscheiden. Der Termin für dieses wichtige Verfahren wurde auf den 5. Februar 1990 festgesetzt. Ein guter Tag für Siegfried Truckenbrodt. Das Urteil (Aktenzeichen 8 0 295/89) vor der achten Zivilkammer fiel zu seinen Gunsten aus: »Die Beklagten werden als Gesamtschuldner verurteilt, an den Kläger ein fabrikneues Motorrad des Fabrikats Honda Typ GL 1500, Farbe beige mit einem zusätzlichen Topcase in US-Ausführung zu liefern, Zug um Zug gegen Zahlung von 17.300,-- DM.«
Die Urteilsbegründung stellte eindeutig fest, daß ein entsprechender Kaufvertrag zustande gekommen sei. Außerdem »besteht zwischen den Parteien sogar Einigkeit darüber, daß das hohe Topcase auch in Deutschland – aus Grauimporten stammend – erhältlich ist, wenn auch zu überhöhten Preisen.« Ob es auch zugelassen werden könne, darauf käme es »für die Wirksamkeit des Vertrages« nicht an. Auch den von Honda selbst festgelegten Wert des Topcases von 1000 Mark wies das Gericht ab: »Vielmehr haben die Beklagten ... ein Angebot der Fa. Hein Gericke vorgelegt, aus dem sich ergibt, daß für ein US-Topcase 3.000,-- DM ... aufgewendet werden müssen.«
Honda Deutschland gab klein bei und legte keine Berufung gegen den Richterspruch ein. Allerdings bestanden noch immer gewisse Probleme. Schriftlich teilten die Anwälte Dornhoff und Schnippe dem Gewinner Siegfried Truckenbrodt mit: »Die Farbe beige ... ist im Lieferprogramm nicht mehr enthalten.« Als Alternative schlugen sie metallic blau vor, da metallic rot »bereits völlig zur Auslieferung gekommen« sei. Siegfried Truckenbrodt, der die wahrscheinlich einzige offiziell von Honda ausgelieferte Gold Wing mit hohem Topcase in Deutschland bekommen sollte, ließ von seinen Anwälten Vester, Orbach und Ball antworten: »Unser Mandant ist an einer Lieferung des Motorrads in der Farbe blau metallic nicht interessiert. Er könnte sich allenfalls dazu bereitfinden, die Farbe rot metallic zu erhalten.« Ansonsten solle Honda eben »den titulierten Anspruch unseres Mandanten erfüllen. Der Firma Honda ist es sicher möglich, eine der vorhandenen Maschinen in den Farbton beige umzuspritzen.«
Hand an die Maschine mußte Honda jedoch nicht anlegen, schließlich stand doch noch eine rote GL 1500/6 bereit. Auf die allerdings verzichtete Truckenbrodt und verkaufte sie noch im Laden des Händlers: »Mir hatte der Rechtsstreit zu lange gedauert. Deshalb habe ich mir schon 1988 auf der ersten organisierten Tour des Geislinger Reisebüros in Amerika eine blaue Gold Wing gekauft«, erinnert er sich, »und was sollte ich denn mit zwei Motorrädern?«

Besuch im Gold Wing-Werk

Gold-Schmiede

In Marysville, im US-Bundesstaat Ohio, stellt Honda den amerikanischen Traum auf zwei Räder. Genannt Gold Wing.

»Selbstverständlich ist die Gold Wing ein durch und durch amerikanisches Motorrad.« Ray Wilt, Leiter der Honda-Motorradfabrik in Marysville, Ohio, schüttelt den Kopf. Allein der Gedanke, daß der sechszylindrige Reisedampfer als japanische Maschine angesehen werden könnte, nur weil er unter der Honda-Flagge segelt, bereitet dem Mann aus dem Mittleren Westen Amerikas Unbehagen. Das Land der aufgehenden Sonne ist weit weg, und vor der eigenen Tür erstrecken sich die Highways in Amerikas unendliche Weite.

»Was wollen Sie mehr?« fragt auch Mark G. Hess, Personalleiter der Firma, und deutet auf eine der nagelneuen Gold Wing, die gerade vom Band rollt. »Hubraum mit sattem Drehmoment«, schwärmt er, und schiebt sich die Baseball-Kappe zurecht, »viel Stauraum im hohen Topcase und den Koffern, und«, dabei hebt Hess den rechten Zeigefinger, »eine komplette Stereoanlage«. Tempomat und Rückwärtsgang erwähnt er gar nicht erst.

Neben dem Musikdampfer Gold Wing baut Honda auch den Chopper VT 1100 Shadow in Marysville. Außerdem entstehen in der Motorradfabrik die kleinen, vierrädrigen Arbeitsvehikel TRX 200 und 300. Insgesamt liefert das Werk in Marysville jährlich 60 000 Fahrzeuge aus, die der Zweiradschmiede entstammen.

»Die Gold Wing ist unsere wahre Nummer eins«, versichert Jack, ein etwas vierschrötig ausschauender Hillibilly. Breitbeinig steht er am Fließband und hantiert an den Instrumenten des Motorrads, »ich mag die Maschine, deshalb bin ich froh, hier zu arbeiten«. Außerdem kann er sich glücklich schätzen, im bis vor kurzem wirtschaftich stark geschüttelten Amerika überhaupt einen Job zu haben. »Quality for the world, made in Ohio«, murmelt Jack, grinst und zeigt dabei eine Zahnlücke. Außerdem zitiert er damit das hochgesteckte Firmenmotto: Qualität für die Welt, hergestellt in Ohio.

Um diesem Anspruch gerecht zu werden, arbeiten am Band 35 Männer und Frauen Hand in Hand. Von Takt zu Takt wächst das Motorrad, Stück für Stück verschwindet der nackte Rahmen, finden Kabel ihren Weg, greifen Anbauteile und Halterungen ineinander. Vorgefertigte Teile warten nur noch darauf, montiert zu werden. Wenn das komplett fertige Motorrad in der Endkontrolle durchgecheckt wird, röhrt der Sechszylinder-Boxer der Gold Wing wie ein Platzhirsch durch die Hallen.

Torso: Vom Gerippe zur fertigen Maschine passiert die Gold Wing viele Stationen am Band. Zwischendurch bekommt sie auch den Auspuff verpaßt, dessen Endrohre wie Pistolengriffe aussehen.

Sämtliche Funktionen überprüft der letzte Mann am Band nach Schema F: Er dreht die Gold Wing auf dem Rollenprüfstand hoch bis in den fünften Gang, bremst sie wieder runter, testet Federung, Blinker, Hupe. Alles okay? Daumen hoch, alles okay. Geredet wird hier nicht viel, Ohrenschützer machen ein Zuhören unmöglich.
Hinter einer Glasscheibe bewegen sich langsam Männer, weißvermummt wie Astronauten. Sie lackieren die Deckel von Topcases und Seitenkoffern mit der Spritzpistole. Die fertigen, aber unlackierten Teile hängen an Drähten wie Wäsche auf der Leine – nur daß die Drähte an den Männern vorüberziehen und stets neue Kunststoffschalen anbringen. Schwarz kommen sie von rechts heran, und wenn sie an der linken Wand durch ein Loch den Raum verlassen, leuchten sie in der gewünschten Farbe.
Chrom blitzt indes ein paar Schritte weiter auf. Dort lagern verbeulte Metallkisten, aus denen die gebogenen Endrohre der mit Wellpappe ummantelten Auspuffanlagen wie Pistolen-

***Handgriff:** Die fertige Maschine bekommt eine Schutzhaut aus Kunststofffolie und wird anschließend in eine Kiste verpackt. Rund 60 verlassen täglich das Werk in Ohio.*

***Wachstumsbranche:** Stück um Stück bauen routinierte Hände die Maschine zusammen. Vorgefertigte Teile finden ihren Platz, Leitungen verschwinden unter der Verkleidung.*

***Blickkontakt:** Ob alles richtig sitzt, wird immer wieder geprüft. Dabei genügt oft der gewissenhafte Blick – die Menschen am Band in Marysville, Ohio, kennen genau, was sie zusammenbauen.*

***Stückwerk:** Schon gut als Gold Wing zu erkennen, fehlen der GL 1500/6 nur noch ein paar Kleinigkeiten. Die bekommt die Maschine verpaßt, bevor sie endgültig vom Band rollt.*

***Lebensnerv:** Wenn die GL 1500/6 bei der Endkontrolle gründlich durchgecheckt wird, röhrt der Sechszylinder-Boxermotor durch die Fabrikhallen wie ein Platzhirsch.*

griffe hervorschauen. Die Kisten warten auf ihren Einsatz am Band. Dann befreit sie ein drahtiger Arbeiter mit gekonntem, immer wieder durchgeführtem Handgriff: Er zieht die Rohre aus der Pappumhüllung wie ein Revolverheld das Schießeisen aus dem Holster. Ein paarmal schraubt er hier, prüft mit Kennerblick da, und schon ist die Gold Wing um ein weiteres Bauteil reicher.

Zischende Geräusche hinter einer Abtrennung verraten ein Schweißgerät. Fein säuberlich aufgeschichtet liegen vorgestanzte Bleche in einer passenden Halterung. Irgendwie, das zeigen die unterschiedlichen Größen, Winkel und Formen der mattglänzenden Metallplatten, gehören sie zusammen. Das Rätsel um das eigenartige Puzzle ist schnell gelöst: Mit seelenloser Genauigkeit zieht ein nackter Roboterarm seine Schweißnähte und verwandelt die Bleche aus Stahl in den 24 Liter fassenden Benzintank der Gold Wing. Auch die Rahmen für die Motorräder werden in Marysville in eigener Regie hergestellt. Dort, wo der Stahl sich der Form des Motorradskeletts beugen muß, spritzen kleine Funken auf den Boden, vollführenen maschinelle Hände solche Bewegungen, die ihnen Menschen einst antrainiert haben.

Das Zusammenspiel von Mensch und Maschine ist nötig, um die Motorräder möglichst rationell herzustellen. Bis eine Gold Wing fix und fertig produziert ist, vergehen 13 000 bis 14 000 Sekunden. Diese Zeit haben kühle Rechner mit spitzer Feder veranschlagt, die Welt der Kalkulation im Hinterkopf. In diesen 3,6 bis 3,9 Stunden sind sämtliche Fertigungsschritte in allen Herstellungs- und Zulieferbetrieben enthalten. Und davon gibt es eine ganze Reihe.

Das Gold Wing-Triebwerk zum Beispiel entsteht ein paar Meilen entfernt in der Anna Engine Plant, in Anna, Ohio. Das Honda-eigene Maschinen-Werk produziert Motoren seit dem 22. Juli 1985. Es war ein Motorradmotor, der als erstes in den neu errichteten Hallen enstand: An jenem denkwürdigen Tag startete die Fabrik die Fertigung des Vierzylinder-Boxermotors für die GL 1200 Gold Wing. Erst 14 Monate später, am 23. September 1986, lief auch der erste Automotor vom Band. Es handelte sich um den Vierzylinder-Reihenmotor für den viertürigen Honda Civic Sedan. Das Besondere an dem Werk: Die Anne Engine Plant ist die einzige Fabrik auf der Welt, in der gleichzeitig Auto- und Motorradmotoren hergestellt werden. Heute kommt in Anna, Ohio, natürlich kein 1200er Boxer mehr zur Auslieferung, denn nun beliefert das Motorenwerk die Motorradfabrik mit dem Sechszylinder. Allerdings fallen die für den Bereich Motorrad, respektive Gold Wing, produzierten Stückzahlen vergleichsweise gering aus: Die Motorenfabrik verbuchte 1990 eine Kapazität von rund 500 000 Einheiten. 474 494 Motoren waren für Autos bestimmt, hingegen nur 7600 für Motorräder. Solche Massenfertigung verlangt nach Arbeitskräften und Rohstoff: Jeden Monat verarbeiten 2000 Mitarbeiter mehr als 3000 Tonnen Stahl sowie 1600 Tonnen Aluminium. Damit nichts davon liegenbleibt, verlassen an jedem Arbeitstag mehr als 2000 Motoren das Werk. Anders gerechnet: Alle 27 Sekunden ist ein neuer Motor fertig.

Nicht ganz so zügig geht es in der Motorradfabrik zu. Stündlich spuckt das Band im Werk in Marysville knapp acht fertige Gold Wing aus. Pro Tag verlassen rund 60 Motorräder die Werkshallen, ordentlich in Kisten verpackt. Auch der Versand wird von hier aus organisiert.

Zwar hat auch diese Fabrik eine Kapazität von 60 000 Einheiten pro Jahr, bezogen auf alle hier gefertigten Fahrzeuge. Mit der Jahresproduktion von 10 000 Gold Wing anno 1993 blieb Honda allerdings hinter der eigenen Kapazität zurück. Die weltweite wirtschaftliche Talfahrt machte eben auch vor den Fabriktoren in Ohio keinen Halt. Allerdings zieht Honda aus der relativ geringen Produktionszahl gleichzeitig einen Nutzen: Quasi künstlich verknappt, wird die Gold Wing den Händlern zu Saisonbeginn förmlich aus der Hand gerissen. Um den Preis zu feilschen wird dem Kunden Motorradfahrer durch das geringe Angebot bei der üblichen hohen Nachfrage fast unmöglich gemacht. Unterm Strich bleibt – besonders nach der letzten Preiserhöhung im Frühjahr 1994 – ein stolzer Gewinn für Honda.

Und das, obwohl der direkte Konkurrent Harley-Davidson seine wirtschaftlichen Schwie-

Abfahrbereit: Damit die große Maschine in die Kiste hineinpaßt, wird die hohe Scheibe gar nicht erst montiert. Das macht der Händler vor Ort, wenn er die Gold Wing ausliefert.

Handarbeit: Vermummt wie Astronauten lackieren Männer hinter Scheiben die Verkleidungsteile, kontrollieren Mitarbeiter die Passung von Schweißnähten, die Kollegen von Hand ziehen.

rigkeiten überwunden hat und nicht nur in Amerika wieder überaus erfolgreich agiert. Dennoch dominiert die Gold Wing neben der Marke aus Milwaukee das Bild der amerikanischen Motorradszene. Laut Auskunft von Honda ist die Gold Wing sogar mit Abstand der weltweit meistverkaufte Luxus-Tourer.
Kein Wunder, weist das Dickschiff so ziemlich alle Attribute auf, die Amerikas Wunschvorstellungen entsprechen: Die Gold Wing präsentiert sich als Motorrad im Überfluß, groß, luxuriös und easy going. Kompromißlos verkörpert die Maschine den American Way of Drive – mit einer einzigen Einschränkung: Ihr fehlen – für das Verständnis einer Autofahrer-Nation – zwei Räder.
Als im September 1979 die Firma Honda of America Mfg., Inc. (HAM) gegründet wurde, waren zwei Räder gerade genug: Die Fabrik in Ohio war die erste ausländische Motorradmarke in Nordamerika und die erste Produktionsstätte von Honda in den USA.
Das Datum markiert einen Meilenstein für Honda und gleichzeitig einen kritischen Wendepunkt für die amerikanische Wirtschaft. Honda konnte den Kampf um US-Marktanteile aufnehmen, und Amerika, das mit den ökonomischen Problemen im eigenen Land schon genug zu tun hatte, bekam einen nicht zu unterschätzenden Konkurrenten ins Land.
Daß Honda 1979 den Sprung in die Neue Welt mit einer Motorrad- und nicht mit einer Automobilfabrik wagte, hat vor allem zwei Gründe. Zum einen lagen die Investitionskosten für eine Zweiradfertigung nicht so hoch wie für eine Autofabrik. Zum anderen wollte Honda den amerikanischen Markt mit vielversprechenden Motorrad-Modellen ausloten und sich etablieren.
Die Rechnung ging auf. Mit nur 64 Mitarbeitern ging HAM an den Start. Schon am 5. März 1985 zog der einstige Chefkonstrukteur für Motorräder und damalige Präsident von HAM, Soichiro Irimajiri, das Fazit: »Wir sind nun Motorradhersteller Nummer eins in den USA, sowohl in der Anzahl der produzierten Maschinen als auch gemessen am Umsatz in Dollar.« Als Grund für diesen Erfolg führte Irimajiri an: »Unsere Philosophie besagte stets, daß unsere Produktionsstätten am selben Ort angesiedelt sein sollte, wo sich auch der Markt befindet, den wir bedienen«. Beinahe wichtiger jedoch ist das Lob, das der Japaner den amerikanischen Honda-Mitarbeitern zollt: »Unser Erfolg in Ohio ist kein japanischer Erfolg. Es ist der Erfolg der amerikanischen Arbeitsweise innerhalb eines internationalen Konzerns.«
Nur zu gern erläuterte der japanische Manager, worauf Hondas Gelingen beruht. Vor Studenten der Harvard-Universität baute er am 14. November 1985 in einem Vortrag die fünf Säulen des Erfolgs auf: »1. Suche die Herausforderung, 2. Sei pünktlich fertig, 3. Teamwork, 4. Schnelle Rückkoppelung, 5. Dem Gewinner gehört alles.«

Als Irimajiri 1988 von Hiroyuki Yoshino als Präsident abgelöst wurde, brauchte sich HAM um die weitere Entwicklung keine Sorgen zu machen. Auch der neue Mann führte das Werk in Amerika ganz im Sinne des Erfolgs weiter. In einer Rede vom 7. August 1991 betonte Yoshino vor Managern die Verflechtung der japanischen Ziele mit der amerikanischen Grundhaltung, stets Spaß am Leben zu haben: »Unser Ziel ist es, denjenigen Freude zu bereiten, die unsere Produkte kaufen, verkaufen und sie produzieren.«

Die japanisch-amerikanische Zusammenarbeit erwies sich als außerordentlich fruchtbar. Gut 13 Jahre nach dem Start von HAM, Ende 1992, beschäftigte die amerikanische Tochter des japanischen Fahrzeug-Giganten bereits 10 243 Mitarbeiter, von denen der weitaus größte Teil allerdings in der Automobilfertigung beschäftigt war. Die Marysville Auto Plant, die Autofabrik, ist seit April 1982 in unmittelbarer Nachbarschaft der Honda Motorcycle Plant, der Motorradfabrik, angesiedelt.

Das 500 000. Fahrzeug lief in Ohio am 10. Mai 1991 vom Band: Es war eine Gold Wing GL 1500/6 Aspencade mit der Fahrgestell-Nummer 1HFSC2203NA400540. Die blaue Maschine ziert seither die Eingangshalle von HAM.

Auf diese Jubiläums-Maschine sind die etwa 400 Mitarbeiter, die im Motorradbereich gegenwärtig beschäftigt sind, besonders stolz. Alle Zulieferbetriebe mitgerechnet, benötigt Honda etwa 800 Arbeitskräfte, um die produzierten Motorräder VT 1100 Shadow und Gold Wing auf die Räder stellen zu können. In Marysville sind seit 1979 aber auch die Honda-Modelle CR 25 OR, CBX, CB 900, CB 1000, VF 700, VF 750, VF 1100 Sabre, VFR 700 Interceptor, CBR 1000 Hurricane, VT 700, VT 800 Shadow, VF 1100 Magna sowie PC 800 gebaut worden. Das Flaggschiff Gold Wing jedoch war zu jeder Zeit die wichtigste Maschine der Marysville Motorcycle Plant. Und daran hat sich bis heute nichts geändert.

Der Bärenanteil der Gold Wing-Produktion findet seine Kunden auf dem amerikanischen Kontinent. Als Exportartikel spielen Motorräder für HAM aber dennoch eine bedeutende wirtschaftliche Rolle. Insgesamt importieren 26 Länder Honda-Bikes made in USA. Die Gold Wing wird allerdings in nur 15 Länder ausgeführt, darunter auch Deutschland.

Geradestehen: Die Mitarbeiter in Marysville, Ohio, wissen, welches Motorrad ihr Zugpferd ist. Für die Gold Wing gehen sie auch schon mal auf die Straße. Nomen est Omen.

»Germany ist mit 400 bis 600 Einheiten pro Jahr ein guter Markt für Gold Wing«, weiß Ray Wilt. Ein leichtes Grinsen kann der Leiter der Honda-Motorradfabrik allerdings nicht unterdrücken: »Warum die Deutschen die hohe Scheibe und das geräumige Topcase nicht haben wollen und sogar abschneiden, verstehe ich nicht.« Daß es bloß die Behörden sind, die mit ihren Vorschriften die Panorama-Scheibe zum Mückensprungbrett und das riesige Topcase zum Pizzakoffer verstümmeln, will ihm nicht einleuchten. Nein, weiß er, das

Vermarktung: Honda ist stolz darauf, in Amerika so gut Fuß gefaßt zu haben. Deshalb versteckt sich das Unternehmen auch keinesfalls und präsentiert Kataloge, die für die Produkte werben.

würde sich Amerika nicht gefallen lassen. »Wir haben die Gold Wing von Anfang an immer wieder versucht zu perfektionieren«, sagt der Fabrikleiter rückblickend, »deshalb liegen auch Welten zwischen der GL 1500/6 und der GL 1000«.
Letztere stammte noch aus japanischen Produktionshallen. Erst mit der GL 1100, die von 1980 bis 1983 als erste Honda in Ohio gebaut wurde, ließ sich die amerikanische Idee eines großvolumigen Luxustourers Schritt für Schritt in die Tat umsetzen. Da sei zum Beispiel die GL 1100 Interstate gewesen, erinnern sich Wilt und Personalleiter Hess, ein »guter Vorläufer für die GL 1200 Aspencade«, die von 1984 bis 1987 vom Band lief und als erste Gold Wing ein wahres amerikanisches Tourenmotorrad der Marke Honda war. »Aber erst 1988, mit der GL 1500/6, haben wir unser Ziel erreicht«, freut sich Hess und schiebt seine Kappe in den Nacken. Stolz verweist er auf die imposante Zahl von mehr als 275 000 Gold Wings, die seit 1980 vom Band in Ohio gelaufen sind.

»Die GL 1500/6 ist letztlich das Ergebnis einer jahrelangen Kundenbefragung«, erklärt Wilt. »Amerikanischer Kunden, of course«, fügt er leicht verschmitzt hinzu. Aber auch nachdem die Maschine fertig gewesen sei, habe Honda auf die Biker gehört. »Jedes Jahr laden wir alle Gold Wing-Fahrer zum Homecoming zu uns nach Marysville ein«, erzählt Ray Wilt, »und jedes Jahr kommen zwischen 3000 und 5000 Biker. Bei der 88er haben die nicht hinterm Berg gehalten«. Zum Beispiel habe es Probleme mit der Sitzbank der ersten 1500er gegeben. Nicht nur dicke Gold Wing Fahrer hätten sie als unbequem, hart und nicht robust genug moniert. Kurz drauf seien diese Schwierigkeiten aber beseitigt worden. Das gelte auch für die Vergaserabstimmung dieser Maschine. Bei dem Baujahr 1989 habe das Ruckeln getrost der Vergangenheit zugeschrieben werden können.
Auch den Rückwärtsgang hätten sich die Biker seit jeher gewünscht. Schließlich sei er bereits in die Planung für die 1500er eingeflossen. »Das war nur die logische Konsequenz«, erklärt Hess, »eine schwere Maschine läßt sich mit einem Rückwärtsgang einfach besser rangieren«. Daß schon bei der GL 1000 in der Fachpresse über einen möglichen Rückwärtsgang gespottet wurde, weiß Hess wahrscheinlich nicht.
Eigenregie und Koordination spielen eine wichtige Rolle in den amerikanischen Honda-Werkshallen. Hier, in der Gold-Schmiede in Marysville, Ohio, laufen die Fäden zusammen. Und dabei entstehen Motorräder, die nicht nur für ihre Produzenten mehr verkörpern als bloßen Luxus auf zwei Rädern.

FREEDOM HONDA

7333 Troost
Kansas City, MO 64131
(816) 363-4466

9/22/91

Serial numbers for
Mr Petri 89 GL1500 Wineberry
to be picked up 9/28

OWNER'S IDENTIFICATION CARD

OWNER Petri
ADD
CITY STATE
DELIVERY DATE

VIN FRAME NO.	
1HFSC2200KA108713	
MODEL	ENGINE NO.
GL1500K	2111976

OWNER'S SIGNATURE

Jenni Stanfield
(816) 761-2220

FREEDOM
KAWASAKI-HONDA
KTM-HUSQVARNA

Freedom Kawasaki
Honda Husqvarna
12505 S. 71 Hwy.
Grandview, MO 64030
(816) 761-2220

Jet Skis
Scooters
Mowers
Generators

Freedom Kawasaki
Husqvarna KTM Malco
East Business 50
Warrensburg, MO 64093
(816) 429-1232

Gold Wing-Import aus den USA

Trans-Fair

Die US-Version der Gold Wing ist besonders in Deutschland begehrt. Sie ist bei Grauhändlern zu haben – und direkt in Amerika.

Amerika, Du hast es besser. Was schon Goethe wußte, gilt noch heute, auch für die deutschen Gold Wing-Fahrer. Hierzulande ist Hondas größtes Reisemotorrad nämlich offiziell nur in verstümmelter Version mit gekappter Scheibe und flachem Topcase zu haben. In den USA, dem Herkunftsland der Maschine, schreiben keine unverständlichen Vorschriften einer Straßenverkehrs-Zulassungs-Ordnung den Bikern vor, wie ihre Gold Wing auszusehen hat.

Wie aber kommt es, daß auch in Deutschland, dem Land der unbegrenzten Vorschriften, der Großteil aller Gold Wing in der amerikanischen Version unterwegs ist? Die Antwort ist einfach: Bestenfalls 25 Prozent der hier zugelassenen Maschinen hat Honda Deutschland verkauft. Der überwiegende Teil ist grau importiert worden. Honda Deutschland geht dadurch ein ordentliches Geschäft durch die Lappen. Aber kaum ein potentieller Gold Wing-Käufer sieht ein, daß er für die offizielle, also verschandelte Maschine einen höheren Preis bezahlt als für eine voll ausgestattete US-Version.

Tatsächlich ist der Preisunterschied erheblich, er liegt bei mehreren tausend Mark. Eine genauere Angabe zu machen ist unmöglich, weil die Preise verschiedenen Einflüssen unterliegen. Grundsätzlich gilt zwar, daß durch das wesentlich niedrigere Lohn-Preis-Gefüge in Amerika alle Kraftfahrzeuge viel billiger sind als in Deutschland. Natürlich diktiert aber der Wechselkurs des amerikanischen Dollars den endgültigen Preis. Zum Glück für Gold Wing-Käufer liegt der Ankaufspreis für die US-Währung seit einigen Jahren stets unter 1,80 Mark. Gegenwärtig (Stand August 1994) hat sich der Kurs relativ stabil um die 1,55 Mark eingependelt. Damit sind die Lebenshaltungskosten und Kaufpreise auch teurer Objekte, wie eine Gold Wing es nun einmal ist, in den USA für Deutsche sehr günstig geworden. Auch die Flüge über den Großen Teich kosten nicht viel mehr als 1000 Mark – das Resultat eines gnadenlosen Preiskampfes der Fluglinien untereinander.

Diese Faktoren begünstigen den Grau-Import einer Gold Wing aus Übersee. Grundsätzlich funktioniert dieser völlig legale Kauf eines Motorrads auf zwei Arten: Entweder ein deutscher Händler hat sich spezialisiert, die begehrten Maschinen direkt aus den USA zu importieren, oder der zukünftige Gold Wing-Fahrer holt sich sein Motorrad auf eigene Faust aus den USA.

Letzteres zuerst: Obwohl die Neue Welt weit weg ist, können auch Privatpersonen relativ leicht eine Gold Wing über den Atlantik holen. Natürlich müssen auf dem Weg zur eigenen US-Version einige Hürden genommen werden. Die aber beginnen nicht erst in Amerika, die ersten Schritte müssen nämlich bereits in Deutschland gegangen werden.

Das beginnt mit der Wahl des Reiseziels. Schließlich ist es sinnvoll, den Kauf einer US-Gold Wing mit einem mehrwöchigen Urlaub entlang der Highways zu verbinden. Wohin möchte ich überhaupt in den USA? Ist dies geklärt, stellt sich die Frage nach dem richtigen Händler. Natürlich gibt es in jeder größeren amerikanischen Stadt einen Honda-Dealer, und Honda of America (Adresse im Anhang) teilt die Anschriften bereitwillig mit. Einen weiteren Fundus von Adressen amerikanischer Gold Wing-Händler birgt die monatlich erscheinende Clubzeitschrift Wing World der Gold Wing Road Riders Association. Aus

Papierkram: Alles beginnt mit einem handschriftlichen Zettel des Händlers in Amerika. Er erwartet den Kunden zu einem verabredeten Datum. Dann steht die Gold Wing schon bereit.

der Ferne jedoch läßt sich die Qualität eines noch so günstig erscheinenden Motorradhändlers nur schwerlich beurteilen. Hier hilft das Gespräch mit einem Gold Wing-Fahrer aus Deutschland, der sich seine Maschine in den Staaten selbst gekauft hat und dort gereist ist. Außerdem sind Reisebüros behilflich, die sich auf Urlaube in Amerika spezialisiert haben. Eine gute Adresse im Zusammenhang mit dem Thema Honda Gold Wing ist das Geislinger Reisebüro (Adresse im Anhang).

Ist auch diese Frage geklärt, geht es zur Kontaktaufnahme. Wenigstens einigermaßen sollte der deutsche Interessent der englischen Sprache mächtig sein. Die Amerikaner sind Ausländern gegenüber sehr geduldig und zuvorkommend, so daß die Sprachbarriere leicht überwunden ist. Günstiger als zu telefonieren ist es, ein Fax zu schicken. Das spart nicht nur Geld, auch Mißverständnisse sind weitgehend ausgeschlossen. Schließlich kann der Kunde alle seine Wünsche in Ruhe im Brief fixieren und, sollte der Deal zustandekommen, bei Beanstandungen auch nachweisen. Bleiben Fragen offen oder hat der Händler das passende Objekt der Begierde nicht vorrätig, so wird er sich nicht scheuen, per Fax eine oder gleich mehrere Offerten über den Atlantik zu schicken. Deutsche Kunden gelten als zahlungskräftig und zuverlässig. Da lohnt sich für den amerikanischen Geschäftsmann die Investition in ein Fax.

Ein Kaufvertrag sollte per Fax freilich ebensowenig unterschrieben wie der exakte Kaufpreis bestätigt werden. Der kommt erst später zustande. Sinnvoll indes ist es, einen Termin zu verabreden, möglichst am ersten oder zweiten Tag des Urlaubs in Amerika. Vorsicht: Die meisten Motorrad-Geschäfte haben montags geschlossen. Erscheint dem Händler die Kaufabsicht des deutschen Interessenten glaubhaft, wird er sicher die auserkorene Maschine bereitwilig zurückstellen. Wenn nicht, hat er eben Pech gehabt. Denn in diesem Fall ist es günstiger, mit dem nächsten, zuvorkommenderen Honda-Dealer in Kontakt zu treten.

Die nächsten Schritte nach diesen Vorverhandlungen müssen erst wieder in Amerika gegangen werden. Wenn dem deutschen Kaufinteressenten die angebotene Gold Wing gefällt, muß er auf keinen Fall einfach den geforderten Preis bezahlen. Feilschen gehört in Amerika dazu. Das bestätigt auch Paul Watzlawick, österreichischer Professor und Wanderer zwischen der Alten und der Neuen Welt. In seinem Buch *Gebrauchsanweisung für Amerika* beschreibt er das so: »So unglaublich es Ihnen scheinen mag, in Amerika läßt sich der Preis einer Ware herunterhandeln – und zwar nicht der irgendeiner Dutzendware in einem Kaufhaus oder im Delikatessenlädchen in der 72. Straße, sondern dort, wo Sie es am wenigsten erwarten würden: in den eleganten, teuren Geschäften. Falls Ihnen Talent und Freude am Handeln angeboren sind, ist Ihr Erfolg fast garantiert – besonders dann, wenn Sie Ihren ausländischen Akzent so geschickt zu verwenden verstehen, daß Sie einerseits als Nichtamerikaner sich sozusagen Narrenfreiheit verschaffen, andererseits aber das amerikanische Englisch doch genügend beherrschen.« Weil natürlich auch

Bescheinigung: Wichtig für die späteren Schritte des Transports nach Deutschland ist das sogenannte „Certificate of Origin for a Vehicle". Das Dokument wird mit dem Kaufvertrag ausgehändigt.

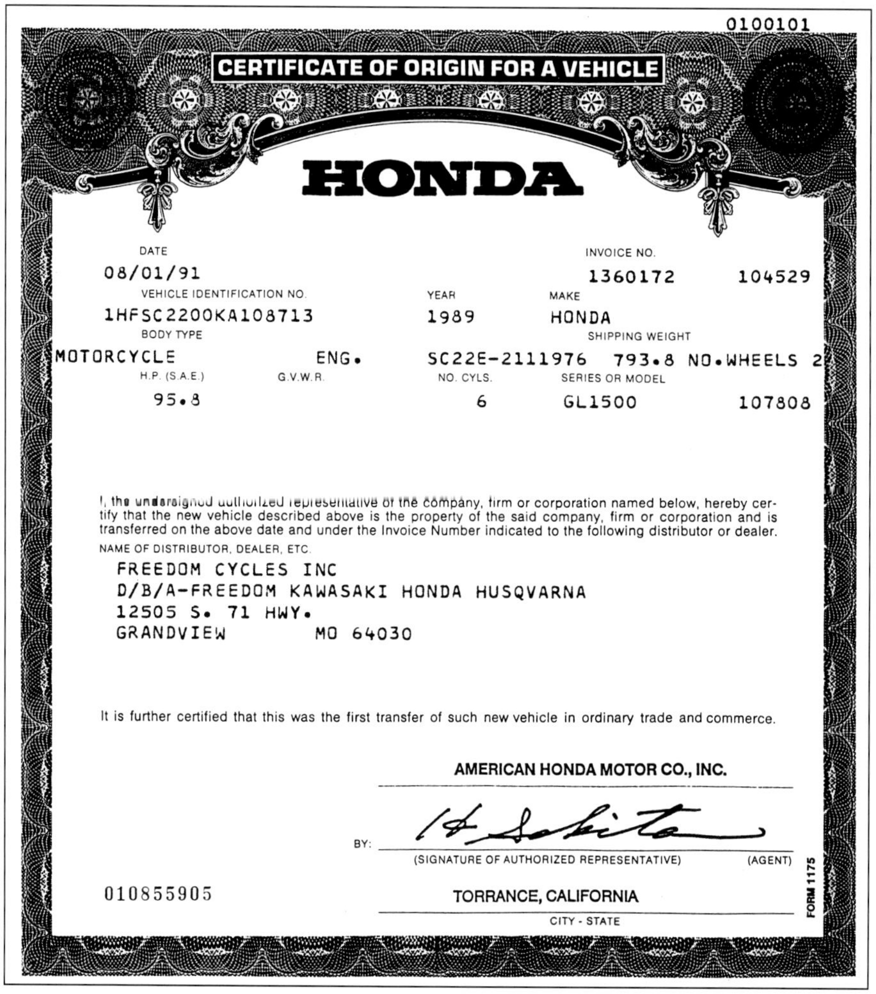
0100101

CERTIFICATE OF ORIGIN FOR A VEHICLE

HONDA

DATE 08/01/91 INVOICE NO. 1360172 104529

VEHICLE IDENTIFICATION NO. 1HFSC2200KA108713 YEAR 1989 MAKE HONDA

BODY TYPE MOTORCYCLE ENG. SC22E-2111976 SHIPPING WEIGHT 793.8 NO.WHEELS 2

H.P. (S.A.E.) 95.8 G.V.W.R. NO. CYLS. 6 SERIES OR MODEL GL1500 107808

I, the undersigned authorized representative of the company, firm or corporation named below, hereby certify that the new vehicle described above is the property of the said company, firm or corporation and is transferred on the above date and under the Invoice Number indicated to the following distributor or dealer.

NAME OF DISTRIBUTOR, DEALER, ETC.

FREEDOM CYCLES INC
D/B/A-FREEDOM KAWASAKI HONDA HUSQVARNA
12505 S. 71 HWY.
GRANDVIEW MO 64030

It is further certified that this was the first transfer of such new vehicle in ordinary trade and commerce.

AMERICAN HONDA MOTOR CO., INC.

BY: (SIGNATURE OF AUTHORIZED REPRESENTATIVE) (AGENT)

010855905 TORRANCE, CALIFORNIA

CITY - STATE

FORM 1175

Motorradläden eher zu den teuren Geschäften zählen, sitzt ein Preisnachlaß also meistens drin, zumindest aber ein kostenloses Zubehörteil. Die Höhe des Nachlasses liegt freilich am Geschick jedes Einzelnen.

Wie wird bezahlt? Entweder mit Bargeld oder per Reisescheck. Letztere anstatt Cash mitzunehmen empfiehlt sich in jedem Falle, denn Schecks bieten zwei wesentliche Vorteile: Der Umtauschkurs in Deutschland ist gegenüber Bargeld günstiger, und die Schecks sind versichert. Das entsprechende Kreditunternehmen ersetzt sie bei Verlust innerhalb kürzester Zeit. Akzeptiert der Händler wider Erwarten keine Reiseschecks, so müssen sie vor Vertragsabschluß bei einer amerikanischen Bank gegen Bares eingetauscht werden. Das kostet keine Gebühr, denn die ist mit dem Umtausch bereits bei der heimischen Bank entrichtet worden. Euroschecks sind in Amerika nicht gültig.

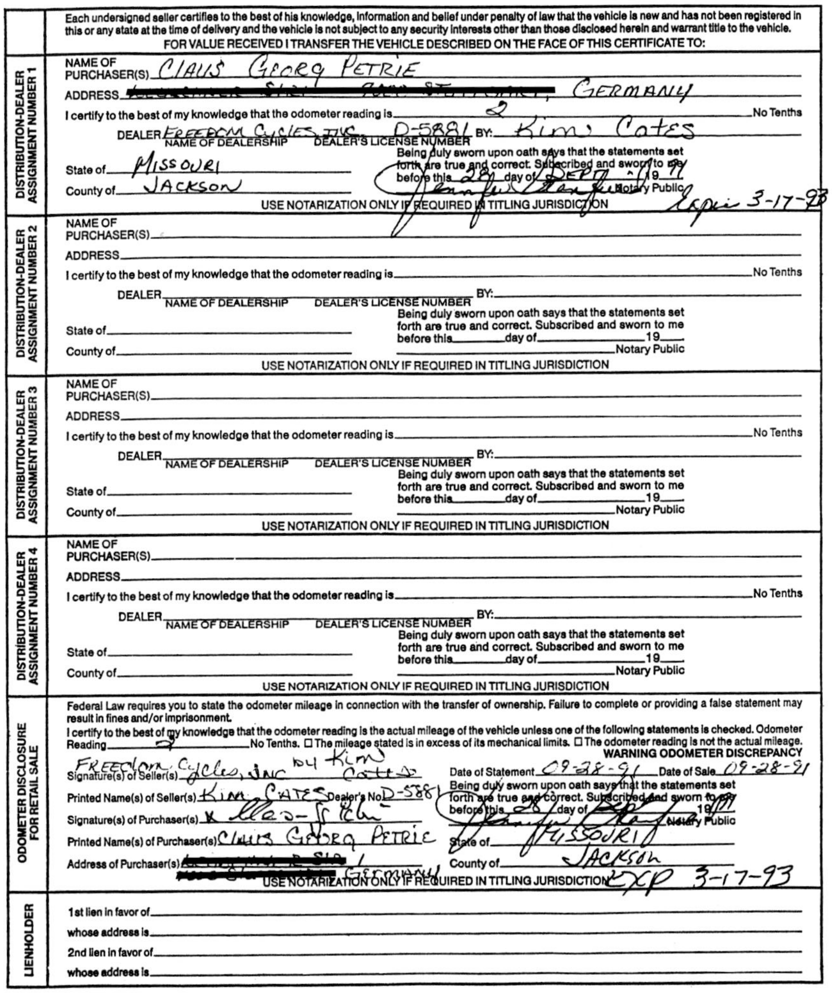

Each undersigned seller certifies to the best of his knowledge, information and belief under penalty of law that the vehicle is new and has not been registered in this or any state at the time of delivery and the vehicle is not subject to any security interests other than those disclosed herein and warrant title to the vehicle.
FOR VALUE RECEIVED I TRANSFER THE VEHICLE DESCRIBED ON THE FACE OF THIS CERTIFICATE TO:

DISTRIBUTION-DEALER ASSIGNMENT NUMBER 1
NAME OF PURCHASER(S) CLAUS GEORG PETRIE
ADDRESS [redacted] GERMANY
I certify to the best of my knowledge that the odometer reading is 2 No Tenths
DEALER FREEDOM CYCLES INC. D-5881 BY: Kim Cotes
NAME OF DEALERSHIP DEALER'S LICENSE NUMBER
State of MISSOURI
County of JACKSON
Being duly sworn upon oath says that the statements set forth are true and correct. Subscribed and sworn to me before this 28 day of SEPT 1991
Notary Public
Expir 3-17-93
USE NOTARIZATION ONLY IF REQUIRED IN TITLING JURISDICTION

DISTRIBUTION-DEALER ASSIGNMENT NUMBER 2
NAME OF PURCHASER(S)
ADDRESS
I certify to the best of my knowledge that the odometer reading is No Tenths
DEALER BY:
NAME OF DEALERSHIP DEALER'S LICENSE NUMBER
State of
County of
Being duly sworn upon oath says that the statements set forth are true and correct. Subscribed and sworn to me before this day of 19
Notary Public
USE NOTARIZATION ONLY IF REQUIRED IN TITLING JURISDICTION

DISTRIBUTION-DEALER ASSIGNMENT NUMBER 3
NAME OF PURCHASER(S)
ADDRESS
I certify to the best of my knowledge that the odometer reading is No Tenths
DEALER BY:
NAME OF DEALERSHIP DEALER'S LICENSE NUMBER
State of
County of
Being duly sworn upon oath says that the statements set forth are true and correct. Subscribed and sworn to me before this day of 19
Notary Public
USE NOTARIZATION ONLY IF REQUIRED IN TITLING JURISDICTION

DISTRIBUTION-DEALER ASSIGNMENT NUMBER 4
NAME OF PURCHASER(S)
ADDRESS
I certify to the best of my knowledge that the odometer reading is No Tenths
DEALER BY:
NAME OF DEALERSHIP DEALER'S LICENSE NUMBER
State of
County of
Being duly sworn upon oath says that the statements set forth are true and correct. Subscribed and sworn to me before this day of 19
Notary Public
USE NOTARIZATION ONLY IF REQUIRED IN TITLING JURISDICTION

ODOMETER DISCLOSURE FOR RETAIL SALE
Federal Law requires you to state the odometer mileage in connection with the transfer of ownership. Failure to complete or providing a false statement may result in fines and/or imprisonment.
I certify to the best of my knowledge that the odometer reading is the actual mileage of the vehicle unless one of the following statements is checked. Odometer Reading 2 No Tenths. ☐ The mileage stated is in excess of its mechanical limits. ☐ The odometer reading is not the actual mileage.
WARNING ODOMETER DISCREPANCY
Signature(s) of Seller(s) Freedom Cycles, Inc by Kim Cates
Date of Statement 09-28-91 Date of Sale 09-28-91
Printed Name(s) of Seller(s) KIM CATES Dealer's No. D-5881
Signature(s) of Purchaser(s)
Printed Name(s) of Purchaser(s) CLAUS GEORG PETRIE
Address of Purchaser(s) [redacted] GERMANY
Being duly sworn upon oath says that the statements set forth are true and correct. Subscribed and sworn to me before this 28 day of 19
Notary Public
State of MISSOURI
County of JACKSON
USE NOTARIZATION ONLY IF REQUIRED IN TITLING JURISDICTION EXP 3-17-93

LIENHOLDER
1st lien in favor of
whose address is
2nd lien in favor of
whose address is

Mit der Unterschrift unter den Kaufvertrag ist das Geschäft perfekt. Dieses Dokument muß zusammen mit den Fahrzeugpapieren unbedingt sorgfältig und sicher aufbewahrt werden, da beide Unterlagen bei der weiteren Abwicklung des Transports nach Deutschland eine wichtige Rolle spielt. Solange das Motorrad neu ist, heißt der Motorradbrief »Certificate of Origin«, sobald die Maschine zugelassen wurde »Title«. Damit er die Gold Wing in Amerika fahren darf, muß der deutsche Urlauber eine Versicherung abschließen. Das funktioniert in den USA sehr unproblematisch. Empfehlenswert, weil am billigsten, ist die Versicherung der American Automobil Association (AAA), dem Gegenstück zum deutschen ADAC. Als Makler, der schon viel Erfahrung mit deutschen Motorradfahrern in Amerika gesammelt hat, tritt Gene Brady aus Texas auf (Adresse im Anhang). Keine Angst: Er schließt eine Police auch per Fax ab. Es ist also unbedeutend, wo der Kauf des Motorrads zustande kommt. Außer einigen personen- und fahrzeugbezogenen Daten braucht Brady lediglich die Kopie von Paß und Führerschein des deutschen Fahrers. Innerhalb weniger Augenblicke ist die Versicherung abgeschlossen und gilt. Sie kann aber auch schon von Deutschland aus beim Geislinger Reisebüro vermittelt werden. Der Preis liegt gegenüber dem direkten Weg in Amerika nur unwesentich höher, dafür entfallen alle möglichen Verständigungsprobleme vor Ort.

Nach möglichst erholsamem Urlaub in den USA muß das Motorrad nach Deutschland transportiert werden. Auch hier gibt es zwei Möglichkeiten: per Flugzeug oder mit dem Schiff. Letztere Art des Transports bietet mittlerweile keine Vorteile mehr, so daß hier nicht weiter darauf eingegangen werden soll. Die Vorteile des Flugzeugs liegen nicht nur im relativ niedrigen Preis, der Transfer geht obendrein viel schneller vonstatten. Die Formalitäten am Cargo-Schalter der Fluglinie sind in aller Regel recht unkompliziert, sofern der deutsche Tourist die erforderlichen Papiere zur Hand hat. Dazu gehören, wie oben angekündigt, der Kaufvertrag, die Fahrzeugpapiere sowie der Reisepaß. Der Zoll gibt seinen Segen nämlich nur dann, wenn der Tourist eindeutig belegen kann, daß er die Maschine in Amerika nicht gestohlen hat. Und ohne Segen des amerikanischen Zoll keine Ausfuhr nach

Deutschland. Grundsätzlich sollte der Gang zu den amerikanischen Behörden rechtzeitig, also mindestens mehrere Stunden, besser noch einen Tag vor Abflug angetreten werden. Dann ist bei Komplikationen noch ausreichend viel Zeit, um zu regeln, was zu regeln ist. Die Mitarbeiter der Fluglinien erweisen sich dabei als sehr entgegenkommend und hilfsbereit.

Ist auch dieser Part gut überstanden, fliegt die Gold Wing in derselben Maschine für etwa denselben Preis wie sein Besitzer gen Heimat, oder sie folgt innerhalb weniger Tage nach. Schäden an dem Fahrzeug während des Lufttransports sind eher selten, schließlich steht das Motorrad festgezurrt auf einer Palette. Die einzigen Bedingungen: Der Tank muß vor Abflug so gut wie leer sein. Natürlich darf sich auch kein Gepäck mehr in den Koffern befinden.

Nach dem Heimflug steht die Gold Wing zwar diesseits des Atlantik, bevor sie aber den deutschen Zoll nicht passiert hat, befindet sich das Motorrad noch im Niemandsland. Nun folgt der Papierkrieg auf hiesiger Seite. Und der ist nicht ohne, wie jedem braven Bürger hinlänglich bekannt sein dürfte. Außerdem ist der lange Marsch mit einigen Zahlungen verbunden. Als erstes muß der stolze Gold Wing-Besitzer auf die Summe, die sich aus dem Kaufpreis plus den Transportkosten errechnet, neun Prozent Zoll entrichten. Quasi als Dankeschön händigt die entlohnte Behörde dafür eine Unbedenklichkeitsbescheinigung aus. Bevor die wichtig wird, muß der private Importeur erneut ins Portemonnaie greifen: Der Fiskus verlangt von der Gesamtsumme, also Kaufpreis plus Transportkosten plus Zoll satte 15 Prozent Einfuhrumsatzsteuer. Außerdem läßt es sich der Staat nicht nehmen, 50 Pfennig der sogenannten Leuchtmittelsteuer pro Birne zu kassieren. Was es doch nicht alles gibt.

Sind alle offenen Rechnungen beglichen, rollt das Motorrad zum ersten Mal über deutsche Straßen – zum TÜV. Beim TÜV Mannheim (Adresse im Anhang) liegt für alle Gold Wing-Modelle ein Datenblatt vor. Das Dokument kann dort bei Kuno Keth, dem Spezialist für Datenblätter in Deutschland, bestellt werden, es kostet 110 Mark. Damit ist eine Einzelabnahme bei jeder Prüfstelle prinzipiell möglich. Aber eben nur im Prinzip: Im Zuge dessen muß nämlich für Maschinen ab Baujahr 1990 ein Gutachten für Abgase und Geräusche erstellt werden. Das dauert um die drei Stunden und kostet den Privatmann in der Regel um die 3000 Mark – es sei denn, er fährt nach Böblingen. Dort macht der TÜV Südwest solche Gutachten, rechnet sie aber nicht jedesmal voll an. Kuno Keth erklärt: »Der TÜV Südwest vermarktet das Gutachten, so daß der Kunde nur 250 Mark bezahlt.« Ein Gutachten für die In-Etwa-Wirkung des Hauptscheinwerfers indes stellt der TÜV nicht aus. Konsequenz: Er muß ausgetauscht werden.

Auf zum nächsten Gang: Der führt den inzwi-

Distributor's Limited Warranty
HONDA GL1500 MOTORCYCLE

This warranty is limited to Honda GL1500 motorcycles distributed by American Honda Motor Co., Inc., 100 West Alondra Boulevard, Gardena, California 90248-2702 and sold by American Honda or dealers within the United States, Puerto Rico, and the U.S. Virgin Islands authorized by American Honda to sell motorcycles.

TO QUALIFY FOR THIS WARRANTY:
1. The Honda GL1500 motorcycle must be purchased from a dealer within the United States, Puerto Rico, or the U.S. Virgin Islands who is authorized by American Honda to sell motorcycles; and
2. The Honda GL1500 motorcycle must be registered at the time of purchase on a form provided by American Honda Motor Co., Inc.; and
3. Prior to delivery to the purchaser, set-up and pre-delivery service must be performed by a dealer who is authorized by American Honda to sell Honda motorcycles.

THE OBLIGATION OF AMERICAN HONDA MOTOR CO., INC.: The obligation of American Honda under this warranty is limited to repairing or replacing, at its option, any part which is proven to be defective in material or factory workmanship under normal use for the applicable period stated below. Parts repaired or replaced under this warranty are warranted only during the balance of the Honda GL1500 motorcycle's warranty period.

The repair or replacement of defective parts under this warranty must be made by a dealer within the United States, Puerto Rico, or the U.S. Virgin Islands who is authorized by American Honda to sell motorcycles. Warranty repairs will be made without charge for parts or labor. All defective parts replaced under this warranty become the property of American Honda Motor Co., Inc.

THE OBLIGATIONS OF THE HONDA GL1500 OWNER: You must, at your own expense, have all scheduled maintenance performed in accordance with the maintenance schedule in the Owner's Manual.

TIME PERIOD FOR HONDA GL1500 MOTORCYCLES: For 1988 & 1989 models: Honda GL1500 motorcycles are covered by this warranty for a period of two years from the date of purchase, regardless of mileage with the following exception:
- The standard radio/cassette is covered by this warranty for a period of one year from the date of purchase.

For 1990 & later models: Honda GL1500 motorcycles and the factory installed radio components are covered by this warranty for three years from the original date of purchase, regardless of mileage, with the following exceptions:
- Batteries are covered by this warranty for a period of two years.
- Cosmetic paint defects are covered for 45 days from the original date of purchase.

For all models: A Honda GL1500 motorcycle that has been used by the dealer as a demonstrator shall have warranty time computed from the date the motorcycle was first placed in service as a demonstrator.

TRANSFERABILITY OF WARRANTY: For 1988 models: This warranty is given by American Honda to the first retail purchaser only and is not transferable to subsequent owners. **For 1989 & later models:** This warranty is given by American Honda to the first retail purchaser and any subsequent owner within the applicable warranty period. Any change of ownership within the applicable warranty period must be registered by completing a Change of Address or Ownership Form at any authorized Honda dealer.

TO OBTAIN WARRANTY SERVICE: You must take your Honda GL1500 motorcycle, along with your warranty registration card or other proof of purchase date, at your expense, to any dealer within the United States, Puerto Rico, or the U.S. Virgin Islands who is authorized by American Honda to sell motorcycles, during his normal business hours. If you are unable to obtain, or are dissatisfied with, the warranty service you receive, contact the owner of the dealership involved; normally this should resolve your problem. However, if you require further assistance, contact American Honda's Motorcycle Customer Service Department: P.O. Box 420, Gardena, California 90247-0805, (213) 532-9811.

EXCLUSIONS: THIS WARRANTY DOES NOT EXTEND TO FAILURES OR OTHER REQUIRED SERVICE WHICH IS NOT DUE TO A DEFECT IN MATERIAL OR FACTORY WORKMANSHIP. AHM MAKES NO WARRANTY EXPRESS OR IMPLIED REGARDING THE COLOR MATCH OF PAINTED COMPONENTS. ADDITIONALLY, THIS WARRANTY DOES NOT EXTEND TO PARTS AFFECTED OR DAMAGED BY ACCIDENT AND/OR COLLISION, MISUSE, NORMAL WEAR, NEGLECT, DETERIORATION FROM THE ELEMENTS, OR FROM THE INCORPORATION OR USE OF UNSUITABLE ATTACHMENTS OR PARTS OR UNAUTHORIZED ALTERATION OF ANY PART. THIS WARRANTY DOESN'T COVER TIRES (WHICH ARE COVERED BY THE HONDA MOTORCYCLE TIRE WARRANTY) OR OPTIONAL AUDIO EQUIPMENT (WHICH IS COVERED BY THE HONDALINE ACCESSORIES WARRANTY.

THIS WARRANTY DOES NOT COVER REPLACEMENT OF EXPENDABLE MAINTENANCE ITEMS MADE IN CONNECTION WITH REQUIRED MAINTENANCE SERVICES, SUCH AS: SPARK PLUGS, FILTERS, COOLANT, AND LUBRICANTS.

USE OF THE HONDA MOTORCYCLE FOR RACING, COMPETITION OR RENTAL WILL VOID THIS WARRANTY.

DISCLAIMER OF CONSEQUENTIAL DAMAGE AND LIMITATION OF IMPLIED WARRANTIES: AMERICAN HONDA DISCLAIMS ANY RESPONSIBILITY FOR LOSS OF TIME OR USE OF THE MOTORCYCLE, TRANSPORTATION, OR ANY OTHER INCIDENTAL OR CONSEQUENTIAL DAMAGE; AND ANY IMPLIED WARRANTIES ARE LIMITED TO THE DURATION OF THIS WRITTEN WARRANTY. Some states do not allow limitations on how long an implied warranty lasts or exclusion or limitation of incidental or consequential damages, so the above limitation or exclusion may not apply to you.

This warranty gives you specific legal rights, and you may also have other rights which vary from state to state.

S0800

AMERICAN HONDA MOTOR CO., INC.
November 1989

MWL 4086-4873 (8911)

Garantieabwicklung: Zwar gilt die Garantie beim Kauf in Amerika auf eigene Faust nur in den USA. In aller Regel reicht das aber aus, denn wenn nach mehrwöchigem Urlaub nichts kaputtgeht...

***Nummernschild:** In Amerika reicht ein handgeschriebenes Pappschild als Versicherungsnachweis. Gene Brady, der Versicherungsagent, schickt es rechtzeitig zu jedem beliebigen Punkt der Staaten.*

schen geduldigen Behördenbesucher zum zuständigen Landrats- oder Straßenverkehrsamt. Dort müssen die Unbedenklichkeitsbescheinigung des Zoll (da ist sie wieder), eine Entlastungsbescheinigung des Kraftfahrt-Bundesamtes in Flensburg (Adresse im Anhang) – sie besagt, daß das Motorrad nicht als gestohlen gemeldet ist – sowie die amerikanischen Fahrzeugpapiere – Certificate of Origin oder Title – vorgelegt werden. Sind alle Dokumente vorhanden und in Ordnung, stellt die Straßenverkehrsbehörde den lang ersehnten Blanko-Brief aus. Damit geht's, zurück Marsch, Marsch, zum TÜV. Erst hier und jetzt werden die technische Daten der Gold Wing in die Papiere übertragen. Das war's – fast: Zum letzen Mal steht der Gang zur Zulassungsstelle an, wo das Motorrad endlich das langersehnte Nummernschild bekommt.

Dieser gesamte Ablauf liest sich genauso wild, wie er tatsächlich ist. Viel einfacher, und dabei kaum teurer, ist der Kauf einer Gold Wing in der US-Version bei einem deutschen Grau-Importeur. Der hat je nach Jahreszeit gleich eine ganze Auswahl von Maschinen im Angebot, und die sind allesamt fahrbereit. Der Papierkrieg ist längst erfolgreich geführt – vom Händler für den Kunden. Adressen solcher Motorradgeschäfte mit ihren Offerten finden sich im Kleinanzeigenteil der einschlägigen Fachpresse.

Einer davon ist der American Motorcycle Shop B 27 in Balingen-Endingen (Adresse im Anhang). Wer hier seine auf eigene Faust aus den USA geholte Maschine für den TÜV und

***Urlaubsbilder:** Natürlich dient das Reisen in Amerika nicht nur der Erholung. Schließlich will die Gold Wing in den ersten Wochen ihres Lebens erprobt werden. Ziele gibt es dafür genug:*

... den Lake Michigan ...

... Büffel in South Dakota ...

... das Meeresnivau im Death Valley ...

... das kolossale Monument Valley.

die Zulassung herrichten läßt, kann sich alle Behördengänge sparen. Dafür sorgt ein spezielles Angebot: Das Motorrad wird am Flughafen in Stuttgart abgeholt und beim TÜV vorgeführt. Samt Gutachten für Abgas, Geräusche, den Scheinwerfer sowie die nötigen kleineren Umbauten berechnen Hermann Reithofer und Christian Wolf, die beiden Geschäftsführer des Ladens, 800 Mark.

Dieser Motorrad-Shop ist hier deshalb erwähnt, weil er mit dem Geislinger Reisebüro zusammenarbeitet. Seit der ersten USA-Tour im Jahr 1988 hat diese Agentur sehr viel Erfahrung mit dem Transport von Gold Wing aus Amerika nach Urlauben auf eigene Faust oder geführten Touren gesammelt. Reise und Motorradkauf in Übersee samt der komplizierten Abwicklung in Deutschland sind durch die Kombination der beiden Geschäfte für den Kunden sehr günstig. Noch ein Plus: Der Besitzer des Geislinger Reisebüros, Werner Kiefer, hat einen Exklusiv-Vertrag mit der Lufthansa abgeschlossen. Dieses »Fly and Ride«-Programm ermöglicht auch Gabelflüge, Ankunfts- und Abflugort können also unterschiedlich gewählt werden. Daraus ergibt sich eine völlig flexible Reiseplanung. Inzwischen hat auch die Lufthansa eine entsprechende Routine im Transport von Maschinen europäischer Biker entwickelt. Diese Art des Transfers hat sich im Laufe der Zeit zum Trans-Fair gemausert.

So oder so: Ob er sich für den Kauf einer Gold Wing in der US-Version auf eigene Faust oder beim Grau-Importeur entschließt, muß letztlich jeder Interessent selbst entscheiden. Wer sie jedoch erst einmal fährt, der weiß, warum Amerika es besser hat. Zumindest in Sachen Gold Wing.

So oder so: Waschen verbindet. Und es ist notwendig, denn eine Bedingung für den Rücktransport per Flugzeug lautet, daß die Maschine sauber sein muß. Erst dann bekommt sie ihren Ausweis.

Gold Wing-Fahrer

Typen-Lehre

Daß die Gold Wing-Szene in bunten Farben schillert, liegt an jedem einzelnen Fahrer. Aber wie sieht denn der überhaupt aus?

Was ist ein Gold Wing-Fahrer? Jeder, der nicht Gold Wing fährt, scheint diese Frage beantworten zu müssen, hat er sich schließlich schon neidvoll, aber nach Herzenslust über die Maschine lustig gemacht. Kommt der Mensch an die Reihe, scheint auch hier alles klar. Da haben wir zum Beispiel Dietmar Wischmeyer. Der norddeutsche Radio-Spötter und unheilbare Kreidler-Fan liebt es, alias Günther, der Treckerfahrer, das platte Land mit seinen platt(deutsch)en Sprüchen zu plagen. Daß in seiner Typologie des gemeinen Motorradfahrers der Gold Wing-Freak nicht fehlen darf, versteht sich von selbst: Ein solch dankbares Opfer kann ein Berufsspötter einfach nicht auslassen. Trekkerfahrer Günthers Faible für eine differenzierte Betrachtung der Welt auf zwei Rädern jedenfalls darf keinem Gold Wing-Fahrer vorenthalten werden, soll er doch schließlich erfahren, wie er von jenem Spaßvogel gesehen wird:

»Das Motorrad als Einbauküche ist sein größter Traum. Er sitzt fett auf dem Kunstledersessel, hinten sitzt Mamma, ausse Packtasche glotzt der Pudel, un vorne, innen eingebauten CD-Spieler, läuft Country-Musik. Das ganze Wochenende überlegt er sich, wo er nochn Gerät einbauen kann oder wo er noch Decefix-Folie in Eichenfurniermaserung drüberkleben kann. Nu hat er sich schon neben den Tank ne Mikrowelle eingebaut un annen Lenker nen Videorecorder, weiß aber noch nich, wie er die Kaffeemaschine noch unterbringt, ohne den Geschirrspüler noch mal auszubauen. Der typische Gold Wing-Fahrer is irgendwas zwischen 40 un 60, seine Alte färbt sich die Haare, un er würd sich am liebsten auch noch die Eier verchromen lassen.«

Spott ist nicht immer allmächtig. Wenn nämlich alles so einfach und klar wäre, bräuchten gewisse Herren in Marysville, Ohio, nicht so angestrengt über die Gold Wing-Fahrer nachzudenken. Dort, wo die Maschine gebaut wird, rauchen die Köpfe der Marketingstrategen, die nur eines herauszufinden bemüht sind: Wie sieht er denn nun aus, der typische Kapitän des amerikanischen Traumschiffs, das unter japanische Flagge segelt?

So eindeutig, wie es Günther, der Treckerfahrer glauben machen möchte, ist es wohl doch nicht. Sicherlich, etwas älter als der Durchschnittsfahrer ist er schon, der Gold Wing-Rider, so um die 36. Außerdem sitzt überwiegend ein Mann auf dem vorderen Platz. Und weil er eben schon ein paar Lenze mehr zählt, begehrt und verdient er auch etwas mehr als mancher Jungspund. Schließlich will das Motorrad und der damit verbundene Komfort bezahlt sein. Ach ja, der Komfort, den will er unbedingt haben, der Gold Wing-Fahrer. Und eben weil er dafür einen Haufen Geld hinblättert, darf er ihn wohl auch in Anspruch nehmen.

So sehen das jedenfalls die Macher in Marysville und lassen den Gold Wing-Fahrer zu Wort kommen. Mehr noch: Sie laden ihn jedes Jahr in die Firma ein zum großen Homecoming-Fest im platten Land Ohio. Und weil der Gold Wing-Fahrer seinen Ursprüngen und seiner großen Familie treu ist, strömt er gleich tausendfach zum Werk im Mittleren Westen der USA. Dort erzählt er dann, was ihm paßt an seiner Maschine, und was nicht. Zur Zufriedenheit der Marketing-Männer in Marysville, die sich daraus ihr Urteil bilden – über Menschen und Maschinen.

Wer nicht extra nach Marysville fahren will, um sich den Querschnitt der Gold Wing-Fahrer anzugucken, der findet Vertreter dieser Spezies auch auf Treffen in Europa. Oder er begegnet ihnen irgendwo zwischen dem Nordkap und Sizilien, bestimmt aber zwischen Flensburg und Garmisch-Paretenkirchen, auf einem Parkplatz. Der aufmerksame Beobachter wird bald feststellen, daß es den typischen Gold Wing-Fahrer gar nicht gibt. Aber, wie Menschen das eben tun, wird auch er versuchen, ihn in bestimmte Schubladen einzuordnen. Diese Kategorien könnten so aussehen:

Der Abgeklärte. Er befindet sich am Ende einer Odyssee, auf der er den unterschiedlichsten Versuchungen der verschiedensten Motorräder ausgesetzt war. Wie der Zyklop Polyphem versuchte einst ein monströses Big-Bike, ihn zu besiegen. Den Part der Sirenen übernahmen die kleinen Rennsemmel, und fast hätte ihn doch noch eine Reise-Enduro bezirzt. Letztlich findet er aber den Weg zur Gold Wing wie der griechische Held Odysseus zu seiner geliebten Penelope. So schön und spannend die Geschichte ist, so sehr trifft sie auf diesen Typus von Gold Wing-Fahrer zu:

Peter Döllinger, 35, Tischler, mit Frau Mareike, 27, und Sohn Luca, sieben Wochen, aus Ansbach: „Wir fahren Gold Wing, weil es zu dritt nicht anders geht. Außerdem funktioniert sie eben.“

Dietmar Krause-Wegner, 38, Feuerwehrmann, mit Frau Traude, 35, Tochter Cora, vier, und Sohn Kai, 18 Monate, aus Köln: „Wir fahren Gold Wing, weil es uns unter den Nägeln brennt, die ganze Familie unter einen Hut zu bringen – und das sogar auf langen Strecken."

Nach langer Irrfahrt ist er am Ziel seiner Wünsche angekommen.

Der Snob. Grundsätzlich trägt er beim Motorradfahren über der weißen Weste eine weite Jacke. In der kann er seine prallgefüllte Brieftasche besser verstauen. Nur wenn die Sonne scheint, läßt er den Mercedes in der Garage stehen, um zu seiner Ferienwohnung am See zu gelangen. Dann reicht die Gold Wing, denn schließlich hängen die Segelklamotten im eigenen Bootshaus. Muß er einmal auf Geschäftsreise ins Ausland, dann zieht er sich im Hangar um und nimmt das Sportflugzeug.

Der Anti-Schrauber. Seine größte Abneigung hegt er gegen dreckige Fingernägel. Nicht etwa, weil sie in seinen Augen so ungepflegt wirken, vielmehr weil sie ihm völlig überflüssig erscheinen. Schließlich hat er mit seiner vollausgerüsteten Maschine die Zuverlässigkeit gleich mitgekauft. Und die will er in vollen Zügen genießen. Niemals darf sein Motorrad liegenbleiben, dann ist die Freundschaft zu Ende, selbst zu einer Gold Wing. Tanken ja, Ölwechsel schon nicht mehr. Wozu gibt es Werkstätten?

Der Edel-Bastler. Seine größte Abneigung

hegt er gegen unverchromte Gold Wings. Dreckige Fingernägel akzeptiert er, im Gegensatz zu seinem anti-schraubenden Kollegen, nur dann, wenn die Maschine anschließend ein wenig mehr blitzt, blinkt oder swingt. Natürlich beschränkt er sich nicht auf die geringe Auswahl von ein paar hundert Zubehörteilen aus dem Katalog. Nein, nein, was er nirgendwo finden kann, aber haben will, bastelt er sich in mühevoller und schweiß- wie preistreibender Kleinarbeit selbst. Man gönnt sich ja sonst nichts.

Der Beleidigte. Leider muß er erwähnt werden, denn er ist nicht so selten wie vermutet. Denn trotz seiner herrlichen Maschine fühlt er sich nie richtig wohl. Oder besser: wegen seines tollen Motorrads? Eines ist klar, die Gold Wing ist sein Lebensinhalt. Aber durch die andauernden Spötteleien hat der arme Kerl unter der schützenden Kombi eine dünne Haut bekommen. Und weil sich Gold Wing-Fahrer gern in Clubs zusammenschließen, trägt sich diese Empfindlichkeit bis in die obersten Gremien der Vereine hinauf. Nun soll es tatsächlich vorgekommen sein, daß während einer Vorstandssitzung ernsthaft darüber beraten wor-

Heinrich Bauereiß, 38, Fernmeldehandwerker, mit Frau Michaela, 34, und den Söhnen Christian, zwölf, sowie Jörg, acht, aus Langenzenn: „Wir fahren Gold Wing, weil wir trotz 300 000 Kilometern seit 1978 nicht liegengeblieben sind oder schrauben mußten."

Klaus Hofmann, 46, Bahnbusfahrer, mit Frau Erika, 45, aus Neustadt/Aisch: „Wir fahren Gold Wing, weil das schöner ist als Busfahren. Außerdem haben unsere Kumpels die gleiche Macke wie wir.“

den ist, ein Mitglied auszuschließen, weil es die beiden Gold Wings eines Ehepaars als »Tupper-Töpfe« bezeichnet hat. Welch ein Frevel. Wahrscheinlich droht dem Autor dieses Buches allerlei Ungemach, weil er dem Kapitel zum Thema »Gold Wing-Treffen« eine ähnliche Überschrift vorangestellt hat.

Der Langstreckenfahrer. Am einfachsten ist er an seiner Maschine zu erkennen: Tatsächlich finden sich Wasser- oder gar Dreckspritzer auf dem serienmäßigen Chrom. Denn das stört ihn nicht so sehr wie eine von zerplatzten Fliegen verdreckte Scheibe: Die raubt ihm die Sicht auf die Landschaft, durch die er sich im Zyklus der Reichweite von Tankfüllungen bewegt. Und den Durchblick möchte er unterwegs schon behalten. Auch wenn es regnet, und er sich bei voller Fahrt hinter Verkleidung und Scheibe zusammenfaltet.

Der Sitzriese. Auch er würde sich gern einmal auf dem Motorrad klein machen. Im Grunde könnte er als Pragmatiker durchgehen, denn er ist nur aufgrund seiner Körpergröße auf einer Gold Wing gelandet: Diese riesige Maschine ist das einzige Motorrad, das ihn ohne Kreuzschmerzen ans Ziel bringt.

Freilich, auch dieser Versuch einer Typen-Lehre entspricht trotz vieler Wahrheiten manchem Klischee. Darum seien an dieser Stelle noch drei real existierende Gold Wing-Typen erwähnt, die ihre Maschine auf ganz besondere Art und Weise einsetzen.
Da ist zunächst der Schweizer Sebi Schuler. Er wohnt in einem Haus am Vierwaldstätter See, das er mit seinen Gold Wing – und natürlich seiner Frau – teilt. Vom Keller bis zum Dachboden nutzt der Kenner jeden freien Raum, um Ersatzteile zu lagern. In der eigenen Werkstatt nimmt er auseinander, um zu verbessern, was zusammengehört. Von der ersten Minute an hat Sebi Schuler die Schweizer Gold Wing-Bewegung mitgetragen. Seine Gold Wing haben im Gegenzug ihn überall hingetragen, wohin er auch wollte. Und das beschränkte sich durchaus nicht nur auf das gebirgige Land der Eidgenossen: Sebi Schuler durchquerte mit seiner Gold Wing unter anderem Alaska und Afrika.
Oder Herbert Weissert, Chefkoch und Besitzer eines Restaurants im schwäbischen Städtchen Asperg. Seine GL 1500 funktionierte er besonders im Frühjahr gern zum Nutzfahr-

Fred Gambo, 58, mit Frau Elfie, 63, selbständige Kaufleute im Ruhestand aus Elmshorn: „Wir fahren Gold Wing, weil wir seit sechs Jahren nicht mehr rasen, sondern reisen wollen. Das können wir uns im Alter erlauben.“

Herbert Zegg, 69, Rentner aus Graz, Österreich: „Ich fahre Gold Wing, weil ich leidenschaftlich gern reise. Ich kann mir nicht vorstellen, daß es dafür ein bequemeres Motorrad gibt.“

zeug um: Dann karrte Weissert zu Lebzeiten bis zu viermal in der Woche frischen Spargel für seine Küche heran. Die Gold Wing als Gemüsekarre sah richtig lecker aus, quollen die Stangen doch aus ihren beiden Seitenkoffern und dem Topcase geradezu heraus.

Und dann war da noch Alain Brochery. Im Jahr 1983 nahm er seine GL 1100, gab ordentlich Gas und bewies, worüber lange schon spekuliert worden war: Klappt es oder klappt es nicht? Es klappte: Der damals 28jährige legte mit seiner sechs Zentner schweren Maschine einen sauberen Wheelie hin. Eine Gold Wing auf einem Bein. Wie das funktionierte? »Ganz einfach«, spaßte der Franzose, »man muß nur im richtigen Moment die Gasschieber wohldosiert öffnen und dann kräftig am Lenker ziehen.« Aha. Zu seiner Entschuldigung muß noch erwähnt werden, daß Alain Brochery diesen Trick nur vor Publikum vorführte: als Stuntman.

Aber sonst? Unterscheidet sich der Gold Wing-Fahrer überhaupt vom normalen Motorrad-, geschweige denn vom gemeinen Kreidler-Fan? Um das zu klären, kommen hier einige von ihnen selbst zu Wort.

Peter Krügel, 41, Offset-Drucker, mit Frau Elke, 42, aus Helmbrechts/Oberfranken: „Wir fahren Gold Wing, weil wir mit dem gemütlichen Fahren das Image der Motorradfahrer aufpolieren möchten. Das geht besser als mit einer Maschine, die Krach macht."

Werner Weber, 36, Werkssanitäter aus Köln: „Ich fahre Gold Wing, weil ich aus dem Rennbrötchen-Alter raus bin. So kann ich den American Spirit catchen.“

Rundumpaket: Gold Wing-Fahrer schrecken vor nichts zurück – zumindest was das Zubehör ihrer Maschine angeht. Es gibt nichts, was es nicht gibt ...

... Naturverbundenheit drückt sich manchmal durch Liebe zum Holz aus ...

... ebenso wie Zusatzlämplein und putzige Bügelchen.

Gold Wing-Zubehör

Mehr-Wert

Kein Motorrad der Welt ist ab Werk so komplett ausgestattet wie eine Gold Wing. Aber kaum ein Gold Wing-Fahrer gibt sich damit zufrieden.

Der menschlichen Phantasie sind bekanntlich keine Grenzen gesetzt. Erst recht nicht, wenn Faszination ins Spiel kommt und den Geist beflügelt. Meisterhaft schafft das die Honda Gold Wing: Sie verdreht ihrem Liebhaber regelrecht den Kopf, und der greift tief in die Tasche, um sie mit Schmuck reichlich zu behängen. Die Rede ist nicht von Gold und Edelsteinen, am augenscheinlichsten geht es um Chrom. Denn kaum hat die Gold Wing ihren Verehrer in Bann gezogen, nimmt er sie auch schon mit nach Hause. Dort beginnt er, meist ohne großes Vorspiel, die Maschine zu entkleiden, um sie dann liebevoll zu schmücken. Wo zunächst nur schnöde Kunststoffteile das Bike dem Zweck gehorchend bedecken, blitzt und blinkt es kurz darauf wie bei Tiffany's.
Alles Chrom: die Blende unterhalb der Scheibe, Ziergitter hie und da, Grills auf den vorderen Blinkern, den Standlichtern und der Blende rund um das Zündschloß. Ob Verklei-

Anhängsel: Der Anhänger kann gar nicht groß genug sein...

dungsblenden oben, unten, hinten vorne, rechts oder links, alles ist aus Chrom. Zu erwähnen ist noch der verchromte Tankdekkel, der allerdings nicht zu sehen ist, weil er unter der Tankklappe verschwindet. Die freilich trägt einen verchromten Rahmen. Die Chromwut ist kaum zu stoppen.

Außer durch Lämpchen. Cornering Lights, die mit dem Blinker geschaltet werden, Lichtlein an der nachträglich verchromten Bremsscheiben-Abdeckung, beleuchtete Spoiler auf dem Deckel des Topcase. Auch schimmernde Adler werden gern montiert. Der neueste Hit ist eine Lichtorgel, deren Lampen über die ganze Maschine verteilt sind. So kann selbst der ungeübte Betrachter schon weitem erkennen, welche Musik der Gold Wing-Fahrer gerade hört.

Herzig sind auch diverse Chrombügelchen, eine Nummernschild-Railing oder Verkleidungsspoiler, letztere allerdings unbeleuchtet und in Originallackierung. Deckelchen aus Chrom mit einem goldenen Adler, passend für die Radioschalter sowie die Behälter für Brems- und Kupplungsflüssigkeit, erfreuen sich ebenso großer Beliebtheit wie die Chromkappe für den Scheinwerfereinstellknopf.

Natürlich gibt es noch weit weniger wichtiges Zubehör für die Honda Gold Wing. Zum Beispiel die Lehne für den Fahrer oder die Armstützen für die Sozia. Nett ist auch das Zusatz-Trittbrett-Set, ebenfalls für vorne und hinten erhältlich. Immer wieder gern gekauft: die zwei Zusatzlautsprecher für den hinteren Platz.

Elektronik spielt ohnehin eine große Rolle bei der Wahl der richtige Ausstattung. Funkgeräte stehen hoch im Kurs. Natürlich möchte sich nicht nur der gruppenreisende Gold Wing-Fahrer mit seinen Mitmenschen unterhalten und funkt über den eigenen Lenker hinaus. Ebenso plaudert er gern über die Wechselsprechanlagen mit seiner Sozia.

Beide tragen selbstverständlich nicht einfach irgendeine Leder- oder Goretex-Kombi. Natürlich sind sie nur in original Gold Wing-Jacken unterwegs, Modell Bomberpilot. Auf dem Helm findet das Gold Wing-Signet ebenso Platz wie auf dem Ärmel, der Gesäßtasche und der Stiefelspitze. Das Sweat-Shirt wärmt im Gold Wing-Look, auf dem T-Shirt darunter findet sich die Kombination aus Gold Wing und der amerikanischen Traumstraße Route 66. Im Topcase ist in das Gold Wing-Handtuch die Badehose eingewickelt: Gold Wing-Signet auf dem Allerwertesten. Schnürsenkel, Hosenträger und Jogginganzug, Brieftasche, Portemonnaie und Brustbeutel, Schirmmütze, Sonnenbrille und Schlüsselanhänger: Alles trägt den markanten Schriftzug der Gold Wing. Auch der Schmuck ist passend zu dem sonstigen Outfit: Gürtel, Gürtelschnalle und Gürteltasche sind verziert mit dem Signet, der

... und das Cockpit bietet noch immer Platz für ein Schmankerl ...

... manche Biker wollen die aufgehende Sonne immer an ihrer Seite haben ...

... Chrom erfreut sich größter Beliebtheit ...

Anhänger an der Kette um den Hals paßt exakt zum Ring am Finger und dem Schriftzug auf dem Bügel der Gold Wing-Sonnenbrille. Alles ist perfekt aufeinander abgestimmt.
Das Verrückte an dieser kleinen, unvollständigen Aufzählung ist, daß jede der beschriebenen Gold Wing-Devotionalien tatsächlich existiert und käuflich zu erwerben ist. Eine ganze Industrie hat sich aufgemacht, der Gold Wing-Gemeinde mit mehr oder weniger überflüssigen Dingen das Geld aus der Tasche zu ziehen. Zugegeben, es macht schon Spaß, sich das eine oder andere Zubehörteil, dies oder das Kleidungsstück zu gönnen.
Aber wo? In Deutschland versorgen Motorrad-Ausstatter wie Hein Gericke, Detlev Louis und Polo den Gold Wing-Fahrer mit allerlei Zierrat. Auch Händler, die sich auf Gold Wing spezialisiert haben, schneiden sich ein Stück vom Gold Wing-Zubehör-Kuchen ab. Ihre Adressen finden sich in den Kleinanzeigenteilen der einschlägigen Fachpresse. Wer bei ihnen nicht fündig wird, solte sich unbedingt auf einem der zahlreichen Gold Wing-Treffen umsehen. Dort gibt es immer Händler, die ein Schnäppchen machen wollen. Oft aber sind gerade auf Treffen bestimmte Raritäten zu haben, mit etwas Glück und Feilscherei vielleicht sogar zum Sonderpreis.
Der größte Markt für Gold Wing-Zubehör freilich befindet sich auf der anderen Seite des Atlantik, in Amerika. Dort sitzen die Produzen-

... und es gibt regelrechte Künstler, die ihre Maschine zu wahren Kunstwerken hochstiliseren ...

ten, die von der Liebe der Gold Wing-Fahrer zu ihrer Maschine leben. Die bekanntesten Hersteller sind Drag Specialties, Hondaline, Küry-Akyn, Markland und Showchrome (Adressen im Anhang). Als Privatperson diese Firmen anzuschreiben nutzt natürlich gar nichts. Bestenfalls schickt ein wohlmeinender Mitarbeiter einen Dankesbrief mit einem kleinen Faltblättchen, das auf die großen Kataloge der Chromproduzenten verweist. Und diese Schwarten, dick wie Telefonbücher und gespickt voll mit Zubehör aller Art, hüten Händler meist wie ihren Augapfel.

Wer aber ohnehin nach Amerika fährt, womöglich, um sich seine Gold Wing dort zu kaufen, der ist gut beraten, sich gleich das Zubehör seiner Träume passend zu der Maschine zuzulegen. Denn bei Zugaben zur gerade gekauften Maschine zeigen sich die Händler im allgemeinen nicht kleinlich. Entweder es gibt das ein oder andere Zubehör umsonst, oder es wird ein günstiger Preis für alles berechnet. Auch wer seine Gold Wing in Deutschland hat und einfach so in die USA reist, sollte den Gang zum Händler nicht vergessen. Zubehör ist dort in den meisten Fällen erheblich billiger als in Deutschland.

Wenn die Moosgummigriffe mit Chromkappen anstatt 100 Mark nur 17,95 Dollar, die Chromblende für das verschließbare Hanschuhfach anstatt 75 Mark nur 19,95 Dollar und die Rükkenlehne für den Fahrer anstatt 650 Mark nur

... natürlich geben sich manche Gold Wing-Fahrer gar nicht mit der Optik ab – und bauen um ...

... auch Freunde der vielfältigen Information sind unter den Gold Wing-Fahrern.

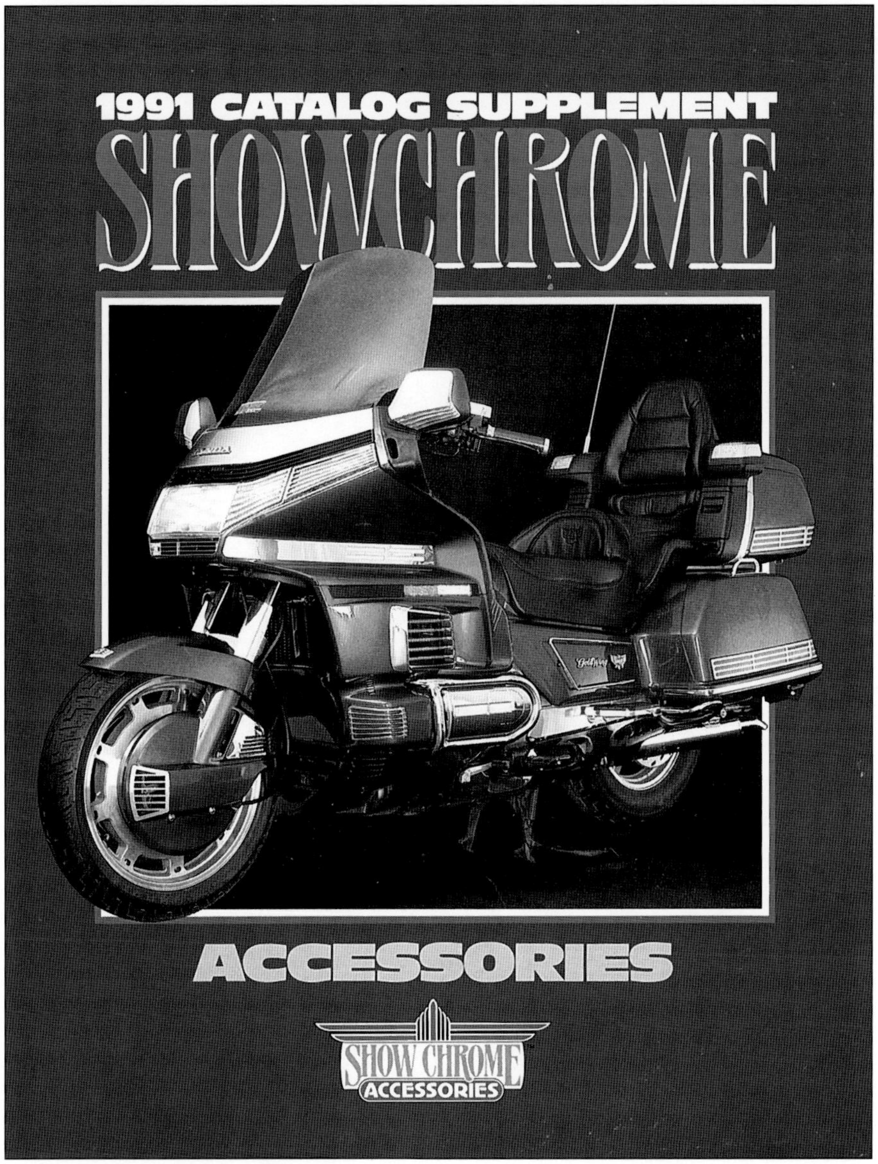

Appetitmacher: Mit Prospekten machen Zubehörhersteller ihren Kunden den Mund wässrig. Die Liste der Firmen führen Drag Specialties, Hondaline, KüryAkyn, Markland und Showchrome an.

160 Dollar kostet, dann macht das Einkaufen einfach Spaß. Denn auf einmal ist das volle Ornat für die geliebte Gold Wing in kürzester Zeit erschwinglich.

Natürlich lohnt es sich nicht, allein wegen solch günstiger Angebote über den Großen Teich zu fliegen. Ist auch gar nicht nötig, denn selbst von Deutschland aus läßt sich mancher Deal abwickeln. Voraussetzungen: Kenntnis der englischen Sprache und der Besitz einer Kreditkarte. Die amerikanischen Händler sind sehr kooperativ und schließen Geschäfte auch per Fax ab. Wer also weiß, welches Zubehörteil er kaufen möchte, ruft einfach bei einem Händler an oder schickt ihm ein Fax. Darin teilt er ihm die Bestellung und die Nummer seiner Kreditkarte mit. Außerdem sollte er darauf verweisen, auf welche Art das Zubehör nach Deutschland geschickt werden soll. Ist es eilig, muß Express herhalten, was aber sehr teuer ist. Am günstigsten ist es, das Paket auf dem viel billigeren Land- und Seeweg transportieren zu lassen. Das dauert zwar mit etwas Pech bis zu drei Monaten, in aller Regel aber ist die Ware innerhalb von drei Wochen in Deutschland. Dort hält der Zoll seine Hand auf, und dann darf nach Herzenslust verchromt werden.

Und dabei begrenzt die Phantasie einzig der Mangel an Teilen. Denn es kann so viel Zubehör geordert werden wie möglich: Für die wahren Freaks wird es nie langen.

Gold Wing-Tour in Amerika

Bären-Dienst

Auf der Tour durch den Wilden Westen lernt der Gold Wing-Reisende schnell Land und Leute kennen. Auch mit Bären kommt er in Kontakt.

Die Lage ist ernst. »Bären greifen ohne Vorwarnung an«, hatte der Satz in dem Faltblatt »Kanada – Land der Bären« lapidar gelautet. Deshalb solle der Mensch, in der Wildnis nicht mehr als ein Gast, die tierischen Sitten beachten. Regel Nummer eins: Halte stets ausreichenden Sicherheitsabstand zu Meister Petz.

Sind drei Meter genug? Denn weiter ist der schwarze Riese nicht von der Gold Wing entfernt und äugt mich an, in seinem Gesicht ein Ausdruck zwischen Skepsis und Neugier. Ich blinzele zurück, während meine Sozia an dem rechten hinteren Staufach des Motorrads nestelt, die Kamera herauszieht, den Bären anvisiert und abdrückt. »Ich hab' ihn« flüstert sie, und in ihren Worten schwingen Spannung wie Freude gleichermaßen mit.

Ruhig brummt indes das Motorrad vor sich hin, bereit durchzustarten, falls sich der Bär plötzlich auf Kollisionskurs begeben sollte. Ich habe die Kupplung gezogen, den ersten Gang eingelegt, den linken Daumen auf der Hupe, halte mit der Rechten die Bremse.

Leise schnauft er vor sich hin, und dann trollt sich der Schwarzbär. Zum Glück erkennt er in dem brummenden Etwas keine zwei Menschen auf einem Motorrad. Vielmehr mag er darin ein blaues Ungetüm von etwa seiner Größe gesehen haben. Und da ist Vorsicht – und Rückzug – geboten.

Bären am Straßenrand: In den kanadischen Rockies ist eine unheimliche Begegnung dieser Art keine Seltenheit. Wer aber kann sich schon ein solch tierisches Treffen vorstellen, wenn er die Reise im heimischen Wohnzimmer plant? Reicht die Vorstellungskraft auf der kuscheligen Couch im winterlichen Good Old Germany, um sich auszumalen, was ein Amerika-Trip tatsächlich bringt?

Zu der Ungewißheit, die aus Hörensagen und gesundem Halbwissen resultiert, geseilen sich ungenaue Phantasien. Einerseits schrecken sie ab, weil sie so großartig sind, und deshalb kaum zu bewältigen erscheinen. Bisweilen jagen sie demjenigen, der sich auf sie einläßt, sogar Angst in die Glieder. Auf der anderen Seite lassen die Gedanken ihn aber nicht mehr los, sind doch die Verlockungen und der Wunsch, die Herausforderung anzunehmen, einfach zu groß.

Bereits die Vorstellungen vom Südwesten Kanadas oder den nordwestlichen USA sind überwältigend: amerikanische Weltstädte und verlauste Wüstenkäffer, schneebedecktes

Bärig: Sind drei Meter Sicherheitsabstand genug? »Bären greifen ohne Vorwarnung an«, hatte der Satz in dem Faltblatt »Kanada – Land der Bären« gelautet. Zum Glück zeigt Meister Petz Respekt.

Rührig: Wo ist er denn, der richtige Weg? Im Westen des Glacier Nationalparks taucht die Sonne die Going to the sun Road in glänzendes Licht. Auf dem 2038 Meter hohen Logan Paß herrscht Fön.

Hochgebirge und schweißtreibende Steppe, üppige Urwälder und kilometerlange Sandstrände. Gegensätze, die für deutsche Verhältnisse allenfalls aus dem Fernsehen bekannt sind – aus amerikanischen Spielfilmen.

Schon der Finger auf der Landkarte braucht eine ganze Weile, um die 5500 Kilometer zurückzulegen. Seattle, Vancouver, Banff, Jasper, Yellowstone, Crater Lake, San Francisco – Namen, die jenen Teil der Neuen Welt charakterisieren, den Kolumbus niemals sah. Das Schönste, so sagen Weltenbummler, die diese Gegend Nordamerikas durchstreift haben, habe der Entdecker verpaßt. Zu Kolumbus' Zeiten gab es den Wilden Westen noch nicht. Noch heute aber blitzt er hie und da auf und zieht die Menschen in seinen Bann – obwohl auch seine Glanzzeiten längst der Vergangenheit angehören.

Eben diese legendäre Kulisse, aus der die Träume von Freiheit und Abenteuer sind, wollen wir im Sattel einer GL 1500/6 Gold Wing Aspencade erobern. Die Strecke entlang der Pazifik-Küste, durch die Rocky Mountains bis hinunter ins sonnige Kalifornien auf diesem komfortablen Reisemotorrad zu erleben verspricht ungeahnte Möglichkeiten, das Erlebnis des American Way of Drive inklusive.

Ein warmer Tag im Juni: Die Skyline von Seattle im US-Bundesstaat Washington flankiert unsere ersten Meilen in der Neuen Welt. Ruhig schwimmt die Gold Wing im Verkehr mit. Obwohl die Interstate 5 voll ist, geht es auf dem autobahnähnlichen Freeway gelassen zu. Niemand drängelt, und wer hupt, erntet böse Blicke.

Relaxen ist angesagt. Genau wie bei dem Honda-Händler, der das Motorrad zur Abreise bereit und weithin gut sichtbar vor die Tür seines Shops gestellt hatte, quasi als Empfangskommando für das Touristen-Pärchen aus dem fernen Deutschland. Die Maschine ist zusammen mit dem Fly-and-Ride-Ticket vom Geislinger Reisebüro gebucht. Versicherung und andere Formalitäten sind im Rahmen der Tour, die Bestandteil des Motorrad-Urlaubsangebots ist, von dortaus im Vorfeld erledigt worden. Zwei Unterschriften in dem Motorradladen in Seattle reichen aus, die Reise zu beginnen. »Take care«, ermahnt uns der freundliche Händler noch kurz, verbindet seinen gutgemeinten Ratschlag aufzupassen aber gleich mit dem typisch amerikanischen Wunsch, das Vergnügen zu genießen: »and have fun.«

Flugs gepackt – schließlich bietet die Gold Wing Platz genug für das Gepäck von zwei Passagieren – rein in den Sattel, Kupplung, ersten Gang, Gas, nix wie weg, Richtung Norden. Ziel: Vancouver, Kanada. Seattle einfach links liegenzulassen, wäre jedoch eine verpaßte Chance. Immerhin gilt die Stadt, die hauptsächlich vom Flugzeug-Giganten Boeing lebt, nicht nur bei den Einheimischen als eine der modernsten und schönsten Metropolen der USA. Zudem räkelt sich Seattle gerade im warmen Sonnenschein, und der Pazifik glitzert vor den glänzenden Gebäuden wie eine mit Diamanten besetzte Decke. Also: Stop am Space Needle Tower. Vor dem 185 Meter hohen Turm lag der Welt erstmals 1962 die Stadt, die Bucht des Stillen Ozeans und das klotzige Panorama des Olympic National Park zu Füßen: Seattles Wahrzeichen steht auf dem Gelände der Weltausstellung.

Der Eindruck des grandiosen Panoramas hält noch länger an, als die rund 270 Kilometer lange Fahrt nach Vancouver dauert. Bei Blaine jedoch muß sich die Gold Wing samt ihrer

Farbig: Hinter Princeton verändert sich die Landschaft und macht sanfteren Hügeln Platz. Wie Smaragde funkeln Seen in der menschenleeren Weite. Und die Gold Wing macht sich glänzend.

Besatzung brav einer Zwangspause unterziehen: Die Grenze nach Kanada ist erreicht. Unmittelbar hinter dem Grenzhäuschen – Kanada verlangt von deutschen Touristen kein Visum, und die Formalitäten sind schnell erledigt – begrüßen die Rocky Mountains in der Provinz British Columbia die Neuankömmlinge und säumen ihren Weg bis nach Vancouver.

Auch diese Stadt ist eine Perle. Deswegen, und weil die Zeitumstellung von neun Stunden unsere Glieder noch etwas lähmt, fassen wir den Entschluß sehr schnell: Am nächsten Tag wird gebummelt. Vancouver empfängt seine Gäste mit viel Glimmer. Die Möglichkeiten des Shoppings werden einzig durch die genau ausgetüftelte Raumnutzung im Topcase und den zwei Seitenkoffern der Gold Wing beschnitten. Als Entschädigung für den nur bedingt ausgelebten Einkaufsrausch gibt es Kaffee unter freiem Himmel im Convention-Center mit Blick aufs Wasser. Totem-Pfähle und ach so britische Kricket-Felder geleiten den Weg durch den Stanley-Park. Dort ist das städtische Aquarium untergebracht. Als Stars treten hier Killerwale und Belugas auf. »Splash Area«, warnen Schilder nahe an den Becken. Wer sie nicht beachtet, sorgt dafür, daß die Fütterung der Meeressäuger ein lustiges Spektakel wird. Besonders für die trocken gebliebenen Zuschauer: Klitschnasse Ausflügler sehen eben einfach komisch aus.

Pünktlich um 9 Uhr erwachen am nächsten Morgen die sechs Zylinder und hauchen der blauen Gold Wing Leben ein. Der Tank ist voll, die Sonne scheint, und die Rocky Mountains warten nur auf uns Motorrad-Touristen. Und wir auf die Rocky Mountains. Die Etappe nach Kamloops ist 504 Kilometer lang. Auf der 1500er kein Problem: Auch eine Strecke dieser Länge ist auf der Maschine bequem zu schaffen. »Highway Nr. 1, Trans Canada«, prangt das Schild an der Ausfallstraße der Großstadt. Erst bei Hope biegt unser Traumschiff rechts ab und folgt dem Highway Nr. 3 Richtung Manning Provinzpark. In langgestreckten Kurven führt die Landstraße ins Gebirge. Etwa zwei Kilometer hinter dem einzigen Paß des Parks lädt ein Restaurant zum wohlverdienten Mittagessen ein.

Klapperig: Auf dem Weg in die Wildnis Kanada passiert die Straße rauhe Schluchten. Brücken, die unzuverlässiger aussehen als sie sind, führen über die Tiefe hinweg.

Mächtig: Der Ausblick auf den 3954 Meter hohen Mount Robson, den höchsten der kanadischen Rockies, betört. Eine kurze Rast muß sein, bestimmte Momente wollen genossen sein.

Zickig: Wo keine Menschen die große Maschine bestaunen, tun es eben die wilden Ziegen. Jedenfalls sind diese Vierbeiner harmlos und greifen überhaupt nicht an.

»What a beautiful Bike«, bewundern zwei ältere Ladies die Honda auf dem Parkplatz und rücken sich ihre für europäische Verhältnisse eher kitschigen Sonnenbrillen zurecht. Erst nach einem Smalltalk über Amerika, Gott und die Welt finden wir den Weg zum Aussichtspunkt Cascade Outlook auf einem Berg in der Nachbarschaft des Restaurants. Hier liegen dem Besucher die Rockies zu Füßen. Konkurrenz machen den Bergen lediglich einige zutrauliche, weil naschhafte Streifenhörnchen: Sie ziehen fast so viele Blicke auf sich wie das Panorama.

Erst hinter Princeton verändert sich die Landschaft: Die protzigen Berge mit ihren schneebedeckten Spitzen machen sanfteren Hügeln Platz. Merritt markiert auf dem Weg nach Norden das Ende des dichten Waldes. Die Vegetation wird immer spärlicher. Wie Smaragde funkeln ein paar Seen in diesem monochromen Farbspiel. Weite Kurven passen sich der Natur an und tragen die Gold Wing sanft nach Kamloops, dem Ziel des Tages. Im Motel garantieren Schwimmbecken, Whirlpool und Sauna für Entspannung. Im Restaurant direkt nebenan gibt es nicht nur leckere mexikanische und amerikanische Küche, quasi gratis wird auch ein Super-Ausblick über das Tal und die Stadt mitgeliefert. Das macht Appetit auf die kommende Etappe.

Die führt uns am nächsten Tag nach Jasper. Um die 547 Kilometer bequem zu schaffen, sitzen wir schon um 8.30 Uhr im Sattel. Die Yellowhead-Route nach Norden erinnert schon durch Ortsnamen wie Little Fort an ihre Geschichte, die von Trappern und Goldgräbern geschrieben wurde. Die Route ist zügig zu befahren, und das üppige Tal mit seinem reißenden, sprudelnden Bach gönnt dem Auge keine Ruhe. In Clearwater bekommt die Gold Wing ihren Durst gestillt – sie genehmigt sich gute sechs Liter Normalbenzin auf 100 Kilometer. Von dem kleinen Ort aus geht es in den Wells Gray Provincial Park. Dort gibt es keine Tankstellen. Aber Bären: »Ja, ja, sie kommen jetzt raus«, versichert der Tankwart. Er muß es wissen, denn sein bärtiges, zerfurchtes Gesicht ähnelt der rauhen Landschaft.

Dort, wo ausnahmsweise einmal nicht dichter Wald die Berge bedeckt, offenbart sich die

***Bergig:* Auf dem Weg zu den Columbia Icefields wird das Fahren zur Nebensache. Die Landschaft läßt dem Auge keine Ruhe und lenkt immer wieder von der Straße ab. Aber da ist sowieso nichts los.**

***Endlich:* Amerika, wir kommen. Im US-Bundesstaat Montana ist wirklich weit und breit alles leer. Selbst im gut besuchten Glacier Nationalpark, der mit seinen Kurven lockt, halten die Fönwolken die Touristen ab.**

***Unendlich:* Ab Dupuyer öffnet sich der Vorhang zur Prärie. Wer dieses Schauspiel erlebt hat, ahnt, was die Weite Amerikas bedeutet. Die Gold Wing wird dabei zum bequemen Sessel.**

Natur von Schluchten und Wasserfällen zerklüftet. Ein wilder Fluß windet sich direkt neben der schmalen, aber gepflasterten Straße entlang. Abrupt tritt ein Pick-Up-Fahrer kurz vor uns in die Bremse und stoppt. Ein Bär. Aber wo? Nur kurz schnuppert ein Schwarzbär aus dem Dickicht heraus, ob die Luft rein ist. Am Ohr ist ein Metall-Clip zu erkennen: Die meisten Bären im Park sind registriert. Trotzdem haben sie nichts mit jenen knuddeligen Steiftierchen zu tun, die auch einen Knopf im Ohr tragen.

Mit mordsmäßigem Getöse stürzt sich ein Wasserfall am Ende der geteerten Straße zu Tale. Die Natur geizt hier an keiner Stelle mit ihren Reizen. Auch nicht auf dem Rückweg, wo wir auf jenen skeptischen Bären treffen, der unseren Weg mit nur drei Metern Abstand kreuzt.

Besuch bei Bären macht Bärenhunger. Zum Glück gibt es im Old Caboose Restaurant in Clearwater leckere Burger de Luxe mit Pommes und Cola. Die Stärkung ist nötig, denn was jetzt folgt, übersteigt mitteleuropäische Maßstäbe. Das Asphaltband, das Straße 5 heißt, verläuft durch schier unendlichen Nadelwald, vorbei an einem Fluß nach Norden. Ab und zu blitzt aus dem dunklen Nadelgehölz ein sonnenbeschienens Bergpanorama auf. Wir nehmen die Hinweisschilder in Blue River ernst und tanken – den nächsten Sprit gibt's erst in Valemount nach 90 Kilometern. Dazwischen liegt Kanada pur.

In Alpland ist der nördlichste Punkt der Tour erreicht. Außerdem betört uns der Ausblick auf den Mount Robson, der mit 3954 Metern über Meereshöhe höchste Berg der kanadischen Rockies. Etwa 22 Kilometer vor Jasper, kurz hinter der Grenze zur Provinz Alberta, steht eine Mautstation für den Jasper- und Banff-Nationalpark. »10 Dollar, gültig für vier Tage«, berechnet die freundliche Dame in dem Häuschen, »and watch for the bears«, erinnert sie uns an unsere zotteligen Wegbegleiter. Als ob er die Mahnung unterstreichen wollte, schießt ein Ranger ein paar Kilometer weiter Leuchtkugeln in den leicht dämmerigen Himmel. Was ist passiert? Ein Verkehrsunfall? Schließlich stauen sich einige Autos. Ihre Fahrer schauen gebannt in Richtung Straßengraben. Wieder eine Leuchtkugel, dann kommt der Ranger auf uns zu, fuchtelt wild mit den Armen und scheucht uns davon: Schnell sollen wir weiterfahren. Dann sehen wir, warum. Zu unserer Linken erhebt sich ein Grizzly-Bär, so groß wie ein Baum und stark wie ein Riese. Die nächste Leuchtpatrone jagt ihm einen Schrecken ein – wir haben ihn längst. Hastig läßt er sich auf seine vier klodeckelgroßen Tatzen nieder und trollt sich in einer Geschwindigkeit davon, die ihm kaum zuzutrauen ist. Ich gebe Gas und sehe im Rückspiegel, wie der riesige Bär im Unterholz verschwindet. Das ist – auch für den Grizzly – nochmal gut gegangen. Der Ranger hat ihm mit seinen Leuchtkugeln einen echten Bären-Dienst erwiesen. Denn hätte sich das Tier nicht verzogen, wäre dem Wildhüter nichts anderes übriggeblieben, als es zu erschießen. Wir jedenfalls setzen unsere Fahrt fort und passieren ein paar Meter weiter die Zeitgrenze. Uns geht eine Stunde verloren – was uns nach diesem Erlebnis ziemlich schnuppe ist.

Der nächste Morgen in Jasper beginnt mit einem Auftakt nach Maß: Nach ein paar Kilometern gen Süden wechseln wir das Fahrzeug und frühstücken in der 2277 Meter hoch gelegenen Bergstation des Whistler. Für die Gold Wing unerreichbar, führt eine Seilbahn (übrigens gebaut von einer Firma aus Saarbrükken) in die Höhe. Das sagenhafte Panorama gibt's in dem luftigen Restaurant als Leckerei umsonst.

Per Motorrad fahren wir zurück nach Jasper und schlendern dort zu Fuß weiter. Der Ort inmitten des gleichnamigen Nationalparks ist eine wohlausgewogene Mischung aus Souvenir-Shops und Andenken-Läden. Angesichts des konsequenten Angebots von T-Shirts, Mützen, Schmuck und Bärenpostkarten bekommen wir Durst. Das Gute an Jasper: Alle Geschäfte sind bequem zu Fuß erreichbar. Auch der Liquor Store am Ort, direkt neben dem Landgericht. Dort stapelt sich Bier in Six-, Ten- oder sonstigen Packs.

Als die Gold Wing am nächsten Morgen Banff anvisiert, ahnen wir nicht, daß eine der schönsten Etappen der Reise beginnt. Die schmale Straße schlängelt sich durch herrlichen Wald, überquert reißende Bäche und gibt den Blick frei auf Seen und ein breites Tal. Als wäre das nicht genug, tosen die Athabasca-Wasserfälle in einer engen Schlucht direkt neben der Straße. Die ist eingefaßt von hohen Bergen mit schneebedeckten Spitzen. Unvorstellbar: Das Fahren wird zwischen den 3000ern zur

Pünktlich: Kurz hinter Juntura, einem Ort mit 55 Bürgern und prima Buffalo-Burgern, passieren wir die Zeitzone. In Richtung Pazifik bekommen wir eine Stunde geschenkt.

Heftig: Schneetreiben im Yellowstone Park. Da muß die Gold Wing eine eintägige Zwangspause einlegen. Der Bus chauffiert uns dafür zu den interessantesten Stellen im ersten Nationalpark der Welt.

Zackig: Die Grand Tetons geben mit ihrer Gebirgsszenerie an. Es scheint, als rissen die über 4000 Meter hohen schroffen Gipfel die Wolken auf. Nett von ihnen, und sehr motorradfreundlich.

Protzig: Der Crater Lake in Oregon gilt als das tiefste Blau Amerikas. Der Kratersee hat ungefähr die gleiche Farbe wie die dunkelblaue 1500, die hoch über dem steilen Ufer steht.

Nebensache, obwohl die Strecke mit langgestreckten Kurven gespickt ist.
Kurz vor dem 2068 Meter hohen Bow Paß streift der Blick die erste Gletscherzunge des Columbia Icefield. Ein paar Meilen später bietet links das Visitor Center Infos und Imbiß. Rentner mit bunten Pudelmützen und Touristen in karierten Hemden buchen hier Fahrten mit dem Schneemobil. Der riesige Gletscher reicht bis an die Straße heran. Unglaublich hier. Und saukalt. Wärmer wird es erst wieder, als die Gold Wing hinter dem nächsten Paß bergab rollen darf. Am Lake Louise ist es angenehm temperiert. Der See hat eine ähnliche touristische Bedeutung für die kanadischen Rockies wie der Titisee für den Schwarzwald. Allerdings sieht der Lake Louise mit seinem Panorama schneebedeckter Berge ungleich schöner aus.
Abwechlungsreich wie die Landschaft des Nationalparks ist Banff selbst. Abends herrscht in der Innenstadt rechter Trubel, der so gar nicht zu der Einsamkeit der Wildnis passen mag. Da schlürfen Urlauber Bier im Garten des Ptarmigan Inn, bummeln vergnügt durch das Gewusel rund um die Kneipen und Andenken-Läden, oder sie hocken im Barbary Coast bei Live-Musik. Diese mit Musikinstrumenten und Schnick-Schnack dekorierte Kneipe ist der Treffpunkt für junge Leute. Sie kommen von überall her und trinken ihr Bier aus Pitchern. Das sind Plastikkrüge mit einer halben Gallone Inhalt, also etwa 1,8957541 Litern.
»Hast du deinen Reisepaß griffbereit?« fragen wir uns gegenseitig, als wir nach viel zu kurzer Nacht von Banff in Richtung Süden starten. Unser Ziel heißt Kalispell, und das liegt in den USA. Die Grenze zum US-Bundesstaat Montana ist in Port of Roosville erreicht. »Haben Sie Waffen, Drogen oder Seuchebakterien dabei?« will die resolute Zöllnerin wissen. »Oder haben Sie jemanden umgebracht?« Guten Gewissens verneinen wir alle Fragen und dürfen weiterfahren. Amerika, wir kommen.
Der Empfang ist nicht gerade sonnig: Wolken drücken auf den Boden, der Wind pfeift, und es ist nur noch eine Frage der Zeit, bis es anfängt zu regnen. Das Wetter scheint sich am nächsten Morgen beruhigt zu haben. Der neun Mei-

len lange Lake Mc Donald (ganz ohne Hamburger) am Anfang des Glacier Nationalparks funkelt in tiefem Blau. Auf der Going to the Sun Road trägt uns die Gold Wing durch scheinbar unberührte Natur, erobert die Berge und den Himmel. Eng schmiegt sich die Straße an die Felswände, windet sich unaufhaltsam nach oben.
Ohne Vorwarnung wird sie zur Going to the Clouds Road: Der 2038 Meter hohe Logan Paß hüllt sich in Wolken. Dieser Höhenzug markiert die Continental Divide, die kontinentale Wasserscheide. Und hier scheiden sich auch die Wettergeister. Weil die Amerikaner das wissen, haben sie freundlicherweise genau auf dem Paß ein Visitor-Center errichtet, in dem ein Feuer prasselt. »It's cold outside«, stellt eine Rangerin treffend fest, als sie sieht, wie wir die Hände der Glut entgegenstrecken. Herrlich, sich kurz aufzuwärmen, um dann mit neuer Energie durch die Wolken und die Kälte den Weg nach Osten anzutreten. Erst die heiße Suppe in St. Mary am Osteingang des Parks läßt uns wieder aufheizen. In dem Restaurant begegnen wir noch einmal einem Grizzly: Ausgestopft, aber noch immer gewaltig, steht er in einem Glaskasten.
Zum Glück reißt der Himmel auf der Straße 89 nach Süden auf und gibt der Sonne eine Chance. Beinahe scheint es, als habe auch die Gold Wing Vergnügen an den anfangs starken Kurven, die durch das hügelige, bewaldete Gebiet leiten. Ab Dupuyer beginnt ein besonderes Schauspiel: Es öffnet sich der Vorhang zur Prärie. Das Motorrad wird zum bequemen Sessel, trägt Fahrer und Sozia durch eines der eindrucksvollsten Naturschauspiele, das Amerika zu bieten hat. Gelblichbraun ist die dominante Farbe der Kulisse, der Himmel spannt sich wie ein riesiges Dach über die schier unendliche Bühne. Aus dem Kassetten-Radio tönt die Filmmusik des Indianerepos »Der mit dem Wolf tanzt«: Die Landschaft mit ihrem knietiefen Gras erinnert an die dort gezeigte grandiose Natur. Am westlichen Horizont geben die Gipfel der Rockies ihr Geleit. Wer diese Strecke hinter sich hat, ahnt, was die Weite Amerikas bedeutet. Eine Pause, um die Eindrücke zu verarbeiten, ist dringend nötig. Außerdem knurrt uns der Magen. Im Log Cabin Familiy Restaurant in Choteau gibt es den leckersten selbstgebackenen Kuchen westlich des Mississippi.

Nach einer Nacht in Great Falls am Missouri River ist es nicht mehr weit bis zum sagenumwobenen Yellowstone-Park. Sich nach Gardiner am Nordeingang des Parks zu verfahren ist praktisch nicht möglich: Die Straße 89 nach Süden führt direkt dorthin. Bis Monarch fahren wir durch ein Tal, das auf beiden Seiten glatzköpfige Berge säumen. Kurz vor Neihard im Lewis und Clark National Forest befindet sich links, etwas erhöht, ein alter Friedhof. Der deutet schon auf den Zustand des Ortes hin: ein Mittelding zwischen Goldgräber-Geisterstadt

Riesig: Kurz vor Crescent City und in Klamath flankieren gigantische Redwood-Trees die Straße. Neben diesen bis zu 150 Meter hohen Bäumen schrumpft sogar die Gold Wing zum Moped.

Herrlich: Der Highway Number One macht seinem Ruf als Traumstraße der Welt alle Ehre. Der Pazifik bleibt mit unzähligen Buchten ständiger Begleiter auf dem Weg nach San Francisco.

und gutbürgerlicher Gartenzaun-Siedlung. Ein Stück weiter passiert die Gold Wing den King Hill Paß, der trotz seiner Höhe von rund 2400 Metern eher Mittelgebirgs-Charakter aufweist. Kurz vor dem Paß befindet sich links, etwa 150 Meter von der Straße entfernt, unter Bäumen ein einzelnes, weiß eingezäuntes Grab. Dort ist jemand am westlichsten Punkt seiner Reise angekommen.

Auf der Fahrt nach Livingston erschlägt das Land den Besucher erneut mit seiner Weite. Publikumswirksam haben die Amerikaner auch hier den Horizont ein Stück weiter nach hinten verschoben. Auf der Gold Wing läßt sich die Natur genießen, wir sind Zuschauer und Schauspieler gleichzeitig, die Landschaft jedoch wird zur Hauptdarstellerin. Hinter Livingston protzt das Paradise Valley: Mit seinen sanften Hügeln und den hohen, teils schneebedeckten Gipfeln weist das Tal andauernd darauf hin, daß es seinen Namen zu Recht trägt. Erst als die Natur aufhört, uns vom Geschehen auf der Straße abzulenken, haben wir Gardiner erreicht. Das Steakhouse Yellowstone Mine ist nach Goldgräber-Manier eingerichtet – Westernatmosphäre vom Feinsten. Und erst die Prime-Ribs. »You guys are from Germany?« erkundigt sich der Kellner im Cowboy-Look nach unserer deutschen Herkunft. Und dann möchte er noch wissen, ob uns das Bier in Amerika schmeckt.

Das Bier schon, das Wetter am nächsten Tag allerdings nicht. Draußen ist es nebelig, trotzdem widmen wir unsere Tour ausschließlich dem Yellowstone-Park. Der erste Nationalpark der Welt – er wurde 1872 gegründet – ist etwa halb so groß wie Hessen. Seine Sehenswürdigkeiten reihen sich auf wie Perlen auf einer Kette. Leider ist nicht allzuviel davon zu sehen, als wir durch das große Tor den Park und damit die Grenze nach Wyoming erreichen. »No good weather for riding a motorcycle«, weiß

der schlaue Ranger und bestätigt, was auch wir schon gemerkt haben: Sonnenschein wäre uns heute lieber.
Nur zur Orientierung: Den Yellowstone-Park durchläuft der Breitenkreis 45° Nord, das Gebiet befindet sich also genau auf der Mitte zwischen Äquator und Nordpol. Das entspricht etwa der gleichen geographischen Breite wie Bordeaux, Turin und Belgrad. Weil der Park aber mitten im nordamerikanischen Kontinent auf durchschnittlich 2400 Meter Seehöhe liegt, ist hier durchaus mit Schnee zu rechnen – auch im Sommer. »Wir haben hier zwei Jahreszeiten«, erklärt ein freundlicher Ranger an einem Aussichtspunkt, »Winter – und August«.
Weil wir im Juni unterwegs sind, haben wir die warmen Klamotten griffbereit ganz oben auf der Tasche im Topcase. Die Tiere am Wegesrand haben ein dickeres Fell: Den Bären, Bisons, Elchen, Hirschen, Koyoten und anderen wilden Vierbeinern ist das Wetter egal. Der Gold Wing auch. Ohne Murren zieht sich die Reisemaschine durch die Kurven, übersteigt einen Höhenzug nach dem anderen. Trotz des Schneeregens ist die ständig wechselnde Landschaft zwischen gluckernden Geysiren und bizarren Felsformationen atemberaubend schön. Unsere kalten Hände wärmen wir ab und zu in dampfenden Quellen. Die rustikale Unterkunft namens Lake Lodge paßt gut zu der rauhen Natur. Die Hüttenanlage liegt direkt am Yellowstone Lake, der ungefähr halb so groß ist wie der Bodensee. Das beste an der Hotelhalle ist nicht etwa ihr Trapper-Charme. Vielmehr ist es das Kaminfeuer, das neben der Bar prasselt.
Tatsächlich muß die Gold Wing am nächsten Tag stehenbleiben. Der Schnee liegt rund 20 Zentimeter hoch. Zum Glück kennen die Amerikaner auch hier die Launen ihres Sommers, genauso wie die Wünsche der Touristen. Wir müssen umsteigen: Mit einem Bus geht es zum weltberühmten Geysir »Old Faithful«. Gar nicht schlecht, Kenny, der Busfahrer, erklärt unterwegs viele Dinge. Wir sehen Schönheiten, an denen wir auf dem Motorrad vielleicht achtlos vorbeigefahren wären. Und was macht schon ein einziger Gold Wing-freier Tag?
Am nächsten Morgen gestattet uns der Himmel, den Yellowstone Park auf zwei Rädern zu verlassen. Nach ein paar Meilen gibt der Grand Teton National Park mit seiner Gebirgsszenerie an. Es scheint, als rissen die mehr als 4000 Meter hohen Gipfel die Wolken auf.
Als wir Jackson (Hole) erreichen, trauen wir unseren Augen nicht. Hier ist er, der wahre Wilde Westen, und er ist tatsächlich noch wild. Täglich, außer sonntags (sorry), liefern sich Cowboys auf dem großen Platz im Zentrum um 18.30 Uhr eine wilde Schießerei. Eine rote Postkutsche holpert durch die Straßen, die von Häusern à la High Noon flankiert werden. Ab und zu wird die Kutsche noch überfallen, munkeln die Rancher.
Jackson besteht aus jeder Menge Läden, in denen sich Westernbegeisterte nach Herzenslust mit dem Notwendigsten eindecken können: Ledergürtel mit silberner Schnalle, Stetsons mit geflochtenen Bändern, Boots mit schrägem Absatz und Schmuck mit kleinen Preisschildern, auf denen viel zu viele Nullen stehen. Wir parken unser stählernes Roß vor einem Saloon und beobachten den alltäglichen Show-Down vom Balkon der Kneipe direkt an der Hauptkreuzung des Ortes.
Kurz hinter Jackson überfahren wir mit der Gold Wing die grüne Grenze nach Idaho. Auf den Nummernschildern preist dieser Staat seine Famous Potatoes an, seine berühmten Kartoffeln. Dabei ist die Tafel in Idaho reich gedeckt: Wir reiten auf unserer Gold Wing vorbei an üppigen Wiesen und reichen Farmen. Erst in Idaho Falls, einer der großen Städte des Staates, zeigt sich Amerika wieder in seinem üblichen modernen Look. Wir stellen die Gold Wing in einer Parkbucht vor einem Motel ab.
Um 8 Uhr drehe ich nach ausgiebigem Frühstück kräftig am Gasgriff: Der Weg nach Boise ist lang. Schnurgerade touren wir erst nach Westen durch nahezu menschenleere Steppe. Die Orte, die wir nur deshalb nicht aufwecken, weil die Gold Wing so leise schnurrt, sind allesamt verschlafene Nester. Links der Straße erstrecken sich Lavafelder, aus denen ein paar erloschene Krater wie riesige Maulwurfhügel herausragen. Den westlichen und nördlichen Horizont begrenzen Ausläufer des Hochgebirges.
Auf einmal wird das Gelände zum Sperrgebiet. Die amerikanische Energiebehörde forscht hier mit Kernreaktoren. Die Stadt Atomic City, in manchen Karten eingezeichnet, ist an der Straße nicht ausgeschildert.
Hinter Arco steht das Craters of the Moon National Monument, an dem wir eine Rast ein-

legen. Die Besichtigung des riesigen Lavagebietes, das wie eine Mondlandschaft aussieht, ist nicht nur für Geologen mit dem Schwerpunkt Eruptivgestein interessant. Hier ist der Boden heiß, und auch die Sonne kennt kein Erbarmen. Ein Stück weiter holt uns der Wilde Westen wieder ein. In der Kneipe Loading Chute am Stadtrand von Carey tragen die Männer beim Essen Hüte. Die freundliche Bardame kassiert nur Bargeld, akzeptiert aber keine Kreditkarten. Zum Sandwich serviert sie, im Potatoe-State Idaho, eine Tüte Kartoffel-Chips.

Das eintönige Fahren hat ein Ende, als die Straße in die Berge führt. Nach zwei Pässen und Kurven, die der Gold Wing ein Kratzen der Fußrasten abverlangen, erreichen wir ein Hochtal wie aus dem Bilderbuch: reiche Ranches, üppiges Grün, Pferde und Rindviecher auf den Weiden, ringsum schneebedeckte Gipfel. Der Duft der Blumen und des Waldes betört. In Stanley rasten wir im Mountain Village Resort. Diese Trapper-Kneipe zeigt stolz Trophäen aus den Wäldern: Bären, Elche und Hirsche glotzen mit toten Glasaugen von der Wand. Ab hier sind es noch 205 Kilometer bis nach Boise: knapp drei Stunden. Die Abfahrt durch ein enges Tal mit einem wilden Bach garantiert Fahrspaß pur. Kurz vor Lowman beginnt die Hatz: Kurve an Kurve, gut 80 Kilometer weit. Da verliert sogar mancher Aussichtspunkt an Reiz. Die Gold Wing gehorcht, läßt sich leicht und zielgenau bergab durch die Kurven dirigieren.

Völlig anders gestaltet sich die Etappe des nächsten Tages. Nach Bend ist es rund 500 Kilometer weit und die Strecke gehorcht einzig einem Motto: Der Horizont ist das Ziel. Aber der Horizont ist in Amerika immer ganz schön weit weg. Kurz vor Nyssa fahren wir über eine Brücke, die den Snake River überspannt, und landen in Oregon. Bis Vale zeigt dieser US-Bundesstaat seine Landwirtschaft. Buntgekleidete Arbeiter mit großen Hüten ernten mit langstieligen Hacken Zwiebeln, die auf längsgefurchten, gut bewässerten Feldern wachsen. Es riecht nach kräftiger Landluft. In Vale halten wir es vor Hitze kaum noch aus und steuern eine Tankstelle an. Menschen wie Maschine wollen mit Flüssigkeit versorgt werden.

Die Landschaft bis Juntura besteht aus kahlen Bergen und kargen Feldern. Auf denen vertreiben Rindviecher gelangweilt die Fliegen, die sie in der Hitze ärgern. Das ist die staubige Szenerie, aus der spannende Western stammen. Der Malheur River malt seine Ufer grün an. In Juntura, 55 Einwohner, müssen wir pausieren: Die Sonne ist unerbittlich. Da kommt die Kneipe The Oasis wie gerufen. Dort gibt es leckere Buffalo-Burger und selbstgemachte Schokolade. Kurz nach dieser Rast überrascht uns Oregon mit einem weiteren Bonbon: Wir kehren zurück in jene Zeitzone, die wir in Kanada verlassen mußten. Das bedeutet den Gewinn von einer Stunde.

Hinter Burns beginnt die Steppe. Eintönig und von unendlicher Weite bietet diese Hochebene einer schnurgeraden Straße Platz. Hier macht sich der Tempomat der Gold Wing bezahlt. 55 Meilen pro Stunde sind erlaubt, 65 kann ich riskieren, ohne ein Ticket befürchten zu müssen. Ohne Mühe trägt uns die Maschine nach Westen. Etwa 80 Kilometer vor Bend tauchen plötzlich die schneebedeckten Höhenzüge der Cascade Range am Horizont auf.

Dahinter erstreckt sich der Pazifik. Am nächsten Morgen streben wir ihm entgegen. Als wir unterwegs Hunger bekommen, stoppen wir am Mohawk Restaurant and Lounge in Crescent. Das Essen ist gut, noch besser aber ist die Innenausstattung. Doppelköpfige Lämmer und Kälber stehen auf einem Sims, daneben breitet ein Adler seine Schwingen aus. Die ganze Kneipe ist voll von ausgestopften Tieren. Außerdem befindet sich hier die wohl größte Keramikflaschen-Sammlung der Welt.

Kurz hinter Beaver Marsh weist ein Schild in die richtige Richtung: Crater Lake National Park, das tiefste Blau Amerikas. Der Kratersee hat ungefähr die gleiche Farbe wie die dunkelblaue 1500er, die ich hoch über dem steilen Ufer stehen lasse.

Nach kurzer Rast trägt uns die Gold Wing weiter nach Westen. Angenehm ruhig gleitet sie durch die weiten Kurven: Wir schweben relaxt dahin. Erst der Redwood Highway verlangt wieder nach etwas mehr Kurvenarbeit. Beinahe ist Kalifornien erreicht. Der freieste Staat der USA zeigt schon an der Grenze, daß er Wert legt auf strikte Einhaltung seiner Gesetze. Alle Kraftfahrer – auch wir – müssen sich beim Grenzübertritt einer sogenannten Agricultural Control unterziehen. Fremde Früchte sind nicht erlaubt. »No fruits«, versichere ich und schüttle den behelmten Kopf.

Freundlich: Die Straßen von San Francisco empfangen uns mit umwerfender Aussicht über die Golden Gate Bridge und die Downtown. Der Zickzack-Kurs der Lombard Street gehört einfach dazu.

Traurig: Etwas wehmütig geben wir unsere treue Reisebegleiterin in der Lufthansa Cargohalle ab. Was bleibt, sind Erinnerungen und die Gewissheit, daß wir Amerika wiedersehen werden.

Kurz vor Crescent City flankieren riesige Redwood-Trees die Straße: Da schrumpft sogar die Gold Wing zum Moped. Diese Mammut-Bäume wachsen tatsächlich in den Himmel: Bis zu 150 Meter ragen sie auf und haben einen Umfang von bis zu 30 Metern. Das Crescent Beach Motel, die einzige Herberge des Ortes, die direkt am Strand liegt, hat den größten Pool der Welt direkt vor der Haustür: den Pazifik.

Riesenbäume, die Menschen zu Ameisen verkleinern, und der Ozean bleiben auf dem Trip südwärts die treuen Begleiter. Die Straße 101 bietet Mensch und Maschine einen gelungenen Ausgleich für manches Stück schnurgeraden Asphaltbandes. Kurve an Kurve fordert sie, beschildert als »Freeway South«, Aufmerksamkeit beim Fahren. Noch interessanter, beinahe als Herausforderung für eine Motorradreise auf einer Gold Wing, gibt sich die Straße 1. Der legendäre Highway Number One führt über eine unendliche Menge von Kurven direkt nach Fort Bragg am Pazifik. Im Zentrum des kleinen Städtchens liegt das Motel Tradewinds Lodge an der Hauptstraße. Hier kommen wir und die Gold Wing für eine Nacht zur Ruhe.

Nach dem Frühstück brechen am nächsten Morgen die letzten 180 Meilen der Reise an: auf nach San Francisco. Auch auf diesem Stück wird der Shoreline Highway seinem Ruf als Traumstraße der Welt gerecht: Kurve an Kurve schmiegt sie sich an die steile Küste an. Nie verlieren wir den Pazifik aus den Augen. In unzähligen Buchten tummeln sich Seelöwen. Rast machen wir in Point Arena, 440 Einwohner, in The Pirat's Cove. Hier wird der heiße Golf-Krieger verehrt, General Schwarzkopf auf einem Poster mit stierem Blick. Außerdem stehen unzählige Spielzeugautos in einer Vitrine. Eine seltsame Mischung.

Die Straßen von San Francisco rücken immer näher. Ein Aussichtsberg gibt einen sagenhaften Blick über die weltberühmte Golden Gate Bridge und die Skyline der Downtown frei. Wir haben Glück, denn wir sind nicht sonntags hier: An normalen Wochentagen bezahlen Motorräder keine Brücken-Gebühr. Die Gold Wing hat nur noch ein paar Meilen in Amerika zurückzulegen, als wir über die klappernden Backsteine der Zickzack-Lombard Street fahren. Später steuern wir Fisherman's Wharf und das Pier 39 an. Hier gibt es Unmengen von gemütlichen Läden und Kneipen, und dazu das Flair einer Weltstadt. Spaß macht es, im Castagnola's auf dem Balkon zu sitzen, Kaffee zu schlürfen und das Gewimmel auf der Straße und im Jachthafen zu beobachten.

Zum guten Schluß geben wir ein kleines bißchen wehmütig unsere Gold Wing beim Lufthansa-Cargo-Schalter ab, so, wie es das Geislinger Reisebüro organisiert hat. Das Motorrad wird mit unserer Maschine nach Frankfurt fliegen. Kurz drauf hocken auch wir im Flugzeug und wissen, daß in Good Old Germany die Abenteuer weniger aufregend sind, als wir sie bei den Bären und im Land der Goldsucher erlebt haben. Ein Trost bleibt: Wir werden Amerika wiedersehen.

HONDA

Gold Wing-Tour in Deutschland

Deutsch-Kurs

Königsschlösser und Schokolade: Auf einer Gold Wing-Tour durch deutsche Lande entdecken zwei Amerikaner ganz unterschiedliche Reize.

Noch wabern Nebel über das stille Tal, zeigen dem anbrechenden Tag die kalte Schulter. Eine Landstraße zieht sanft ihre Kurven. Plötzlich ertönt aus der Ferne ein gleichförmiges Geräusch, kommt unaufhaltsam näher, wird lauter: zwei Motorräder. Unverkennbar zwei Gold Wing 1500/6, die eine blau, die andere ist rot. Früh sind die Honda unterwegs, sie fahren dem Morgen entgegen.

Als sie für eine kurze Rast die Fahrt unterbrechen, steigen drei vermummte Gestalten von den Maschinen ab. Auf der blauen Gold Wing reisen Mark und Julie Foster. Beide sind Anfang 30 und stammen aus Maple Grove, einem Vorort von Minneapolis/St. Paul, im US-Bundesstaat Minnesota. Sie sind von der Szenerie begeistert: »What a beautiful morning«, freuen sie sich. Mit strahlenden Augen vergessen Mark und Julie die Kälte, die sie an diesem wunderschönen Morgen ab und zu doch noch frösteln läßt.

Auch dem Solo-Fahrer der roten Gold Wing ist es noch ein wenig kühl. Er stammt aus der Nähe von Stuttgart und möchte seinen amerikanischen Freunden, die ihn besuchen, einen Teil seiner Heimat zeigen. Und das geht natürlich am besten mit einem amerikanischen Motorrad. Die blaue Interstate hat sich das amerikanische Ehepaar im Endinger B 27-Shop, einem Gold Wing-Shop auf der Schwäbischen Alb, geliehen: »In Deutschland reisen wir am liebsten auf zwei Rädern«, stimmt das Ehepaar überein, »die komfortabelste Art, dieses schöne Land kennenzulernen, bietet uns natürlich unsere Gold Wing.« Tatsächlich sagen sie das auf Deutsch. Mark und Julie gefällt es in Good Old Germany so gut, daß sie sogar die Sprache lernen: So wird ihr Urlaub quasi zum ganz persönlichen Deutsch-Kurs.

Gestartet sind die drei Biker in der Nähe von Stuttgart. Ihr Tagesziel: das bayerische Freising nahe München. Dort wollen sie ein Gold Wing-Treffen besuchen, zu dem die Münchner Goldwinger eingeladen haben. Allerdings möchten sie nicht auf direktem Weg über die langweilige Autobahn fahren – auch wenn das nicht vorhandene Tempolimit Mark in den Fingerspitzen kribbeln läßt: »Like on a Racetrack«, grinst er und erinnert sich an die guten

Nesselwang: Das malerische Städtchen im Allgäu ist oft vom Verkehr verstopft – sogar für Motorräder. Dann entschädigt nur noch der Blick auf die traumhafte Silhouette der Berge.

Neuschwanstein: Besser als Disneyland – das jedenfalls finden Mark und Julie Foster, ein Ehepaar aus dem US-Bundesstaat Minnesota. Auf jeden Fall gehört das Schloß zu den Traumzielen der Tour.

Steingaden: Stärkung muß sein. Ein Eiskaffe am Straßenrand lädt zum gemütlichen Päuschen ein. Mark konnte den Tischen unter den bunten Sonnenschirmen nicht widerstehen. Recht so.

alten Zeiten, als er noch in Amerika Motorradrennen fuhr. Reisen statt Rasen steht für Mark und Julie während ihres Urlaubs in Deutschland jedoch im Vordergrund. Deshalb lassen sie sich von der Route überraschen, die ihr deutscher Freund für sie ausgewählt hat und ihnen nun zeigt.

Zunächst führt sie die Landstraße von Stuttgart aus nach Süden. Dabei passieren sie die Teck, die sich links neben der Straße zum Greifen nahe aufbaut. Die Spitze der Burg steckt in den Wolken. So weit das Auge reicht, erhebt sich die Schwäbische Alb vor den zwei Maschinen samt ihren Besatzungen. Besonders Mark und Julie sind gespannt auf das Fahren über kleine Sträßchen: Ist das Motorradfahren in Deutschland wirklich so anders als der Trip über die Highways? Die Serpentinen, auf denen die zwei Gold Wing die Alb erklimmen, lassen nicht lange auf sich warten. Was für jeden deutschen Gold Wing-Fahrer normal ist, muß Mark erst noch kennenlernen. Mehr und mehr freundet er sich mit den Kurven an, drückt seine blaue Gold Wing tiefer und tiefer, gewinnt Vertrauen zu Straßenbelag und Reifen.

Vollends reißt der Himmel auf, als die zwei leise knisternden Maschinen in Blaubeuren abgestellt werden. Die drei Motorrad-Touristen wollen sich an einer Imbißbude aufwärmen und ein wenig stärken. Dabei ahnen Mark und Julie nicht, daß hier Natur und Kultur gleichermaßen protzen. In Blaubeuren gibt es eine Menge für die zwei Amerikaner zu sehen. »Die Mauern strahlen eine solche Ruhe aus«, schwärmt Julie im Kreuzgang des Klosters Blaubeuren. Mark indes hält seine Eindrücke mit einer Videokamera fest. Damit er auch zu Hause noch etwas von seinem Urlaub fern der Heimat hat.

Daß der Blautopf tatsächlich blau ist wie Tinte, wollen die beiden erst glauben, als sie am Ufer dieser Karstquelle stehen. »41 Meter ist das Wasser tief«, staunt Mark, und daß sich in der Tiefe ein unterirdisches Labyrinth von weitverzweigten Höhlen erstreckt, kann er sich gar nicht vorstellen. Hinter den beiden plätschert ein Wasserrad gemütlich vor sich hin. »Wie im Märchen«, da sind sich beide einig.

Die bunddesdeutsche Realität spielt sich mittlerweile auf den Straßen gen Süden ab. Sonn-

Irgendwo: Blicke ziehen die beiden Maschinen allerorten auf sich. Und wenn schon mal eine Gold Wing kommt, dann kommt sie nur selten allein.

tagsfahrer bummeln mit Hut und Hosenträgern über die Landstraßen. Die beiden Fahrer nutzen die Kraft der Gold Wing, um etwas flotter voranzukommen. Bis Nesselwang. Kolonnen schieben sich an jenem, inzwischen warmen Tag im Sommer 1993 durch das malerische Städtchen im Allgäu. Mark und Julie erkennen, warum: »Dieser Ort ist wirklich nicht für Autos oder Motorräder gebaut.« Der Blick auf die Berge zur Rechten gleicht den Mangel an fahrerischer Bewegungsfreiheit jedoch schnell wieder aus.

Bald schwingen die Gold Wing wieder durch die Kurven, rauschen unter den Kronen von Alleebäumen hindurch, die leise im Wind miteinander tuscheln. Immer mehr Motorräder begegnen der blauen und der roten Maschine. Auch in Amerika grüßen sich Biker. Bei ihrer Tour in Deutschland fliegen Mark und Julies Hände jedoch häufiger in die Luft als in den USA: In dem riesigen Land gibt es zwar sehr viele Motorradfahrer, sie begegnen sich aber viel seltener. Die Fahrt in Richtung Südwesten geht nun zügig voran, beide Fahrer rasen aber nicht.

Immer häufiger werden die beiden Gold Wing deshalb von anderen Maschinen überholt. »Like on a Racetrack«, wundert sich Mark, ist mit seinem Tempo aber zufrieden. Ihm und Julie geht es flott genug voran. Bis sie Füssen erreichen. Dort reicht es nur noch zum Stop-and-Go-Tempo – für die Autos. Schnell hat Mark von den deutschen Bikern und der roten Gold Wing vor sich gelernt und rollt vorsichtig an der endlosen Schlange vorbei. Julie sagt nichts.

Nur noch ein paar Kilometer trennen die drei Urlauber von einem weiteren Ziel nicht nur amerikanischer Träume. Als das Schloß Hohenschwangau auftaucht, und schließlich Neuschwanstein des Bayern-Königs Ludwig II. seine Türmchen, Zinnen und Dächlein in die blauen Lüfte streckt, halten nur noch die Vollvisierhelme Mark und Julies Kinnladen. »Besser als Disney-World«, finden beide. Klar, schließlich sind diese Schlösser Vorbild für alle Märchenphantasien der Neuen Welt – samt ihrer Vergnügungsparks.

Leider wäre eine Führung durch die Gemäuer nur nach stundenlanger Wartezeit möglich:

Ganze Pulks busreisende Japaner und Amerikaner umlagern, die Kamera vorm Bauch, die Aufgänge zu den Sehenswürdigkeiten. Und sie knipsen, was der Auslöser hält. Mark und Julie, die Motorrad-Touristen, verzichten lieber auf eine Besichtigung: »Vielleicht beim nächsten Mal«, planen sie schon jetzt. Sehr zur Erleichterung ihres deutschen Freundes, der sich natürlich viel lieber wieder mit ihnen in den Sattel schwingt.

Mit sonorem Sound nehmen die zwei 1500er Gold Wing die nächste Etappe unter die Räder. In Steingaden, die Sonne hat ihren Zenit bereits überschritten, steuert Mark plötzlich eine Eisdiele an, die er von der Straße aus entdeckt hat: »Ich konnte an dieser Terrasse mit den Tischen und den Sonnenschirmen einfach nicht vorbeifahren«, gesteht er. Die großen Eisbecher, die alle drei verdrücken, geben ihm recht.

Satt und zufrieden rollen sie nur ein paar Kilometer weiter. Die Wieskirche ist natürlich Pflicht auf ihrer Tour durch das malerische Allgäu. »Unglaublich«, schwärmt Julie, sichtlich berührt von der Schönheit des spätbarocken Prunkes im Kircheninnern, »welch wunderbare Dinge Menschen vollbringen können.« Hand in Hand läuft sie mit Mark durch die Wallfahrtskirche. Beide verweilen hie und da, staunen, flüstern miteinander: «Was für ein wundervoller Tag«.

Dazu noch dieses Wetter: Seit am Morgen die Sonne den Wettstreit mit dem Nebel für sich entscheiden konnte, meint sie es gut mit den

On the Road again: Die beiden GL 1500/6 unterwegs durch einen der schönsten Teile Deutschlands. Für Mark und Julie ein langgehegter Traum, der endlich in Erfüllung geht.

Wieskirche: Sichtlich ergriffen von der Schönheit der Wallfahrtskirche dauert es ein wenig, bis Mark und Julie weiterfahren möchten. Auf nach Freising, zum Gold Wing-Treffen.

Besuchern aus dem Mittleren Westen Amerikas. Für die beiden vergoldet sie das Land, das ganz oben auf ihrer Beliebtheitsskala steht. Mark und Julie mögen an Deutschland jedoch nicht nur die Landschaft, sie reden gern mit die Menschen und erfreuen sich an der Tradition, die sie auf Schritt und Tritt entdekken. Und immer wieder wundern sie sich, wie alt Gebäude hier sein können.

Auch in München, wohin ihre Gold Wing sie als nächstes Ziel bringen soll, möchte ihr deutscher Gastgeber ihnen Altehrwürdiges zeigen. Unterwegs finden Mark und Julie im Radio einen Sender, der ihnen die Fahrt mit passender Volksmusik versüßt: die Gold Wing als eine Blaskapelle auf zwei Rädern. Im Nordosten, der Stadt entgegen, dräuen dunkle Wolken am bis dato blauen Firmament. Ein Gewitter über dem Starnberger See kündigt sich mit lautstarkem Grollen an. In Starnberg rettet die drei Motorradfahrer nur noch die Flucht in die Bahnhofsunterführung: Der Himmel hat seine Schleusen geöffnet. Es schüttet so stark, daß sogar der Blick auf den See nicht gelingen will. »Was haben wir für ein Glück«, atmet Mark auf, »daß wir im Trockenen stehen.« Julie ißt derweil einen Riegel Schokolade – und weil die ihr viel besser schmeckt als zu Hause, hat sie einen weiteren Grund gefunden, Deutschland zu mögen. So schnell der Spuk gekommen ist, so schnell verziehen sich die Wolken wieder. Aber es ist kühl geworden. Mark und Julie packen sich in die Regenklamotten ein: auf nach München.

Dort wollen die Gold Wing-Passagiere hoch hinaus – auf den Fernsehturm. Oben überwältigt sie, was sie sehen. Zu ihren Füßen breitet sich die bayerische Hauptstadt aus, gestattet den Blick in die Altstadt rund um die Frauenkirche. Der Regen hat die Luft reingewaschen, und für einen Moment geben die Wolken die Aussicht auf die Alpen zum letzten Mal frei. Kurz nur blinzelt die Sonne hervor und läßt die Berge in ihrem rötlichsten Licht erglühen.

Es ist schon fast dunkel, als die beiden Maschinen schließlich Freising erreichen. Das Gold Wing-Treffen hat schon begonnen. Von überall her ertönt das metallische Hämmern von Äxten, die Zelthäringe in den lehmigen Boden treiben. Hie und da laufen durchnäßte Biker herum. Als Mark und Julie sich zum Einschreiben in die Schlange triefender Gold Winger einreihen, tröpfelt es schon wieder. Das amerikanische Paar aus Minnesota, USA, ahnt nicht, daß es am nächsten Abend mit einem Pokal geehrt werden soll: für die weiteste Anreise.

Gold Wing-Treffen

Tupper-Party

Kunststoffbewehrt und ewig haltbar: Die Honda Gold Wing fasziniert Fans aus ganz Europa. Bei einem Treffen steht sie völlig im Mittelpunkt.

Deutschland, im Juli 1993. Sturmböen peitschen Sturzgüsse, Regentropfen fliegen waagerecht. Blitze, begleitet von lautstarkem Donner, erleuchten die nächliche Sommer-Szenerie.

Und immer wieder tauchen die Scheinwerfer der Spätankömmlinge den dunklen Platz in helles Licht: »Wieviele wollen sich heute abend denn noch einschreiben?« fragt der Dunkelhaarige leicht genervt. Er ist samt ein paar Clubkameraden zum Schichtdienst am Computer eingeteilt und tippt von jedem neuen Gast den Namen, das Alter, das Motorrad und die Entfernung von seinem Zuhause in den PC ein. Die Ausschreibung sieht einige Wettbewerbe vor, dafür sind die Daten wichtig. Außerdem will auch bei einem Treffen ein bißchen Statistik erhoben werden. Der Nadeldrucker bestätigt mit monotonem Sirren, daß der Andrang der Gäste, die sich anmelden, noch immer groß ist. Als Mark und Julie Foster aus dem US-Bundesstaat Minnesota an der Reihe sind, freuen sich die Gastgeber: Besuch aus Amerika auf einem Gold Wing-Treffen in Freising ist eben doch nicht unbedingt eine normale Sache. Draußen, vor der Tür des Bauwagens, der als Empfangshalle auf matschigem Untergrund steht, wartet geduldig eine Schlange triefender Biker.

Auf der klitschnassen Wiese am Ortsrand des bayerischen Freising kuscheln sich die Zelte aneinander, so wie es die vergnügten, weil inzwischen trockenen Biker auf der Tanzfläche des Festzeltes tun. Ordentlich wie Wachsoldaten indes stehen rund um den Platz Motorräder: Honda Gold Wing in Reih' und Glied. Könnten sie sich unterhalten, würden die Maschinen wahrscheinlich verständnislos den Lenker schütteln und darüber tuscheln, was ihre ansonsten doch relativ normalen Besitzer in dieser Nacht so alles treiben.

Aus allen Ecken des finsteren Platzes sind knappe Sätze und ab und zu ein leiser Fluch zu hören. Diese Geräuschkulisse untermalen die rhythmischen Schläge handlicher Äxte, die mit metallischem Hämmern widerspenstige Zeltheringe in den lehmigen Boden treiben. Aus dem hell erleuchteten Festzelt dringt laute Musik. Der erste Abend, es ist ein Freitag, und der dient im allgemeinen dem gegenseitigen

Ausfahrt: Gold Wing-Fahrer sind Herdentiere. Zu jedem Treffen gehört traditionell ein Korso dazu. Das erfreut dann nicht nur sie stolzen Besitzer, oft flankieren auch Schaulustige die Straße.

Schirmherr: Regen auf dem Gold Wing-Treffen? Kein Problem – raus mit dem Schirm, natürlich im passenden Look, dann können die Tropfen schon kommen. Trocken bleiben Mann und Maschine.

Mahlzeit: Gegen Mittag steigen aus Kochtöpfen die Gerüche entdoster Ravioli und wurstiger Erbsensuppe auf. Wenn der Regen es zu toll treibt, verschwinden die Biker eben im Zelt.

Beschnuppern, ist in vollem Gange: Die meisten der von nah und fern angereisten Biker kennen sich nämlich noch vom letzten Treffen. An der Biertheke verformen sich die anfänglich ordentlichen Schlangen zu schiebenden Knubbeln. Hie und da hastet ein Gold Wing-Fahrer mit einem voll belegten Teller in der einen, und einem Maßkrug in der anderen Hand zurück zu seinem Platz – wenn er im Gedränge frei geblieben ist. Die Musikgruppe auf der Bühne spielt Oldies und läßt längst vergangene Zeiten wieder lebendig werden. Es wird gelacht, die Backen färben sich roter, und die obligatorischen Prost-Brüller formieren sich lautstark: Voller Bier schlagen schwappende Humpen aneinander, um sich kurz drauf in gierigen Schlünden zu entleeren.

Erleichtert nimmt auch Harald Schneider einen großen Schluck aus seinem Maßkrug: »497 Maschinen sind bei unserem Treffen registriert, einfach riesig.« Der Fahrlehrer aus Olching gehört zu den Münchner Goldwingern und hat wesentlichen Anteil am reibungslosen Ablauf des Festes. Wochenlang, so erzählt Schneider, habe er sich um nichts anderes gekümmert als um Getränke, Essen und Musik, Zeltplatz und Waschgelegenheit. »Und nun«, sagt er stolz, »feiern wir das größte private Gold Wing-Treffen Europas.«

Zum dritten Mal haben die Bayern anno 1993 zur Tupper-Party eingeladen, wie nur Spötter das geballte Auftreten der, wie sie sagen, Plastik-Schüsseln bezeichnen. Fünf Jahre lang, seit 1988, widmen die Münchner Goldwinger ihre Freizeit dem amerikanischen Motorrad mit dem japanischen Markennamen. Der Spaß an der Sache hat aus einem Stammtisch einen eingetragenen Verein werden lassen, der auf mittlerweile mehr als 100 Mitglieder anwachsen ist.

Daß bei den Bajuwaren was los ist, hat sich rumgesprochen. Offensichtlich wird das am nächsten Morgen nicht nur durch die riesige Menge von Zelten, die von einzelnen Sonnenstrahlen wachgekitzelt werden. Das Wetter hat sich vorübergehend etwas beruhigt, überall zirpen die Reißverschlüsse der luftigen Behausungen, und nach und nach laufen verschlafene Gestalten über den Platz. Das Handtuch um den Hals, visieren sie die Waschräume an,

Familientreffen: Gold Wing-Fahrer kennen sich. Viele von ihnen sehen sich regelmäßig auf den zahlreichen Treffen wieder. Da gibt es natürlich immer den neuesten Schnack zu berichten.

um dem neuen Tag eine reelle Chance einzuräumen.
Das Festzelt dient als zentrale Sammelstelle und verströmt den Duft von frischem Kaffee. Es dauert gar nicht lange, bis die ersten Motoren angeworfen werden. Schon am Vormittag können es die wahren Freaks nicht mehr aushalten: Eine Ausfahrt, kurzerhand zwischen dem Frühstücksei und einem Käsebrötchen organisiert, muß einfach sein. Und außerdem weiß niemand, wie schnell der Regen wiederkommt. Die Befürchtung ist nicht von der Hand zu weisen: An diesem Wochenende schafft es wohl niemand, trockenen Helmes von einem kurzen Rundtrip zum Platz zurückzukehren.
Den Kindern ist all dies egal. Sie tollen herum und quietschen vor Vergnügen. Zwar reisen auch sie mit ihren Eltern auf der Gold Wing, die wahre Motorrad-Liebe haben sie freilich noch nicht entdecken können. Hunger bringen sie natürlich trotzdem mit. Deshalb steigen mittags Gerüche von entdosten Ravioli oder wurstiger Erbsensuppe aus Kochtöpfen auf, und auch im Festzelt sammeln sich schon wieder die ersten Biker mit knurrendem Magen.

Nicht alle Gold Wing-Fahrer haben sich der großen Ausfahrt angeschlossen, die das Programm für den Samstag vorsieht. Zwischen zwei Regenschauern tapsen die Daheimgebliebenen besorgt, aber unermüdlich durchs nasse Gras, um ihre Schmuckstücke mit einem weichen Handtuch abzufrottieren. Beinahe ohne hinzuschauen bauen Elektronik-Freaks US-Radios aus den Maschinen aus, löten ein bißchen zwischen Platine und Transistor rum, und passen das getunte Radio flugs wieder ein. Macht 50 Mark, und nun können alle gängigen deutschen, und nicht nur die ungeraden amerikanischen Frequenzen empfangen werden. Auch Sprechfunkanlagen wechseln den Besitzer: Überall wird geschraubt, getüftelt und gebastelt. Eindeutig steht die Honda Gold Wing im Mittelpunkt des Geschehens. Prima, daß auch einschlägig bekannte Händler ihre Siebensachen auf Tapeziertischen unter Ständen anbieten, die flatternde Plastikfolien zusammenhalten: Aufkleber, Chrombügelchen und blitzende Spoiler. Manche Mark wird erst noch ein paarmal hin- und hergedreht, dann werden noch einige

Kinderstunde: Viele Familien reisen mit den schweren Maschinen. Den Kleinen wird es auf Treffen nur selten langweilig. Entweder es gibt ein Programm für sie, oder sie widmen sich Vatis Spielzeug.

Schritte auf- und abgelaufen, bevor das auserkorene Teil seinen neuen Besitzer findet. Sofort trägt der es stolz zu seiner Maschine, und ein paar Neugierige scharen sich um ihn herum. Auf Anhieb entsteht zwischen den Fahrern jene unnachahmliche Verbundenheit, die sich in Kenner-Gemurmel, anerkennenden Blicken und glückseliger Fachsimpelei ausdrückt.
Wie zur lautstarken Unterstützung knattern über den Zelten am Stadtrand des bayerischen Freising Flaggen aus Europa und Übersee im auffrischenden Wind – aber noch immer keine aus Japan. »Unsere Gäste stammen in diesem Jahr aus zwölf Ländern«, frohlockt Schneider und sieht dem Treiben auf dem Festplatz zu, »zwar sind wir besonders stolz, daß wir auch diesmal Gäste aus den USA und Kanada haben. Hauptsächlich setzen wir aber den europäischen Gedanken in die Tat um.«
Davon ist auch Jürgen von Bloh überzeugt. Aus gutem Grund ist der Unternehmensberater aus Meerbusch mit seiner Gold Wing nach Freising gereist: Von hier aus startet die »European Highlights 1993«, eine Tour, die er erfunden und organisiert hat. »Die Idee, das grenzenlose Europa mit dem Motorrad auszuloten, ist mir bei einem Trip durch die USA gekommen«, erinnert sich der Gold Wing-Liebhaber, »ich wollte ein Gegenstück zum Fahren durch die Weite Amerikas schaffen«.
Die 10 000 Kilometer lange Gruppenreise, so hatte sich von Bloh unter amerikanischer Sonne überlegt, sollte einmalig im Sommer 1993 durchgeführt werden. Schließlich gab es doch genau in diesem Jahr ein Jubiläum zu feiern, das zu der Highlights-Tour so gut paßte wie der Pizzakoffer an der 1500er ins Weltbild deutscher TÜV-Ingenieure: Die Gold Wing European Federation (GWEF) wurde zehn Jahre alt.
Trotz der Freude über das Geburtstagsgeschenk blieben der GWEF zunächst Vorbehalte. Zwar bestach von Blohs Gedanke, Europa mit einer einzigen Tour auf vielen Gold Wing zu verbinden. Freilich barg diese Reise aber auch gewisse Risiken in sich. Unfälle oder die hordenartig auftretenden Biker hätten möglicherweise das Image der Dickschiff-Kapitäne ankratzen können. Erst nach ausgiebigen Diskussionen gab die Dachorganisation ihren Segen: Von Bloh durfte seine Reise als

offizielle GWEF-Tour bezeichnen. Schließlich sollte sie vom 17. Juli bis zum 7. August durch exakt jene 15 Länder führen, in denen sich nationale Vereine wie zum Beispiel der Gold Wing Club Deutschland (GWCD) organisiert haben.
Auf der Reiseroute standen demnach Österreich, die Schweiz, Italien, Frankreich, Spanien, Luxemburg, Deutschland, Schweden, Finnland, Norwegen, Dänemark, Holland,

Montage: Das amerikanische Radio auf deutschen Empfang umzupolen oder Funk nachzurüsten sind beliebte Randerscheinungen auf einem Gold Wing-Treffen. Und die besten Gelegenheiten dazu.

Kontrolle: Sicher ist sicher, vielleicht hat sich ja irgendwas irgendwo verfangen, da guckt der brave Gold Wing-Fahrer lieber einmal zuviel als zu wenig nach dem Rechten.

Ordnung: Die Maschinen stehen in Reih' und Glied wie Wachsoldaten, während sich ihre Fahrer im großen Festzelt verlustieren. Gegen Regen schützen Hüllen aus Kunststoff.

England, Irland und Belgien. Und das in genau dieser Reihenfolge. Frankreich und Deutschland mußten als Transitländer allerdings mehrmals durchquert werden. Den Abschluß der Fahrt bildete, so von Blohs Idee, der Abstecher der Biker zum Europa-Parlament in Brüssel – das letzte European Highlight.

Knapp 30 Goldwinger aus ganz Europa sowie zwei Begleitfahrzeuge bildeten den festen Stamm der Motorrad-Reisegruppe. Damit Kontakt zu den Bikern in den Nachbarländern aufgebaut werden könne, plante der Organisator, daß die Euro-Reisenden von heimischen Gold Wing-Fahrern von Grenze zu Grenze geleitet wurden. Auch deren Treffen sollten besucht und in vorbereiteten Camps übernachtet werden.

All diese Eckpunkte seiner European Highlights 1993 geht Jürgen von Bloh in Gedanken immer wieder durch, als sich am Startpunkt, dem Treffen der Münchner Goldwinger, seine Gruppe um ihn sammelt. »Zu unserer Sicherheit fahren wir nur in kleineren Gruppen mit je drei oder vier Maschinen«, erklärt er. So sollen die Tagesetappen gefahrlos bewältigt werden können – die längste Strecke zwischen Luxemburg und Berlin beträgt immerhin satte 800 Kilometer. Sinn der European Highlights 1993 sei aber nicht, in drei Wochen tausende von Kilometern zu fressen, um eine möglichst weite Reise abzuspulen. Im Durchschnitt legten die Gold Wing-Fahrer auf ihrem Euro-Trip täglich nur zwischen 150 und 600 Kilometer zurück. »Ich habe dafür jeweils zwischen vier und acht Stunden kalkuliert«, erläutert Jürgen von Bloh seine Planung, »und das ist mit den

Organisator: Jürgen von Bloh hatte die Idee, alle europäischen GWEF-Staaten mit einer gemeinsamen Fahrt zu verbinden. Der Gold Wing-Fahrer aus Meerbusch hat die Idee in die Tat umgesetzt.

vollverkleideten Reisemaschinen wohl kein Problem«. Einhelliges Nicken und zustimmendes Brummen. Es bleibe, so hofft der Organisator, noch Zeit genug, die Sitten und Gebräuche der anderen Länder kennenzulernen: Wie sind Biker anderswo in Europa angesehen? Wodurch unterscheiden sich die Clubs in Spanien oder Norwegen von denen zu Hause? Herrscht auch in Holland oder der Schweiz ein kleines bißchen jener für Gold Wing-Treffen so charakteristischen Schrebergarten-Atmosphäre zwischen Gartenzwerg und blitzblankem Budenzauber?

In Freising, bei den Münchner Goldwingern, hocken inzwischen überall kleine Grüppchen auf Klappstühlen zusammen. Der große Troß ist von der Ausfahrt zurückgekehrt. Stachelbeerige Beine ragen aus offenen Zelten heraus, und Schnarchgeräusche dringen nach draußen. In einigen geschlossenen Iglus raschelt und kuschelt es. Hier ist Welt in Ordnung, daran kann auch der nächste Regenguß nichts ändern.

Gegen Abend steigt der Lärmpegel wieder an: Eine krachlederne Pufftata-Gruppe verbreitet stilechte Hofbräuhaus-Atmosphäre. Zusehends füllt sich das Festzelt, und die Stimmung steigt hörbar. Als Harald Schneider den Tanz unterbricht, wissen Eingeweihte sofort, daß nun Pokale verliehen werden. Das schönste Motorrad wird prämiert, der jüngste und der älteste Teilnehmer werden geehrt, und für die weiteste Anreise gibt es einen Extrahumpen. Wer nur mag ihn bekommen? Mark und Julie Foster fallen aus allen Wolken, daß sie es sind, die nach vorn gerufen werden. Mit kräftigem Applaus würdigen die Gold Wing-Fahrer artig den weiten Weg des amerikanischen Pärchens bis nach Freising. Und die Nacht findet noch lange kein Ende.

Als sich der Sonntag mit einem Silberstreif am ansonsten grauen Horizont ankündigt, geht alles ganz schnell. Motoren starten, und sofort zirpen Reißverschlüsse nach oben, winden sich Körper aus warmen Schlafsäcken. Viele der schlaftrunkenen Biker stehen auf, der European Highlights 1993 zu Ehren. Sie wollen sehen, wie die schweren, vollgepackten Maschinen in Freising die ersten Meter ihrer Europa-Erkundungs-Tour unter die Räder nehmen. Sogar der Himmel gestattet der Sonne, einmal kurz durch die Wolken zu blinzeln. Später, als die ersten Tropfen fallen, sind die meisten Zelte bereits verschwunden, und einige der reisefesten Gold Winger haben ihr Tagesziel schon fast erreicht.

Gruppenbild: Bevor der Troß zur großen Fahrt kreuz und quer durch Europa aufbrach, fanden sich alle Teilnehmer in Freising zum ersten Mal zusammen. Grund genug für ein Foto.

Logo: Unter dem Zeichen der Gold Wing European Federation ist die Gruppe durch 15 Länder gefahren – allen voran Jürgen von Bloh. Die Tour verlief gut und wurde zum unvergeßlichen Erlebnis.

Bestandteil: Die Münchner Goldwinger gehören fest zur Szene dazu. Sie haben sich von einem Stammtisch zu einem eingetragenen Verein mit mehr als 100 Mitgliedern gemausert.

Vereinsemblem: Die Gold Wing-Freunde Hegau-Bodensee sind im Südwesten Deutschlands aktiv. Dort haben sie einen Stammtisch und organisieren regelmäßig ein Treffen. Mit den passenden Jacken.

Gold Wing-Clubs

Familien-Bande

Der Gold Wing-Fahrer ist ein Herdentier. Die Clubszene um ihn herum wächst und gedeiht, und die Familie ist mit von der Partie.

Treffen sich zwei Gold Wing-Fahrer. Der eine grüßt mit vier erhobenen Fingern, der andere streckt Zeige- und Mittelfinger wie zum Victory-Zeichen in den Fahrtwind. Unheimliche Begegnung? Keinesfalls: Der erste will dezent darauf hinweisen, daß er in vier Clubs zu Hause ist, während der andere glauben machen möchte, daß die Mitgliedschaft in weniger Vereinen oft mehr ist.

Offensichtlich neigen Gold Wing-Fahrer verstärkt dazu, mit ihren Motorrad-Artgenossen gemeinsame Sache zu machen. Clubs, Vereine und Stammtische sind aus der Szene gar nicht mehr wegzudenken. Die Anzahl regionaler sowie bundesweiter Gold Wing-Treffen in Deutschland steigt stetig. Ebenso stehen solche Treffen in den europäischen Nachbarstaaten hoch im Kurs: Einigkeit macht stark. Das gilt offensichtlich auch für Individualisten, die ansonsten ihre Maschine mit hochpolierten Chrombügelchen und putzigen Zusatzlämplein möglichst einmalig gestalten. Der Gold Wing-Fahrer als Herdentier.

Weil die Gold Wing-Gemeinde verstreut ist, finden sich die einzelnen Fahrer überall in der Republik zu Stammtischen zusammen (Liste im Anhang). Bei denen geht es zunächst einmal um die Sache Gold Wing. Bevor Freundschaften entstehen, weisen die Teilnehmer nur eine einzige Gemeinsamkeit auf: Die Gold Wing ist der Grund ihres Kommens, und damit fungiert das Motorrad als Bindeglied. Die periodisch stattfindenden Stammtische begründen sich meist auf der Initiative einzelner Fahrer oder kleiner Gruppen bereits befreundeter Gold Winger. Benzin zu reden steht im Mittelpunkt, und ab und zu gibt's eine gemeinsame Ausfahrt. Das Thema Alkohol spielt bei diesen Zusammenkünften eine vergleichsweise untergeordnete Rolle. Nicht etwa, daß die Gold Wing-Fahrer brave Chorknaben wären, die verächtlich ins Bier spucken. Besäufnisse finden aber dennoch eher selten statt – und damit widerspricht der gemeine Gold Wing-Fahrer, selbst wenn er in der Horde auftritt, den gängigen Vorurteilen unbedarfter Mitbürger über lautstark herumgrölende Motorrad-Gangs.

Warum macht er das? Vielleicht, weil er gern mit der ganzen Familie unterwegs ist und sein Hobby, die Gold Wing, mit Frau und Kindern teilt. Egal, ob Stammtisch im Biergarten oder Rast bei der gemeinsamen Ausfahrt: Von der Gold Wing steigt oft ein Pärchen ab, und nicht selten krabbeln aus dem Seitenwagen die behelmten Kids. Diese Familien-Bande mag der Hauptgrund sein, warum nicht bei allen Stammtischen ein überschaubarer Rahmen erhalten bleibt. Manchmal wächst durch das Interesse am gemeinsamen Hobby Gold Wing das Fahrerlager so stark an, daß es einer gewissen Organisation bedarf. Von diesem Moment an ist der Schritt zu einem Club beinahe schon gegangen.

Eine solche Entwicklung läßt sich bestens am Beispiel der Münchner Gold Winger darstellen. Aus einer Handvoll Gleichgesinnter hat sich innerhalb nur weniger Jahre ein eingetragener Verein mit mehr als 100 Mitgliedern entwickelt. Und das ging so: Zuerst trafen sich die anfäglich wenigen Gold Wing-Fahrer Münchens in einer Kneipe. Allmählich nahm die Zahl der Maschinen und damit auch der Aktiven zu. Selbst aus dem Umland kamen die Fahrer, um regelmäßig beim fröhlichen Stelldichein mitzumachen. Freilich sprang auch hin und wieder mal einer ab. Mit der Zeit jedoch

***Schätzchen:** Kinder gehören zur Clubszene dazu, selbst wenn sie noch ganz klein sind. Wahrscheinlich sollen sie gar nicht erst auf andere Gedanken als Gold Wing kommen.*

wuchs nicht nur der Teilnehmerkreis des Stammtisches, der Bekanntheitsgrad der Münchner Gold Winger reichte bald über die Grenzen des Freistaates hinaus. Zu der Popularität der Bayern trugen insbesondere die Treffen bei, zu denen der Verein alljährlich die gesamte Szene einlädt. Mittlerweile erscheinen zu diesem Anlaß hunderte von Gold Wing-Fahrern bei den Münchner Gastgebern. Sie kommen aus ganz Europa, manche sogar aus Übersee.

Eine ähnliche Entwicklung hat der Gold Wing Club Deutschland e. V. (GWCD) durchlaufen. Allerdings hat dieser eine ganz andere Dimension erreicht. »Am Anfang war der ›Freundeskreis der Gold Wing Fahrer‹«, heißt es in der Vereins-Chronik *Wir über uns*. Und auf die Initiative von nur neun Gold Wingern geht die Idee zurück, den nationalen Verein im Oktober 1981 ins Leben zu rufen: »Aus 25 Mitgliedern per Ende 1981 sind bis heute mehr als 1200 Mitglieder geworden. Das sind ca. 15 Prozent aller bundesdeutschen Gold Wing-Fahrer«, lautet stolz die Bestandsaufnahme.

Bis zum Fall der Mauer 1989 war die Gold Wing tatsächlich ein Privileg der Westdeutschen. Damals gab es in der DDR nur einen einzigen Gold Wing-Fahrer. Klaus Neubüser aus Haldensleben nahe Magdeburg erstand 1986 für den Gegenwert von fünf Trabis eine GL 1000, die er liebevoll herrichtete: »Die Gold Wing ist mein Lebensnerv«, war sich der Kfz-Meister sicher. Und dank des Motorrads brachte er einen Draht gen Westen zum Glühen: Mit der Beitrittsnummer 658 war Neubüser bald offizielles Ehrenmitglied im GWCD.

Damit bekam er, wie alle anderen Mitglieder auch, das achtmal pro Jahr erscheinende Clubmagazin per Post ins Haus geschickt, kurz »Info« genannt. Darin bieten Händler in Anzeigen verbilligtes Zubehör, Maschinen oder Urlaubsreisen feil, und Gold Wing-Fahrer berichten über ihre Reisen und geben technische Tips weiter. Außerdem sind alle wichtigen Termine von Stammtischen, nationalen und internationalen Treffen aufgeführt.

Nur der DDR-Bürger Klaus Neubüser durfte die GWCD-Treffen aus bekannten politischen Gründen nicht besuchen. Schade für ihn, denn das feste Programm der bundesdeutschen Gold Wing-Fahrer ist nicht zu verachten. Dreimal pro Jahr veranstaltet der Verein eine große Sause: ein Wintertreffen Ende Januar/Anfang Februar als Mitgliederversammlung, ein internationales Treffen um den 17. Juni herum sowie ein nationales Treffen im September. Zweck solcher Festivitäten ist natürlich in erster Linie der Spaß an der Freude. Andererseits will der GWCD mit seinen Treffen das Image der gesamten Motorradszene aufpolieren. Das hat der Verein eindeutig festgeschrieben: »Die mit Motorrädern und deren Fahrern/Fahrerinnen verbundenen Erfahrungen sind mitunter gleichermaßen positiv wie (leider) auch negativ. Das wissen wir aus eigener Erfahrung nur zu gut und daher ist es unser Bestreben, die positiven Aspekte des Motorradfahrens, so wie wir sie verstehen, hervorzuheben.«

Konkret versucht sich der Verein im »gegenseitigen Helfen, und zwar im doppelten Sinne. Einerseits helfen wir uns in der Gruppe untereinander so gut es geht«. Doch soll es nicht nur bei gegenseitiger Unterstützung bleiben: »Andererseits helfen wir Randgruppen unserer Gesellschaft«, heißt es in der Chronik, »anläßlich unserer Treffen geht regelmäßig ein vierstelliger Betrag an eine karitative Einrichtung wie zum Beispiel Kinder- oder Altenheime.«

Der GWCD zeigt sich zufrieden über die Erfolge seiner Strategie: »Mit unserer zugegeben zunächst etwas eigenartig anmutenden

Historie: Das erste europäische Gold Wing-Treffen fand 1978 in Holland statt. Es legte den Grundstein zur GWEF, die sich 1983 gründete. Bis dahin gab es bereits die ersten nationalen Clubs.

Art der Freizeitgestaltung sind wir aber überzeugt, auf dem richtigen Weg zu sein. Presseberichte und Dankesschreiben unserer Organisations-Partner in den Kommunen und Behörden belegen das eindeutig.« Das Fazit des GWCD fällt klar aus: »Wir sind stolz darauf, daß das deutsche Wort ›Treffen‹ international zu einem allgemein verständlichen Begriff für diese herrliche Art der Freizeitgestaltung geworden ist.«

Nicht nur mit diesem Fortschritt wird der GWCD seinem in der Satzung verankerten Anspruch gerecht, einen Beitrag zur Völkerverständigung zu leisten. Als bundesweit tätiger und einziger von Honda Deutschland offiziell anerkannter Verein gehört der GWCD zusätzlich der Gold Wing European Federation (GWEF) an. Dieser Dachverband vereint alle europäischen Gold Wing Clubs der 15 Länder Belgien, Dänemark, Deutschland, Finnland, Frankreich, Großbritannien, Italien, Irland, Luxemburg, der Niederlande, Norwegen, Österreich, der Schweiz, Spanien sowie Schweden. Jedes Land schickt seinen offiziellen Repräsentanten, kurz »inter Rep« genannt, zum Gremium der GWEF. Der Dachverband tagt jeweils am Anfang der Saison in Belgien und am Ende in Luxemburg. Die offizielle Amtssprache ist Englisch. Bei den Sitzungen geht es um Kontakte von Gold Wing-Fahrern und -Vereinen zu Honda sowie um bestimmte Rahmenbedingungen, zum Beispiel für Treffen.

Auch die GWEF geht zurück auf die Initiative von vergleichsweise wenigen Aktiven, genaugenommen von nur zehn Ethusiasten. Als Vertreter aller zu jener Zeit existierenden nationalen Clubs trafen sie sich zu ihrer ersten gemeinsamen Sitzung am 25. Mai 1980 im holländischen Boekel. Anwesend waren die Gold Wing-Fahrer Rudi Geryl, Belgien, Kristian Pedersen, Dänemark, Harald Heyde, Deutschland, Harold Ward und Philip Anstey, England, Pascal Szymezak, Frankreich, Hans Verhaas und Theo Ratelband, Holland, sowie Urs Tobler und Horst Gaebel aus der Schweiz. Aus dem Protokoll der ersten Internationalen Konferenz der GW-Clubs geht hervor, daß hauptsächlich organisatorische Dinge im Mittelpunkt der Überlegungen standen: Warum fließen Informationen über Treffen so langsam? Wie kann die Überstzung von Texten erleichtert werden? Wie hoch kann das Nenngeld bei einem Treffen gesetzt werden?

Inhaltlicher diskutierten die Aktiven schon auf dem zweiten Treffen in Dänemark im August 1980. Hauptsächlich drehten sich die Gespräche um die Zahl der Mitglieder in den nationalen Clubs. Der Schweizer Urs Tobler faßte in der clubeigenen Zeitschrift *Gold Wings international* zusammen: »Für die einen Vorbild, für die anderen Abschreckung, wurde als Beispiel die GWRRA (Gold-Wing-Road-Riders-Association) angeführt: Sie ist nun 3 1/2 Jahre alt, hat wohl über 5000 Mitglieder, verstreut auf der ganzen Welt, und bei ihnen ist die Idee von ›jeder kennt jeden‹ schon lange vorbei.« Die europäischen Gold Wing-Fahrer setzten sich mit der Frage einer drohenden Identitätskrise schon 1980 auseinander, während in Amerika lustig gefahren und in Massenveranstaltungen gefeiert wurde. Tobler plädierte seinerzeit für eine Öffnung: Er werde »als zuwachshungriger Clublöwe angeschaut, während Deutschland und Holland eher den Grundsatz ›lieber klein, aber fein‹ vertraten ... Ich bin einverstanden mit allen mahnenden Stimmen, daß als erste Aufgabe das Zufriedenstellen der bestehenden Mitglieder sehr ernst genommen wer-

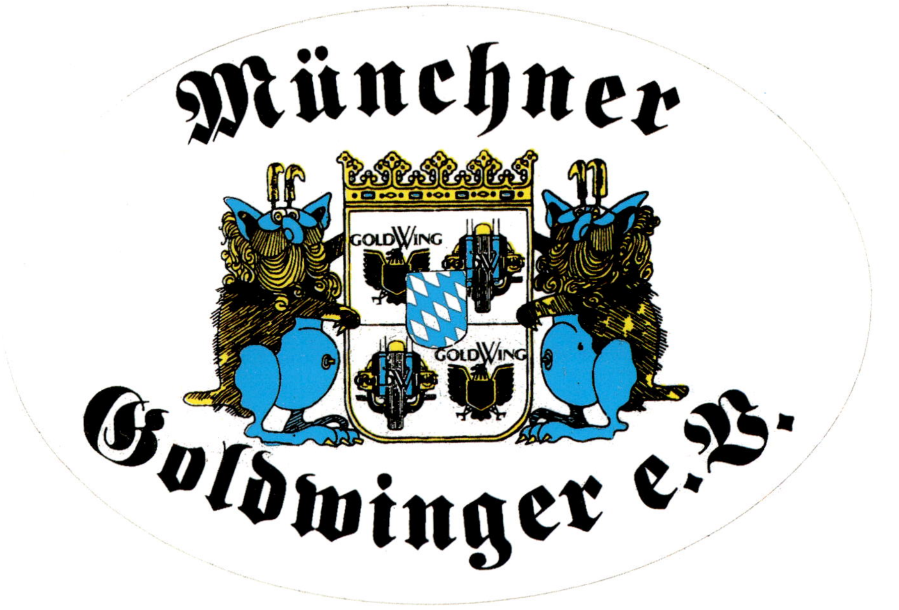

Abstufungen: Die Münchner Goldwinger sind ein Beispiel für einen regionalen Club, der GWCD operiert bundesweit, die GWEF fungiert als Dachorganisation in Europa. Weltumspannend ist die GWRRA.

den muß. Wo eine Organisation im Kleinen nicht klappt, da klappt erst recht nichts im Großen. Meine Meinung: Ist aber eine solide Basis vorhanden, kann ohne weiteres aufgestockt werden.«

Oh, wie diese Debatten doch an aktuelle Rededuelle im Europa-Parlament erinnern. Bis zu ihrer offiziellen Gründung im Jahr 1983 hatte die GWEF also noch ein gutes Stück Weg zurückzulegen. Bis heute ist die Mitgliederzahl der GWEF kräftig angestiegen – auf stattliche 10 000 laut eigenen Angaben. Ob da noch die von Urs Tobler zitierte Maxime »jeder kennt jeden« mit Leben erfüllt werden kann, darf zu Recht bezweifelt werden. Dennoch lebt die GWEF mit dieser hohen Mitgliederzahl anscheinend recht gut. Sie ist darauf zurückzuführen, daß jeder, der einem nationalen Gold Wing Club wie dem GWCD beitritt, automatisch auch der GWEF angehört. Neben diversen Pokalen und Auszeichnungen, die er beim Besuch möglichst vieler Treffen bekommen kann, zieht der einzelne Gold Wing-Fahrer den größten Nutzen aus dem jährlich erscheinenden *GWEF-Help Guide*.

Dieses Heft ist dazu konzipert, Gold Wingern, die im Ausland eine Panne haben, schnell und unkompliziert aus der Patsche zu helfen. Das geht so: Für jedes der 15 Länder sind bis zu 40 über den Staat verteilte Gold Wing-Fahrer samt ihrer Telefonnummern aufgelistet. An sie kann sich der Hilfesuchende wenden. Diese Ansprechpartner müssen nicht selbst schrauben, zumindest aber müssen sie Hilfe organisieren können. Ausdrücklich ist der Help Guide auf die Pannenhilfe beschränkt – das Büchlein soll nicht falsch verstanden oder gar mißbraucht werden als Liste mit billigen Übernachtungstips.

Das ist beim sogenannten *Gold Book* anders. Dieses ebenfalls jedes Jahr erscheinende Buch gibt die amerikanische Gold Wing Road Riders Assiciation (GWRRA) heraus. Es ist das Verzeichnis jener Mitglieder, die, je nach Wunsch, a) im Notfall ein Pickup oder Anhänger zur Verfügung stellen, b) Telefonanrufe von anderen Mitgliedern akzeptieren, c) Platz für ein Zelt hinterm Haus haben, d) ein Bett anbieten, oder e) Werkzeug zur Verfügung stellen. Die GWRRA hat weltweit mehr als 50 000 Mitglieder, die meisten davon natürlich in den USA. Aus Deutschland finden sich 48 Gold Winger im Gold Book wieder (Stand

1994), und auch die meisten übrigen europäischen Länder haben Mitglieder in der GWRRA vorzuweisen.
Sich selbst bezeichnet die GWRRA als Vereinigung der »Friends for Fun, Safety and Knowledge«. Den größten Vorteil der Mitgliedschaft für die Freunde der Freude, der Sicherheit und der Erfahrung auf europäischer Seite bietet weniger das hauptsächlich auf die USA bezogene *Gold Book* als vielmehr die monatlich erscheinende Zeitschrift *Wing World*. Besonders die Anzeigen der amerikanischen Motorradhändler (Adressen im Anhang) erwecken die größte Neugier – und rufen ungläubiges Staunen ob der vergleichsweise niedrigen Preise hervor. Bestechend gegenüber der deutschen und europäischen Konkurrenz sind vor allem die oft sensationell günstigen Angebote für das Zubehör.
Natürlich liefert die Wing World auch eine prächtigen Einblick in die Gedankenwelt der Gold Wing-Fahrer im Land der unbegrenzten Hubräume und Highways. Aber, Hand aufs Herz: Die unterscheidet sich gar nicht allzu sehr von der Art des deutschen oder europäischen Denkens. Da ist die Rede von Treffen, von Pokalen und Erlebnissen on the road. Auch die Familie taucht in den Geschichten wie auf den Fotos auf. Wie gesagt: Der Gold Wing-Fahrer ist ein Herdentier, diesseits wie jenseits des Atlantik. Und am wohlsten fühlt er sich mit seiner Familien-Bande.

Vergangenheit: Das erste deutsche Gold Wing-Treffen fand im Juni 1978 im Café Mondschein zwischen Wolfhagen und Arolsen statt. Der GWCD formierte sich aber erst im Oktober 1981.

Technische Daten GL 1000

ABMESSUNGEN

	K 0 bis K 2	K 3
Gesamtlänge	2330 mm	2260 mm
Gesamtbreite	720 mm	750 mm
Gesamthöhe	1115 mm	1115 mm
Radstand	1540 mm	1560 mm
Sitzhöhe	810 mm	810 mm
Bodenfreiheit	150 mm	150 mm
Trockengewicht	267 kg	270 kg
Gewicht fahrfertig	295 kg	298 kg
Zulässiges Gesamtgewicht	471 kg	471 kg

RAHMEN

Typ	Doppelschleifen-Rohrrahmen	
	K 0 bis K 2	K 3
Vorderradaufhängung, Hub,	Teleskopgabel 120 mm, 37 mm, 126mm	
Hinterradaufhängung, Hub,	Schwinge mit fünffach verstellbaren Federbeinen, 87 mm	
Vorderreifengröße	3.50 H-19	
Hinterreifengröße	4.50 H-17	
Vorderradbremse	Doppelscheibe, 232 mm	
Hinterradbremse	Einzelscheibe, 250 mm	
Tank	19,3 Liter, davon 3,1 Liter Reserve	
Lenkkopfwinkel	62°	
Nachlaufbetrag	120 mm	
Telegabel-Ölmenge	200 cm³ pro Holm	

MOTOR

Typ	Flüssigkeitsgekühlter Viertakt-Ottomotor	
Zylinderanordnung	Vier Zylinder, Boxer	
Bohrung x Hub	72 mm x 61,4 mm	
Hubraum	999,45 cm³	
Verdichtung	9,2:1	
	K 0 bis K 2	K 3
Leistung	60 kW bei 7500/min	57 kW bei 7000/min
Drehmoment	80 Nm bei 6500/min	82 Nm bei 5500/min
Ventilsteuerung	OHC, Zahnriemenantrieb	
Einlaß öffnet/schließt	5° nach OT/50° nach UT	
Auslaß öffnet/schließt	50° vor UT/5° vor OT	
Ventilspiel	Einlaß/Auslaß 0,1 mm	
Schmiersystem	Druckumlaufschmierung durch ZF-Eaton-Ölpumpe	
Motoröl-Füllmenge	3,5 Liter	
Kühlmittel-Füllmenge	3,2 Liter	
Motorgewicht	106 kg	

VERGASER		
Typ	Vier Keihin-Unterdruck-Membranvergaser	
	K 0 bis K 2	K 3
Bohrung	32 mm	31 mm
Leerlaufdrehzahl	800/min	
Luftfilter	ausblasbarer Papier-Trockenfilter	
KRAFTÜBERTRAGUNG		
Kupplung	Mehrscheibenkupplung im Ölbad	
Getriebe	Füngang, Klauenschaltung	
Primärübersetzung	1,708	
Gangübersetzung I	2,500	
II	1,708	
III	1,333	
IV	1,097	
V	0,939	
Sekundärübersetzung (Motor)	0,825	
Winkeltrieb (Hinterrad)	3,4	
Gangschaltsystem	1-N-2-3-4-5	
Ölmenge im Kardan	210 cm^3, SAE 80-90	
ELEKTRISCHE ANLAGE		
Zündsystem	Kontaktgesteuerte Batterie-Spulenzündung	
Zündzeitpunkt	32° vor OT bei 2450/min	
Anlaßsystem	Elektro- und Kickstarter	
Lichtmaschine	Drehstrom, 12 V, 300 W	
Batteriekapazität	12 V – 20 Ah	
Zündkerzen/Elektrodenabstand	NGK DR 8 ES-L/0,6-0,7 mm	
BELEUCHTUNG		
Scheinwerfer (Fern-/Abblendlicht)	45/35 W	
Schluß-/Bremsleuchte	5/21 W	
Blinkleuchten	18 W	
Instrumentenbeleuchtung	3 W	
Anzeigelampen	3,4 W	
Standlicht	4 W	

Technische Daten GL 1100

GL 1100

	1980/81	1982	1983
ABMESSUNGEN			
Gesamtlänge	2345 mm	2340 mm	2340 mm
Gesamtbreite	920 mm	920 mm	920 mm
Gesamthöhe	1195 mm	1190 mm	1190 mm
Radstand	1605 mm	1605 mm	1605 mm
Sitzhöhe	795 mm	790 mm	790 mm
Bodenfreiheit	145 mm	140 mm	140 mm
Trockengewicht	267 kg	270 kg	272 kg
Gewicht fahrfertig	290 kg	293 kg	294 kg
Zulässiges Gesamtgewicht	471 kg	471 kg	471 kg

GL 1100 Interstate

	1980/81	1982	1983
ABMESSUNGEN			
Gesamtlänge	2405 mm	2400 mm	2460 mm
Gesamtbreite	920 mm	920 mm	920 mm
Gesamthöhe	1500 mm	1495 mm	1495 mm
Radstand	1605 mm	1605 mm	1605 mm
Sitzhöhe	795 mm	790 mm	790 mm
Bodenfreiheit	145 mm	140 mm	140 mm
Trockengewicht	305 kg	308 kg	311 kg
Gewicht fahrfertig	328 kg	331 kg	334 kg
Zulässiges Gesamtgewicht	471 kg	471 kg	471 kg

GL 1100 Aspencade

	1982	1983
ABMESSUNGEN		
Gesamtlänge	2430 mm	2460 mm
Gesamtbreite	920 mm	920 mm
Gesamthöhe	1495 mm	1495 mm
Radstand	1605 mm	1605 mm
Sitzhöhe	790 mm	790 mm
Bodenfreiheit	140 mm	140 mm
Trockengewicht	318 kg	321 kg
Gewicht fahrfertig	341 kg	345 kg
Zulässiges Gesamtgewicht	471 kg	471 kg

RAHMEN		
Typ	Doppelschleifen-Rohrrahmen	
Vorderradaufhängung, Hub	Teleskopgabel, 147 mm, 39 mm	
Hinterradaufhängung, Hub	Schwinge, 80 mm, luftunterstützt	
	1980 bis 1981	ab 1982
Vorderreifengröße	110/90 – 19 62 H	120/90 – 18 65 H

Hinterreifengröße	130/90 – 17 68 H	140/90 – 16 71 H	
Vorderradbremse	Doppelscheibe, 280 mm		
Hinterradbremse	Einzelscheibe, 296 mm		
Tank	20 Liter, davon 4 Liter Reserve		
Lenkkopfwinkel	60,2°		
Nachlaufbetrag	135 mm		
Telegabel-Ölmenge	1980 bis 1981	ab 1982	
	220 cm³	270 cm³ ATF	
MOTOR			
Typ	Flüssigkeitsgekühlter Viertakt-Ottomotor		
Zylinderanordnung	Vier Zylinder, Boxer		
Bohrung x Hub	75 x 61,4 mm		
Hubraum	1085 cm³		
Verdichtung	9,2:1		
Leistung	61 kW bei 7500/min		
Drehmoment	90 Nm bei 5500/min		
Ventilsteuerung	OHC, Zahnriemenantrieb		
Einlaß öffnet/schließt	5° nach OT/43° nach UT		
Auslaß öffnet/schließt	45°vor UT/5° vor OT		
Ventilspiel	0,1 mm		
Schmiersystem	Druckumlaufschmierung		
Motoröl-Füllmenge	3,2 Liter bei Wechsel, 4,0 Liter nach Demontage		
Kühlmittel-Füllmenge	3,4 Liter		
Motorgewicht	108 kg		
VERGASER			
Typ	Vier Keihin-Unterdruckvergaser		
Bohrung	30 mm		
Leerlaufdrehzahl	800/min		
Luftfilter	ausblasbarer Papier-Trockenfilter		
KRAFTÜBERTRAGUNG			
Kupplung	Ölbadkupplung		
Getriebe	Fünfgang, Klauenschaltung		
Primärüborcotzung	1,708 (41/24)		
24	1980 bis 1981	1982	ab 1983
Gangübersetzung I	2,500 (40/16)	2,500 (40/16)	2,642 (37/14)
II	1,667 (40/24)	1,667 (40/24)	
III	1,286 (36/28)	1,250 (35/28)	
IV	1,065 (33/31)	1,000 (32/32)	
V	0,909 (30/33)	0,829 (29/35)	
Sekundärübersetzung (Motor)	0,973 (36/37)	0,897 (35/39)	
Winkeltrieb (Hinterrad)	3,091 34(11/)	3,100 (31/10)	
Gangschaltsystem	1-N-2-3-4-5		
Ölmenge im Kardan	140 – 160 cm³ SAE 80 – 90		

ELEKTRISCHE ANLAGE

Zündsystem	Kontaktgesteuerte Batterie-Spulenzündung	
Zündzeitpunkt	38,5° vor OT bei 3000/min	
Anlaßsystem	Elektrostarter	
Lichtmaschine	Drehstrom 12 V, 300 W	
Batteriekapazität	12 V – 20 Ah	
	1980 bis 1981	ab 1982
Zündkerzen/Elektrodenabstand	NGK/ND/0,6 – 0.7 mm	0,8 – 0,9 mm

BELEUCHTUNG

Scheinwerfer (Fern-/Abblendlicht)	55/60 W H4
Schluß-/Bremsleuchte	3/32 W
Blinkleuchten	32 W
Instrumentenbeleuchtung	2 W
Anzeigelampen	2 W
Standlicht	4 W

Technische Daten GL 1200

ABMESSUNGEN	
GL 1200 Standard	
Gesamtlänge	2355 mm
Gesamtbreite	920 mm
Gesamthöhe	1170 mm
Radstand	1610 mm
Sitzhöhe	780 mm
Bodenfreiheit	140 mm
Trockengewicht	272 kg
Gewicht fahrfertig	296 kg
Zulässiges Gesamtgewicht	541 kg

GL 1200 Interstate	49-Staaten-Modell	Califonia-Modell
Gesamtlänge	2505 mm	2505 kg
Gesamtbreite	970 mm	970 mm
Gesamthöhe	1510 mm	1510 mm
Radstand	1610 mm	1610 mm
Sitzhöhe	780 mm	780 mm
Bodenfreiheit	140 mm	140 mm
Trockengewicht	317 kg	318 kg
Gewicht fahrfertig	341 kg	342 kg
Zulässiges Gesamtgewicht	541 kg	541 kg

GL 1200 Aspencade	1984 bis 1985	ab 1985: 49-Staaten-/California-Modell	
Gesamtlänge	2505 mm	2505 mm	2505 mm
Gesamtbreite	970 mm	970 mm	970 mm
Gesamthöhe	1510 mm	1510 mm	1510 mm
Radstand	1610 mm	1610 mm	1610 mm
Sitzhöhe	780 mm	780 mm	780 mm
Bodenfreiheit	140 mm	140 mm	140 mm
Trockengewicht	328 kg	330 kg	331 kg
Gewicht fahrfertig	353 kg	355 kg	356 kg
Zulässiges Gesamtgewicht	541 kg	541 kg	541 kg

RAHMEN	
Typ	Doppelschleifen-Rohrrahmen
Vorderradaufhängung, Hub	luftunterstützte Telegabel, 140 mm, 41 mm
Hinterradaufhängung, Hub	luftunterstützte Federbeine, 105 mm
Vorderreifengröße	130/90 – 16 67 H
Hinterreifengröße	150/90 – 15 74 H
Vorderradbremse	Doppelscheibe, 276 mm
Hinterradbremse	Einzelscheibe, 296 mm
Tank	22 Liter, davon 4,2 Liter Reserve
Lenkkopfwinkel	60°

Nachlaufbetrag	118 mm	
Telegabel-Ölmenge	345 cm^3	
MOTOR		
Typ	Flüssigkeitsgekühlter Viertakt-Ottomotor	
Zylinderanordnung	Vier Zylinder, Boxer	
Bohrung x Hub	75,5 mm x 66,0 mm	
Hubraum	1182 cm^3	
Verdichtung	9,0:1	
Leistung	69 kW bei 7000/min	
Drehmoment	105 Nm bei 5500/min	
Ventilsteuerung	OHC, Zahnriemenantrieb	
	1984 bis 1985	
Einlaß öffnet/schließt	10° nach OT/40° nach UT	
Auslaß öffnet/schließt	40° vor UT/10° vor OT	
	ab 1985	
Einlaß öffnet/schließt	5° nach OT/40° nach UT	
Auslaß öffnet/schließt	40° vor UT/ 5° vor OT	
Ventilspiel	hydraulischer Ventilspielausgleich	
Schmiersystem	Druckumlaufschmierung	
Motoröl-Füllmenge	3,2 Liter bei Wechsel	
	4,0 Liter nach Demontage	
Kühlmittel-Füllmenge 2,7 Liter		
Motorgewicht	109,5 kg	
VERGASER		
Typ	Vier Keihin-Gleichdruckvergaser	
Bohrung	32 mm	
Leerlaufdrehzahl	800/min	
Luftfilter	ausblasbarer Papier-Trockenfilter	
KRAFTÜBERTRAGUNG		
Kupplung	hydraulisch betätigte Mehrscheiben-Ölbadkupplung	
Getriebe	Fünfgang, Klauenschaltung	
Primärübersetzung	1,708 (41/24)	
	1984	ab 1984
Gangübersetzung I	2,643 (37/14)	2,571 (36/14)
II	1,667 (40/24)	1,667 (40/24)
III	1,250 (35/28)	1,250 (35/28)
IV	1,000 (32/32)	1,000 (32/32)
V	0,829 (29/35)	0,800 (28/35)
Sekundärübersetzung (Motor)	0,897 (35/39)	0,972 (36/37)
Winkeltrieb (Hinterrad)	2,833 (34/12)	
Gangschaltsystem	1-N-2-3-4-5	
Ölmenge im Kardan	170 cm^3	

ELEKTRISCHE ANLAGE

Zündsystem	kontaktlose Zündung
Zündzeitpunkt	45°vor OT
Anlaßsystem	Elektrostarter
Lichtmaschine	Wechselstrom, 12 V, 360 W
Batteriekapazität	12 V – 20 Ah
Zündkerzen/Elektrodenabstand	NGK/ND/0,8 bis 0,9 mm

BELEUCHTUNG

Scheinwerfer (Fern-/Abblendlicht)	60/55 W H4
Schluß-/Bremsleuchte	3/32 W
Blinkleuchten	3/32 W
Instrumentenbeleuchtung	2 W
Anzeigelampen	2 W
Standlicht	4 W

Technische Daten GL 1500/6

ABMESSUNGEN

	normale Version	deutsche Version
Gesamtlänge	2630 mm	2635 mm
Gesamtbreite	955 mm	955 mm
Gesamthöhe	1525 mm	1335 mm
Radstand	1700 mm	1700 mm
Sitzhöhe	770 mm	770 mm
Bodenfreiheit	140 mm	140 mm
Trockengewicht	362 kg	357 kg
Gewicht fahrfertig	390 kg	385 kg
Zulässiges Gesamtgewicht	570 kg	570 kg

RAHMEN

Typ	Doppelschleifen-Rohrrahmen
Vorderradaufhängung, Hub	Teleskopgabel, 140 mm, 41 mm
Hinterradaufhängung, Hub	Schwinge, 105 mm; Luftdruck rechts 0 – 400 kPa (0 – 4,0 kg/cm^3)
Vorderreifengröße	130/70 – 18 63 H
Hinterreifengröße	160/80 – 16 75 H
Vorderradbremse	Doppelscheibe, 296 mm
Hinterradbremse	Einzelscheibe, 296 mm
Tank	24 Liter, davon 5 Reserve
Lenkkopfwinkel	60°
Nachlaufbetrag	115 mm
Telegabel-Ölmenge	links 325 cm^3, rechts 320 cm^3

MOTOR

Typ	Flüssigkeitsgekühlter Viertakt-Ottomotor
Zylinderanordnung	Sechs Zylinder, Boxer
Bohrung x Hub	71,0 x 64,0 mm
Hubraum	1520 cm^3
Verdichtung	9,8:1
Leistung	74 kW bei 5200/min
Drehmoment	150 Nm bei 4000/min
Ventilsteuerung	OHC, Zahnriemenantrieb
Einlaß öffnet/schließt	5° nach OT/30° nach UT
Auslaß öffnet/schließt	35° vor UT/5° vor OT
Ventilspiel	hydraulischer Ventilspielausgleich
Schmiersystem	Ölsupf-Druckschmierung
Motoröl-Füllmenge	3,7 Liter bei Wechsel, 4,3 Liter nach Demontage
Kühlmittel-Füllmenge	4,1 Liter
Motorgewicht	126 kg

VERGASER

Typ	CV-Fallstromdoppelvergaser
Bohrung	36 mm
Leerlaufdrehzahl	800 +- 80/min
Luftfilter	ausblasbarer Papier-Trockenfilter

KRAFTÜBERTRAGUNG

Kupplung	Mehrscheiben-Ölbadkupplung
Getriebe	Fünfgang, Klauenschaltung
Primärübersetzung	1,592 (78/49)
Gangübersetzung I	2,667 (40/15)
II	1,722 (31/18)
III	1,273 (28/22)
IV	0,964 (27/28)
V (O.D.)	0,759 (22/29)
Sekundärübersetzung (Motor)	0,971 (34/35)
Winkeltrieb (Hinterrad)	2,833 (34/12)
Gangschaltsystem	1-N-2-3-4-5 (O.D.)
Ölmenge im Kardan	170 cm^3, Hypoid SAE 80

ELEKTRISCHE ANLAGE

Zündsystem	Kennfeldgesteuerte Transistoranlage
Zündzeitpunkt	0° vor OT bei 800/min
Anlaßsystem	Elektrostarter (Rückwärtsganggetriebe)
Lichtmaschine	Wechselstrom, 12 V, 550 W
Batteriekapazität	12 V – 20 AH
Zündkerzen/Elektrodenabstand	NGK/ND/0,8 – 0,9 mm

BELEUCHTUNG

Scheinwerfer (Fern-/Abblendlicht)	60 W rechts; 60/55W links
Schluß-/Bremsleuchte	5/21 W
Blinkleuchten	21 W
Instrumentenbeleuchtung	3,4 W
Anzeigelampen	3,4 W, 1,7 W
Standlicht	4 W

Gold Wing-Stammtische

Jeden Mittwoch, ab 19 Uhr
Stammtisch der Münchner Gold Winger in der Gaststätte Kreuzhof, Unterschleißheim.

Jeden ersten Mittwoch im Monat, ab 20 Uhr
Stammtisch der Gold Wing-Freunde Litermont im Café-Restaurant Maldix in Nalbach/Saar.

Jeden Donnerstag, ab 19 Uhr
Gold Wing-Stammtisch im Schützenhaus Korb bei Waiblingen, gemeinsame Ausfahrten und Treffen.

Jeden zweiten Donnerstag, ab 20 Uhr
Gold Wing-Stammtisch in der Gaststätte „Eremitage“ an der B 54 zwischen Siegen und Wilnsdorf.

Jeden ersten Freitag im Monat
Stammtisch der Gold Wing-Freunde Bremerhaven im Patzenhofer Haus, Schleswiger Straße 17, Bremerhaven.

Jeden ersten und dritten Samstag im Monat ab 20 Uhr
Treffen der Gold Wing-Freunde Braunschweig im Stadtparkrestaurant, Jasperallee 42, Braunschweig.

Jeden zweiten Samstag im Monat, ab 17 Uhr
Gold Wing-, Gespann- und Tourenfahrer-Stammtisch in der Gaststätte Jungbluth, Zülpicher Straße, Düren.

Jeden zweiten Samstag im Monat, ab 20 Uhr
Treffen der Gold Wing-Freunde Rhein-Main im Schützenhaus Rüsselsheim-Hassloch.

Jeden ersten und dritten Sonntag im Monat, ab 10 Uhr
Stammtisch der Gold Wing-Freunde Hegau-Bodensee im Stammlokal Gasthaus Burgtal, Hauptstraße 31, Radolfzell-Stahringen.

Treffen, Stammtische und Ausfahrten nach Absprache im Raum Ulm
R. Heinzelmann, Telefon 0 73 93/48 00, U. Eichstedt, Telefon 0 73 04/39 97.

Stammtische des Gold Wing Club Deutschland (GWCD) finden statt in: Altenmüster, Bad Segeberg, Berlin, Braunschweig, Bremerhaven, Brühl-Bergheim, Düren, Essen, Frankenthal/Pfalz, Göttingen, Hamburg, Herne, Hersbruck, Herscheid, Höchberg, Isselburg, Kamp-Lintford, Karlsruhe-Eggenstein, Kiel, Köln, Lübeck, Lünen, Mienenbüttel, München-Unterschleißheim, Nalbach/Saar, Neuss-Holzheim, Oldenburg, Rüsselsheim-Haßloch, Schenefeld, Siegen, Stuttgart, Überlingen-Nußdorf, Werl, Wardtweiher, Weißenstein, Wilhelmshaven, Wolfhagen und Zeil am Main. Die jeweils aktuellen Ansprechpartner werden regelmäßig in der Clubzeitschrift Info des GWCD (Adresse siehe unten) veröffentlicht.

Gold Wing-Clubs der Gold Wing European Federation (GWEF)

GWEF
Chairman: Trevor White
Gummenholzweg 4
CH-3173 Oberwangen
Schweiz
Telefon +41/31/9 81 08 81

Secretary: Alex Lemoyne
Schommelstraat 30
B-9000 Gent
Belgien
Telefon +32/91/23 10 00

Treasurer: Lorenz Eyssen
Fröbelstraße 20
D-40625 Düsseldorf
Deutschland
Telefon +49/2 11/23 50 33

Gold Wing Club Austria
Chairman: Johann Schmoll, Guntramsdorf, Telefon +43/22 36/4 31 78.
Secretary: Barbara Fahrner, Zell am See, Telefon +43/65 42/75 03.
Inter Rep: Manfred de Meijer, Dornbirn, Telefon +43/55 72/28 02 20.

Gold Wing Motor Club Belgien
Chairman: René Debecker, Halle, Telefon +32/2/3 60 38 52.
Secretary: Martine Hermans, Asse, +32/2/4 52 29 34.
Inter Rep: Reynold Claes, Asse, Telefon +32/2/4 52 29 34.

Gold Wing Club Dänemark
Secretary: Leif Malchau, Roskilde, Telefon +45/42 40 24 44.
Inter Rep: Henning Kristiansen, Sdr. Omme, Telefon +45/75 34 14 97.
National Rep: Orla Knak, Kopenhagen, Telefon +45/31 55 18 54.

Gold Wing Club Deutschland
Chairman: Siggi Wagner, Neuss, Telefon +49/21 01/10 27 98.
Secretary: Lorenz Eyssen, Düsseldorf, Telefon +49/2 11/23 50 33.
Inter Rep: Mike Möller, Diepholz, Telefon +49/54 41/34 88.

Gold Wing Club of Finland
Chairman: Hannu Rantala, Kerava, Telefon +3 58/9/0-24 30 46.
Inter Rep: Paula Saarelainen, Lahti, +3 58/9/18-56 24 56.

Gold Wing Club de France
Chairman: M. Amar, Paris, Telefon +33/16/1 39 14 16 76.
Secretary: J. J. Combescot, Paris, Telefon +33/16/1 39 91 94 14.
Inter Rep: P. Common, Paris, Telefon +33/16/1 43 33 67 01.

Gold Wing Owners Club of Great Britain
Chairman: Fred Miller, London, Telefon +44/81/8 94 04 84.
Secretary: Gary Ingram, London, Telefon +44/4 82/84 73 07.
Inter Rep: John Woods, Cheddar, Telefon +44/81/4 52 19 40.

Gold Wing Club Holland
Chairman: –
Secretary: Leo van de Woude, Hengelo, Telefon +31/74/50 17 78.
Inter Rep: Jan Bomhof, Apeldoorn, Telefon +31/55/66 44 04.

Gold Wing Owners Club of Ireland
Chairman/Iter Rep: Eddie Cotter, Cork, Telefon +3 53/21/87 03 67.
Secretary: Margaret Nolan, Dublin, Telefon +3 53/1/57 33 29.

Gold Wing Club Italia
Chairman: Gian Maria Cappi, Turin, Telefon +39/11/4 11 02 78.
Secretary: Alessandro Olmi, Monza, Telefon +39/39/6 01 25 60.
Inter Rep: Laura Zanotti, Mailand, Telefon +39/2/6 88 05 04.

Gold Wing Club Luxembourg
Chairman: Christian Lambert, Differdange, Telefon +3 52/58 34 25.
Secretary: René Esch, Medernach, +3 52/87 93 24.
Inter Rep: Gilles Ast, Luxemburg, Telefon +3 52/48 36 41.

Gold Wing Club Norge
Chairman: Espen Larsen, Ski, Telefon +47/64/87 45 04.
Secretary: Kjell Pedersen, Hönefoss, Telefon +47/32/11 11 88.
Inter Rep: Öistein Gundersen, Strömmen, Telefon +47/63/84 31 47.

Gold Wing Club Sverige
Chairman: Sture Eklund, Göteborg, Telefon +46/302/1 02 10.
Secretary: Kjell Erlandsson, Helsingborg, Telefon +46/42/22 54 24.
Inter Rep: Plattis Plateryd, Helsingborg, Telefon +46/42/29 39 09.

Gold Wing Club Schweiz
Chairman: Hurt Gerber, Bern, Telefon +41/31/9 81 39 39.
Secretary: Antoinette Furrer, Cham, Telefon +41/42/36 28 20.
Inter Rep: Mike Weeks, Oberglatt, Telefon +41/1/8 50 68 88.

Honda: Produktionsstätten, Niederlassungen und Importeure

Honda Motor Co. Ltd
2-1-1 Minami Aoyama
Minatoku
Tokio 107
Japan

Honda of America Mfg., Inc.
24000 Honda Parkway
U.S. Route 33
Marysville, Ohio, 43040
USA

Honda of America Mfg., Inc.
12500 Meranda Road
Anna, Ohio 45302
USA

Honda Austria Ges. mbH
A-2351 Wiener Neudorf
Hondastraße 1
Österreich
Telefon +43/22 36/69 00, Fax 6 41 30.

Honda in Ägypten
Futalnasr Trading Co S. A. E.
Giza
Tersana Shopping Center
Omar Gizawi St
Mohandessin
Ägypten
Telefon +20/2/3 44 83 01.

Honda Belgium N. V.
B-9300 Aalst
Wijngaardveld 1
Belgien
Telefon +32/53/72 51-11, Fax -00.

Honda in Bulgarien
Moto-Start
Sofia
101 G. Rakowski St
Bulgarien
Telefon +3 59/2/83 53 80, Fax 87 10 74.

Honda in Dänemark
Vilh. Nellemann A/S
DK-8240 Risskov
Ravnsovej 40
Dänemark
Telefon +45/86/17 41 00, Fax +45/1/3 46 73 29.

Honda Deutschland GmbH
Sprendlinger Landstraße 166
D-63069 Offenbach
Telefon +49/69/8 30 90, Fax 83 20 20.

Honda in Finnland
O. Y. Brandt AB
SF-01741 Vantaa
P. B. 1 Tunpakantie 4
Finnland
Telefon und Fax +3 58/0/8 78 52 76.

Honda France S. A.
F-77312 Marne-La-VallÄ
Parc d'ActivitÄs de Paris-Est
AllÄe du 1er Mai
Frankreich
Telefon +33/1/60 37 30-00, Fax -99.

Honda in Griechenland
General Automotive Co. S. A.
GR-10173 Athens
Leoforas Athinon 71
Griechenland
Telefon +30/1/3 46-53 21, Fax 73 29.

Honda UK Ltd.
GB-London W. 4. 5YT
4 Power Road
Chiswik
Groß-Britannien
Telefon +44/81/74-7 14 00, Fax -6 91 80.

Honda Irland
Two Wheels Ltd.
IRL-Dublin 8
25/27 Great Ship Street
Irland
Telefon +35/31/4 78 28-88, Fax -07.

Honda Italia Industriale S. p. A.
I-00144 Roma
Via Kenia 72
Italien
Telefon +39/6/54 79 41, Fax 5 92 02 14.

Honda in Kroatien
Ruting d. o. o.
51215 Kastov
Rubesi 19
Kroatien
Telefon +38/51/26 47 14, Fax 22 41 15.

Honda in Marokko
Univers Motor SA
Casablanca (Ain Diab)
Boulevard de la Corniche
Marokko
Telefon +21/2/36 77 27, Fax 36 69 54.

Honda Nederland B. V.
NL-2984 Ridderkerk
Nikkelstraat 17
Niederlande
Telefon +31/18 04/5 73 33, Fax 2 37 76.

Honda Manufacturing (Nigeria) Ltd
Lagos
No. 2 Adenkule Fajuyi Crescent
Off Adenlyi Janes Avenue
+2 34/1/96 29 16.

Honda in Norwegen
Kellox A. S.
N-1401 Ski
Nygardsveien 67 Nordby As
Norwegen
Telefon +47/9/94 50 00, Fax 2 94 69 78.

Honda in Polen
Motopol Sp. z. o. o.
Byton Sucha Gora
ul. Stzeicow Bytomskich 364 c
Polen
Telefon und Fax +48/32/86 53 89.

Honda Motor de Portugal S. A.
P-2735 CacÄm
Parque Industrial de Cabra Figa
Lote 4
Cabra Figa/Albarraque
Portugal
Telefon +3 51/1/9 15-09 48, Fax -10 19.

Honda in Rußland
Aoyama Motors Ltd.
Moskau 119034
ul Tverskaya 29-3
Rußland
Telefon +7/095/1 47 64 44.

Honda in Schweden
Sportsmanship Import AB
S-42422 Kungsbacka
Box 10173
Schweden
Telefon +46/300-5 13 00, Fax -1 96 57.

Honda Suisse S. A.
CH-1214 Vernier Genf
Route des MouliÆres 10
Schweiz
Telefon +41/22/3 41-22 00, Fax -09 72.

Honda in Slovenien
AS Domzale d. o. o.
61230 Domzale
Ljublanska 1
Slovenien
Telefon +38/61/72 18 04, Fax 71 15 01.

Honda in Spanien
Montesa Honda S. A.
E-08130 Santa PerpÄtua de Mogoda
Barcelona
C/del Mar del Nord S/N
Spanien
Telefon +34/3/5 74 07 70, Fax 5 74 32 06.

Honda in der Tschechischen Republik
Wing Corporation
11000 Praha 1
U Prasne Brany 1
Tschechien
Telefon +42/2/2 32 16 36, Fax 23 21 77.

Honda in der Türkei
Celik Motor Ticaret A. S.
61420 Karial-Istanbul
Ankara Asfalti
Soganik Koyu Karsisi
Türkei
Telefon +9 01/3 53-60 35, Fax -75 71.

Honda in Ungarn
Mo. Tor. Pedo. Kft
1139 Budapest
Fay u 43-45
Ungarn
Telefon +36/1/1 29-74 55, Fax -52 02.

Gespann/Trike/Anhänger-Hersteller und -Importeure

EML Techniek Holland B. V.
Magnoliastraat 20
NL-7161 BW Neede
Niederlande
Telefon +31/54/50 25 95

Importeure Deutschland:
Loh. Berglar
In den Telgen 46
58730 Fröndenberg-Hohenheide
Telefon 0 23 73/7 73 44

Falk Hartmann
Altengasse 4-6
55218 Ingelheim am Rhein
Telefon 0 61 32/23 73

Manfred Stahmer
Meiereistraße 6-8
25873 Rantrum/Husum
Telefon 0 48 48/2 69, Fax 6 56

Hechard
Importeur Deutschland:
A+L Team
Motorrad-Service Christoph
Kanaustraße 17
79336 Herbolzheim
Telefon 0 76 43/4 00 71-4, Fax 4 00 77

Jeaniel S. A.
Constructeur Side-Cars
F-38870 St. Simeon de Bressieux
Frankreich
Telefon +33/74 20 04 65

Importeuer Deutschland:
Walter-Gespann-Technik
Im Mülmischtal 3
34327 Körle/Kassel
Telefon 0 56 65/26 55 und 0 56 83/72 71

Kentech
Importeuer Deutschland:
LohrÄ GmbH
Unterberg 46
42799 Leichlingen
Telefon 0 21 75/9 89 12, Fax 25 77

Lefèvre Gespann-Technik
Simonsberg 8
35638 Leun
Telefon 0 64 73/4 69

Walter Lefèvre
Langer Morgen 20
35582 Wetzlar 17
Telefon 06 41/2 86 45

Gold Wing-Trike
A+L Team
siehe Hechard

Anhänger und Kupplungen
Carrell-Fahrzeugbau GmbH
Emmelner Straße 3
49733 Haren/Ems
Telefon 0 59 32/47 30
und
Alzeyer Straße 35
67592 Flörsheim-Dalsheim
Telefon 0 62 43/2 68

Freewheel Motorradanhänger
Jürgen Eberle
Lohweg 5
85375 Neufahrn
Telefon 0 81 65/6 62 44, Fax 20 41

Lohré
siehe Kentech

Peter Sauer
Gespann- und Motorenschmiede
Eckernförder Straße 1a
24398 Karby
Telefon 0 46 44/8 93

Peter Stern Gespannservice
Bahnhofstraße 3
94333 Geiselhöring
Telefon 0 94 23/23 39

Zubehör-Hersteller

Drag Specialties
Box 9336
Minneapolis, MN 55440
USA

KüryAkyin
Holdings
Creators of Daring Products
P. O. Box 37
Stillwater, MN 55082
USA

Markland Industries Inc.
15365 Barranca Parkway
Irvine, CA 92718
USA

Showcrome
Accessories
Big Bike Parts, Inc.
2300 Pioneer Avenue
Rice Lake, WI 54868
USA

Gold Wing-Experten in Deutschland

A+L Team
siehe Hechard und Trike

B 27
American Motorcycles Trading GmbH + Co. KG
Schömberger Straße 56
72336 Balingen-Endingen
Telefon 0 74 33/38 26-71, Fax -75

Fly and Ride/Gold Wing-Import
Geislinger Reisebüro
Riedstraße 1
72351 Geislingen
Telefon 0 74 33/24 91, Fax 64 21

Jack's Garage
Bahnstraße 94
66849 Landstuhl
Telefon 0 63 71/1 86 37 und 1 40 58, Fax 1 88 57

Kuno Keth
TÜV Mannheim
Dudenstraße 28
68167 Mannheim
Telefon 06 21/3 95-4 58 und -4 14, Fax -5 16

Kraftfahrt-Bundesamt
Fördestraße 16
24944 Flensburg
Telefon 04 61/3 16-0, Fax -16 50

Gold Wing-Experte der Schweiz:

Sebi Schuler
Bischofswil
CH-6402 Merlischachen
Schweiz
Telefon und Fax+41/41/81 46 27

Gold Wing-Experten in Amerika

Gene Brady
Pasadena Honda
2901 Spencer
Pasadena, TX 77504
USA
Telefon +1/7 13/9 41-59 20, Fax -07 67

Dr. Mudspringer, Inc.
Motorcycle Accessories
8445 Sunset Road NE
Minneapolis, MN 55432
USA
Telefon +1/6 12/7 85 21 91

Freedom Honda
12505 South 71 Highway
Grandview, MO 64030
USA
Telefon +1/8 16/7 61 22 20

Hayward Honda
27955 Mission Boulevard
Hayward, CA 94544
USA
Telefon +1/5 10/8 86 06 44

Hinshaw's Honda
2705 Auburn Way North
Auburn, WA 98002
USA
Telefon +1/2 06/9 39 71 64

Metropolitan
103 North Concord
South St. Paul, MN 55 075
USA
+1/6 12/4 51 25 21

Rerun Motorcycle Brokers
P. O. Box 4
11E Highway
Strawberry Plains, TN 37871
USA
Telefax +1/6 15/9 33 73 56

Versicherungen

AAA
1000 AAA Drive
Heathrow, FL 32746
USA
Telefon +1/4 07/4 44 70 00

Gene Brady
siehe Pasadena Honda

Bildvermerke

Kapitel Vorgeschichte, Entwicklungshilfe:
Foto: Archiv Motorbuch Verlag, Stuttgart.

Kapitel Honda GL 1000 Gold Wing, Sünden-Bock:
Fotos: Archiv Redaktion MOTORRAD, Stuttgart, Kataloge: Archiv Urs Tobler, Dübendorf, Schweiz.

Kapitel Honda GL 1100 Gold Wing, Top-Chopper:
Fotos: Archiv Redaktion MOTORRAD, Stuttgart.
Kataloge: Archiv Urs Tobler, Dübendorf, Schweiz.

Kapitel Honda GL 1200 Gold Wing, Reise-Riese:
Fotos: Archiv Redaktion MOTORRAD, Stuttgart.
Kataloge und Aufkleber: Archiv Urs Tobler, Dübendorf, Schweiz.

Kapitel Honda GL 1500/6 Gold Wing, Luxus-Liner:
Fotos: Archiv Redaktion MOTORRAD, Stuttgart, Honda of America, Archiv Urs Tobler, Dübendorf, Schweiz, Archiv Claus-Georg Petri, Fellbach, Judith Scheer, Remscheid, Katalog: Archiv Claus-Georg Petri, Fellbach.

Kapitel Gespann, Trikes und Anhänger, Dreier-Flotte:
Fotos: Archiv Redaktion MOTORRAD, Stuttgart, Archiv Urs Tobler, Dübendorf, Schweiz, A+L-Team, Herbolzheim.

Kapitel Prozeß I, Unfall-Folgen:
Fotos: Archiv Redaktion MOTORRAD, Stuttgart, Archiv Urs Tobler, Dübendorf, Schweiz.

Kapitel Prozeß II, Top-Käse:
Fotos: Archiv Urs Tobler, Dübendorf, Schweiz, Archiv Redaktion MOTORRAD, Stuttgart, Siegfried Truckenbrodt, Hambühren.

Kapitel Besuch im Gold Wing-Werk, Gold-Schmiede:
Archiv Claus-Georg Petri, Fellbach, Honda of America, Kataloge: Archiv Urs Tobler, Dübendorf, Schweiz.

Kapitel Gold Wing-Import aus den USA, Trans-Fair:
Fotos und Abbildungen: Archiv Claus-Georg Petri, Fellbach, Foto: Judith Scheer, Remscheid.

Kapitel Gold Wing-Zubehör, Mehr-Wert:
Fotos: Archiv Urs Tobler, Dübendorf, Schweiz, Reinhard Mutschler, Stuttgart, Kataloge: Archiv Claus-Georg Petri, Fellbach.

Kapitel Gold Wing-Tour in Amerika, Bären-Dienst:
Fotos: Archiv Claus-Georg Petri, Fellbach, Judith Scheer, Remscheid.

Kapitel Gold Wing-Tour in Deutschland, Deutsch-Kurs:
Fotos: Reinhard Mutschler, Stuttgart.

Kapitel Gold Wing-Treffen, Tupper-Party:
Fotos: Reinhard Mutschler, Stuttgart, Abbildung: Archiv Claus-Georg Petri, Fellbach.

Kapitel Gold Wing-Clubs, Familien-Bande:
Fotos: Reinhard Mutschler, Stuttgart, Archiv Urs Tobler, Dübendorf, Schweiz, Abbildungen Archiv Claus-Georg Petri, Fellbach.

Kapitel Gold Wing-Fahrer, Typen-Lehre:
Fotos: Reinhard Mutschler, Stuttgart.

Bibliographie/Quellentexte

Albrecht, Norbert: Der US-Import Ratgeber, So macht's der Profi, Viking Verlag, Wrohm, 4. Auflage 1994, ISBN 3-929521-00-8
Auto Bild Special Gebrauchtwagen '94: Import aus den Staaten, Hamburg 1994
Bloh, Jürgen von: GWEF-Anniversary-Tour European Highlights 1993, Informations-Mappe zur Tour-Vorbereitung, Meerbusch, 18. März 1993
Bundesministerium für Verkehr (Hrsg): Straßenverkehrs-Ordnung, Bonn, 1994
Cycle 3/1988: Honda Gold Wing GL 1500/6, New York, New York, 1988
Gold Wing Club Deutschland e. V.: Wir über uns
Gold Wing Club Deutschland e. V.: Info 9/1992
Gold Wing Club Deutschland e. V.: Info 3/1993, Gold Wing European Federation, 1983-1993
Gold Wing Club Deutschland e. V.: Info 2/1994
Gold Wing European Federation: betrifft: GWEF
Gold Wing European Federation: Help Guide 1994
Gold Wing international 1/1980, Club-Zeitschrift der Gold Wing-Clubs von Frankreich und der Schweiz, Zeitschrift für alle Gold Wing-Fahrer in Europa: Honda-Brief zur GL 1000, Seite 33, Dübendorf, Schweiz, 1980
Gold Wing international 2/1980: Protokoll der 1. Internationalen Konferenz der GW-Clubs in Boeckel/Holland am 25. 5. 1980, Dübendorf, Schweiz, 1980
Gold Wing international 4/1980: Sie pendelt, sie pendelt nicht..., Dübendorf, Schweiz, 1980
Gold Wing international 4/1980-1/1981: Gold Wing-Bewegung: Wohin?, Dübendorf, Schweiz, 1981
Gold Wing Road Riders Association: Gold Book Service Directory 1994, Phoenix, Arizona, 1994
Gold Wing Road Riders Association: Newsletter September 1993, Region H, Texas One, Chapter C, Church, Ed: A European Gold Wing Vacation, Baytown, Texas, USA, 1993
Hein Gericke Katalog 1994/1, facts 94: Technik Gold Wing, Seite 435 ff, Düsseldorf 1994
Honda: Engine Plant, Honda of America Manufactoring, Inc., Anna, Ohio, 1987
Honda: Fact Card 1993, Honda of America Manufactoring, Inc., Marysville, Ohio, 1993
Honda: Gold Wing GL 1500, 1988 Service Manual, American Honda Motor C., Inc., 1988
Honda: Gold Wing GL 1100, 1980-1983 Service Manual, American Honda Motor C., Inc., 1983
Honda: Gold Wing GL 1200, 1984-1986 Service Manual, American Honda Motor C., Inc., 1986
Honda: Gold Wing GL 1200 Limited, 1985 Service Manual Supplement, American Honda Motor C., Inc., 1985
Honda: Gold Wing GL 1200, 1985 GL 1200 Electrical Trubleshooting Manual, American Honda Motor C., Inc., Februar 1986
Honda: Gold Wing GL 1500, Eine Information der Honda Deutschland GmbH, Offenbach 1988
Honda: Gold Wing GL 1500, Fahrer-Handbuch, Honda Motor Co., Ltd., 1987
Honda: Gold Wing GL 1500, Werkstatt-Handbuch, Honda Motor Co., Ltd., 1988
Honda: Honda in America, Years of Achievement, Marysville, Ohio, 1993
Honda: Honda Motor Co., LTD., A Brief History, Marysville, Ohio, 1993
Honda: Honda-Vertragshändler Verzeichnis, Honda Deutschland, 1994
Honda: Marysville Motorcycle Plant, Honda of America Manufactoring, Inc., Marysville, Ohio, 1993
Honda: Motorcycles Produced, Honda of America Manufactoring, Inc., Marysville, Ohio, 1993

Honda: Motorcycle Identification Guide, 1959-1988, American Honda Motor Co., Inc., September 1988
Honda: The Honda Way: An Innovative Approach to Management and Production, Honda of America Manufactoring, Inc., Marysville, Ohio, 1993
Honda: Wing 10th Anniversary 1979-1989, Honda of America Manufactoring, Inc., Marysville, Ohio, September 1989
Irimajiri, Shoichiro (President of Honda of America Manufactoring 1984-1988): Honda's Approach to a Mature Industry, Honda of America Manufactoring Inc., Marysville, Ohio, Rede vom 5. März 1985
Irimajiri, Shoichiro (President of Honda of America Manufactoring 1984-1988): The Racing Spirit, Honda of America Manufactoring, Inc., Marysville, Ohio, Rede vom 14. November 1985
Koenigsbeck, Axel: Kaum ein anderes..., in: Hein Gericke Katalog 1994/1, facts 94: Düsseldorf 1994
Koenigsbeck, Axel: Motorrad-Gespanne heute, Träume auf 3 Rädern, Motorbuch Verlag, Stuttgart, 1991
Leek, Jan: Motorräder die Geschichte machten, Sechszylinder, Motorbuch Verlag, Stuttgart, 1993, ISBN 3-613-01507-2
Loßkarn, Elke und Dieter: Amerika, Edition Unterwegs, Motorbuch Verlag, Stuttgart, 1. Auflage 1992, ISBN 3-613-01472-6
Mainx, Jürgen: Die Honda Gold Wing-Story, 20 Jahre Gold Wing, in: Hein Gericke Katalog 1994/1, facts 94, Düsseldorf 1994
MOTORRAD 9/1973: Kommt eine Kardan-Honda? Eine ist schon da!, Stuttgart, 1973
MOTORRAD 21/1974: Honda GL 1000 Gold Wing, Stuttgart 1974
MOTORRAD 23/1975: Test Honda GL 1000, Gold Rausch?, Stuttgart, 1975
MOTORRAD 5/1975: Das MOTORRAD fuhr Honda 1000 Gold Wing, Neuer Meilenstein, Stuttgart, 1975
MOTORRAD 6/1977: Vergleichstest, Grand mit Vieren, Stuttgart, 1977
MOTORRAD 7/1976: Honda GL 1000 seziert, Doppel Zentner, Stuttgart, 1976
MOTORRAD 24/1977: 25 000 Kilometer Langstreckentest Honda GL 1000, Stark und solide?, Stuttgart, 1977
MOTORRAD 7/1978: Honda GL 1000 Lesererfahrung, Goldsucher, Stuttgart, 1978
MOTORRAD 10/1979: Test Honda GL 1000 K3, Nach der Kur, Stuttgart, 1979
MOTORRAD 11/1979: Verkleidete Maschinen im Vergleich, Die Windjammer, Stuttgart, 1979
MOTORRAD 22/1979: Vorstellung Honda GL 1100, Beruhigungskur, Stuttgart, 1979
MOTORRAD 25/1979: Prozeß um Honda Gold Wing, Zeugen der Anklage, Stuttgart 1979
MOTORRAD 2/1980: Leserforum zum Prozeß um die Honda Gold Wing, Pro und Contra, Stuttgart 1980
MOTORRAD 3/1980: Das Jahr der Chopper, Feuerprobe, Stuttgart, 1980
MOTORRAD 5/1980: Gerichtsverfahren um die Honda Gold Wing, Prozeß ohne Gewinner?, Stuttgart 1980
MOTORRAD 11/1980: Test Honda Gold Wing GL 1100, Die sichere Sänfte, Stuttgart, 1980
MOTORRAD 14/1980: Vergleich der Supertourer, Mit vollen Segeln über die Alpen, Stuttgart, 1980
MOTORRAD 10/1981: 25 000 Kilometer mit der Honda GL 1100, Sturer Tourer, Stuttgart, 1981
MOTORRAD 6/1982: Extrablatt Gespanne, Preisfrage, Stuttgart, 1982
MOTORRAD 10/1982: Letzte Meldungen, Gutachter im Gold Wing-Prozeß: Lenkerverkleidung aus dem Verkehr ziehen, Stuttgart 1982
MOTORRAD 11/1982: Thema 1, Bis es passierte..., Stuttgart 1982

MOTORRAD 11/1982: MOTORRAD 19/1982: Vergleichstest der Super-Tourer, Riesenräder, Stuttgart, 1982
MOTORRAD 11/1982: Gerichtsgutachten im Gold Wing-Prozeß, Unfallursache: Verkleidung, Stuttgart 1982
MOTORRAD 7/1983: Kurztest: Drei Gespanne, Dickes Schiff, Stuttgart, 1983
MOTORRAD 14/83: Vergleich der US-Supertourer, Schöner Wohnen, Stuttgart, 1983
MOTORRAD 3/1984: Marktübersicht Supertourer, Reisen erster Klasse, Stuttgart, 1984
MOTORRAD 3/1984: Test Honda GL 1200 Gold Wing, Strangers in the Night, Stuttgart, 1984
MOTORRAD 11/1984: Vergleich der Supertourer, Eile mit Weile, Stuttgart, 1984
MOTORRAD 16/1986: Honda-Neuheiten für 1987, Schön der Reihe nach, Stuttgart, 1986
MOTORRAD 6/1987: Gold Wing-Prozeß: Unlösbare Aufgabe, Stuttgart, 1987
MOTORRAD 11/1987: Honda Gold Wing: Geschichte eines Modells, Der andere Flügel, Stuttgart, 1987
MOTORRAD 13/1987: Was der Gebrauchtmarkt für 3000 Mark bietet, Viel Rauch um (fast) nichts, Stuttgart, 1987
MOTORRAD 6/1988: Honda GL 1500/6 Fahrbericht, Genug ist nie genug, Stuttgart, 1988
MOTORRAD 8/1988: Honda Gold Wing, Flachbau, Stuttgart 1988
MOTORRAD 9/1988: Honda GL 1500/6 Gold Wing Test, Sanfter Riese, Stuttgart, 1988
MOTORRAD 22/1988: MOTORRAD-Regal, Universal-GL-Scheibe, Stuttgart 1988
MOTORRAD 3/1990: Motorradszene in der DDR, Auferstanden aus Ruinen, Stuttgart 1990
MOTORRAD 8/1990: Bilder der Wissenschaft, Typenlehre, Stuttgart, 1990
MOTORRAD 24/90: 15 Jahre Honda Gold Wing, American Dream, Stuttgart, 1990
MOTORRAD 12/1992: Der Trend zum Motorrad als Nutzfahrzeug..., Stuttgart, 1992
MOTORRAD 20/1992: Fahrbericht BMW K 100 mit Squire-Anhänger, Hänger-Partie, Stuttgart 1992
MOTORRAD 21/1992: Gebrauchtkauf Honda GL 1000, No Sports, Stuttgart, 1992
MOTORRAD 4/1993: Test Kentech GL 1500/6-Gespann, Größe GXL, Stuttgart, 1993
MOTORRAD 8/1993: furz mutiert, Freier Fall, Stuttgart, 1993
MOTORRAD 9/1993: Ästhetik des Motorrads, Bildbürger, streich, Stuttgart, 1993
MOTORRAD 13/1993: Besuch im Gold Wing-Werk, Gold-Schmiede, Stuttgart, 1993
MOTORRAD 18/1993: Gold Wing-Treffen, Tupper Party, Stuttgart, 1993
MOTORRAD 26/1993: Günther, der Treckerfahrer, Verchromte Eier, Stuttgart, 1993
MOTORRAD 2/1994: Honda-Automatik, Stuttgart, 1994
MOTORRAD 5/1994: Interview Dr. Klaus Klenke, Vox Terrier, Stuttgart, 1994
MOTORRAD 13/1994: Gebrauchtkauf Honda GL 1100/1200, Uncle Yen, Stuttgart, 1994
MOTORRAD 18/1994: Gold Wing-Clubs, Gemeinsame Sache, Stuttgart, 1994
MOTORRAD 18/1994: Gold Wing-Fahrer-Portraits, Die elektrischen Reiter, Stuttgart, 1994
MOTORRAD 18/1994: Modellreport Honda Gold Wing, Ach du dickes Ding, Stuttgart, 1994
MOTORRAD 18/1994: Zum Thema, Nimm mich mit, Kapitän, auf die Reise, Stuttgart, 1994
MOTORRAD Katalog 1994, Stuttgart, 1994
Moto Sport Schweiz 4/1988: Honda GL 1500/6 „Gold Wing“: Supercruiser mit 6 Zylindern, Neue Horizonte, Wabern, Schweiz, 1988
Penton Publishing, Inc.: Foundry Management & Technology, Honda's Ohio Engine Plant, Cleveland, Ohio, Juni 1991
Poensgen, Robert: Das große Handbuch für Motorradfahrer, Geschichte, Technik, Praxis, Sport, Motorbuch Verlag, Stuttgart, 1. Auflage 1992, ISBN 3-613-01442-4
PS 11/1974: Technik, Büffel à la Tokio, Stuttgart, 1974
PS 4/1975: Honda GL 1000, Der Unterflur-Bomber, Stuttgart, 1975
PS 2/1976: Gold Wing GL 1000, Der leise Blitz aus dem Fernen Osten, Stuttgart, 1976

PS 7/1978: Fahrbericht GL 1000 K3, Honda-Trend sportlich, Stuttgart, 1978
PS 6/1980: Test Honda GL 1100 Gold Wing, Schwergewichts-Boxer, Stuttgart, 1980
PS 10/1980: Zwei Verkleidungen für die Honda Gold Wing, Schuh-Größen, Stuttgart, 1980
PS 3/1981: Fahrbericht Honda GL 1100 DB Gold Wing, Dickschiff, Stuttgart, 1981
PS 1/1984: Fahrbericht Honda GL 1100 Interstate, Straßenkreuzer, Stuttgart, 1984
PS 5/1984: Vergleichstest, Auf dem richtigen Dampfer?, Stuttgart, 1984
PS 5/1986: Tourer, Traumschiffe, Stuttgart, 1986
PS 12/1987: Vorstellung Honda Gold Wing GL 1500/6, Sechs Wichtige, Stuttgart, 1987
PS 6/1988: Test Honda GL 1500/6, Auto ohne Dach..., Stuttgart, 1987
Rae, Peter: Honda Gold Wing, An American Japanese motorcycle, Osprey Publishing Ltd., London, 1984, ISBN 0-85045-567-7
Rider 4/1990: Evolutionary Priciples, Agoura, California, 1990
Rider 4/1992: The $ 28,000 Ultra Special Face-Off, Agoura, California, 1992
Watzlawick, Paul: Gebrauchsanweisung für Amerika, Ein respektloses Reisebrevier, R. Piper & Co. Verlag, München, 15. Auflage 1991, ISBN 3-492-02896-9
Welt, Die: Auf Hondas Schwingen schneller in den Himmel?, Hamburg, 9. Februar 1980
Woollett, Mick: Honda Motorräder, Historie, Sport, Modelle, Technik, Motorbuch Verlag, Stuttgart, 1986, ISBN 3-613-01102-6
Yoshino, Hiroyuki (President of Honda of America Manufactoring 1988-1992): An Enduring Philosophy – Challenges and Joys, Honda of America Manufactoring, Inc., Marysville, Ohio, Rede vom 7. August 1991
Yoshino, Hiroyuki (President of Honda of America Manufactoring 1988-1992): The Future Optimum, Honda of America Manufactoring, Inc., Marysville, Ohio, Rede vom 29. April 1992
Zierl, Oluf: Die schönsten Motorrad-Touren durch die USA, Motorrad Technik Verlag International, Stuttgart, 1990